一個人的奧林匹克運動會

80個奧運項目
4年完賽
只為戰勝
最頑強的對手
——自己

Meine Olympiade

Ein Amateur, vier Jahre, 80 Disziplinen

Ilija Trojanow

伊利亞·托亞諾——著　姬健梅·王榮輝——譯

連贏三次的人不是好人。

——美洲拉科塔族印第安人諺語

在古代奧運會上，優勝者會替自己的教練豎立雕像以示敬意。由於我沒法這麼做，謹將此書獻給我那許多位熱心無私的教練。

CONTENTS

目錄

先來一趟鐵人三項

我在日出之前醒來時並不覺得緊張，等我在出發後將近十五分鐘時抵達開普敦市區，這才發現我忘了帶自行車。我必須折返（沒有自行車就參加不了鐵人三項），然後再次出發，這會兒已經遲了，而且明顯感到緊張。我以一百五十公里的時速在筆直的公路上向北疾馳，朝著蘭格班的方向，桌山在後視鏡裡宛如蓋在一張航空明信片上的戳章。這時是八點，已經熱起來了，而比賽訂於十一點開始。

那些參賽者給我的第一印象令人膽寒：一群受過徹底訓練的年輕運動員，體脂肪為負值，小腿結實，大腿粗壯。青少年組的比賽正在進行，播報員介紹了幾位十歲至十四歲的選手，其中一位曾在分齡賽中拿過世界冠軍，他們在尚未抵達更衣區之前就以職業選手的作風跳下自行車，奔跑著把自行車推進停車架，動作過程流暢，令人讚嘆。為數眾多的親友團一派輕鬆，彷彿在慶祝一個民間節日。許多人彼此認識，互相交換意見，這是個熱愛此一運動的團體，親切有如夥伴。

報到後我開始暖身。先騎車二十分鐘，再輕鬆地跑十五分鐘。接著我換上氯丁橡膠防寒泳衣，卻感覺不太合身，令我心中納悶。水溫宜人，幾個前來度假的人在附近游得挺暢快，他們這種週末度假式的戲水在我看來不夠正經。我們被叫到大廳去聽賽前簡報。一個男子用指尖輕敲我的肩膀：「喂，你的泳衣怎麼穿反了？」我羞愧難當，明白自己在這一群模樣光鮮的運動員當中顯得多麼可笑。我該怎麼回答呢？說我之所以把泳衣穿反是因為我是個笨蛋？因為我太忙著觀察像你這樣的人？還是我該說：我本來連自行車也忘了帶，還真是無獨有偶？最後我結結巴巴地說這樣穿感覺比較舒服。那人看了我一眼，那個眼神像是開除了我的參賽資格。一等他轉過身去背對著我，我就衝向洗手間。要拉上背部的拉鍊很不容易，但現在泳衣穿起來合身多了。我實在應該要多練習穿泳衣才對。

我們被叫到起點斜坡集合。我先前完全沒考慮過自己在開始游泳時應該站在哪個位置。當哨音響起，繩索在我們面前降下，我在幾秒鐘之內就體會到從第一排下水是多麼愚蠢。「南非西部省鐵人三項錦標賽」的參賽者並非以悠長的節奏游泳，而是像張嘴捕食的凶猛魚類一樣噗通噗通地拍打水面。我從後面被往下壓，兩旁的選手宛如鯊魚一般從我身旁游過。我略微下沉，換氣時不小心被水嗆到，停了下來。等我撲哧撲哧地再度游起來，我發現整個隊伍已經離得很遠了。雖然我們是在一座潟湖裡游，起伏的波浪還是大到足以打亂我的節奏，妨礙我平靜地換氣。我必須一再停下來，看看下一個浮標在哪裡。有一次我游向一個錯誤的浮標，直到一個划著小艇的救生員過來糾正我的方向。我是最後一個從水裡出來的，但至少還有另外兩名選手在我視線之內。

我雖然有點頭暈，但還是盡快朝著轉換區跑去，道路兩旁都是觀眾，樂呵呵地目睹我努力把身上那件防寒泳衣剝下來（這也是我沒練習過的事）。更糟的是：播報員對我關注起來，恭賀我的游泳成績，把我的名字唸得不知所云。我猜想他若非心情特佳，就是拿到極佳的酬勞來散播好心情。當一陣風把我該固定在腹部的號碼布吹落在地上，而我氣喘吁吁地在後面追，我聽見他大聲說：「喔，伊——萊——賈，你儘管慢慢來。」我想像自己聽見了觀眾的笑聲。

最後我總算搞定了那片號碼布，把我的越野自行車從轉換區推出來。我努力騎上通往主要街道的山坡，想把人群迅速拋在身後，這份心願鼓舞著我。比賽路段一共三圈，沿著主要街道騎到一個圓環之後再往回騎。路上的汽車被要求改道。我才剛找到自己的節奏，就被一輛「一級方程式自行車」超前一圈。那名選手把身體向前傾，頭俯得很低，踩著他的七里神蹬。這位領先者的速度之快，我連颼颼的風聲都沒聽見，就看見他從我身旁飛馳而過。被超前整整一圈一向是件丟臉的事，唯一的好處是由於我們之間的速度差異，我不必擔心自己會騎在他的下風處而違反規定。我的越野自行車輪胎很粗，而我的野心有限。頂著強烈的逆風，我吃力地騎上足足六公里的上坡路段，坡度雖然平緩，但是持續上坡。我把身體向前傾，眼睛盯著前方閃閃發亮的黃線。

我的念頭隨著每一公里而縮減，直到我滿腦子驚慌，因為我伸手去拿水瓶卻撲了個空。想必是一大早我還睡眼惺忪的時候把水瓶留在家裡了。在這種炎熱的天氣裡騎上四十公里——整個路段上連一絲蔭涼也沒有——而不喝水，這實在不是凡人所能做到。在第一圈結束的地方我瞥見一座加油站，我拐過去，跳下車，衝進一家小店。兩個胖胖的布爾人（在南非的荷蘭後裔）站在櫃台前面，手裡各拿著六瓶裝的當地啤酒。他們盯著我看，臉上的表情難以解讀。我不確定我們是否來自同一個星球。「給我一瓶飲料，」我喊道，「我沒帶錢，但是我需要一瓶飲料，晚一點我再付錢。」收銀員面無表情地看著我，過了無盡漫長的一段時間，她才慢條斯理地勉強點點頭。我打開冰箱，隨便拿了一瓶飲料，在門口就先灌了一大口。

騎最後一圈時逆風變得更強了。一個女子從我旁邊騎過去，她是我先前唯一超越的一名選手。為了在第二次更衣時給人留下較佳的印象，我在轉換區入口前五十公尺就跳下車，自覺相當優雅地跑進那個圓形廣場。這時我的手臂和大腿都已經曬得通紅。於是我替自己抹上防曬油，這在一切都飛快進行的轉換區裡是個荒謬的舉動，幸好那個播報員正忙著宣布剛剛抵達終點的選手姓名，連同他們快得驚人的時間紀錄。這時我試著穿上跑鞋，但一雙腳卻無論如何塞不進去。我判斷，雙腳是由於疲勞而腫脹，於是再度穿上騎車時所穿的鞋。

跑步是在一段兩公里長的圓形路線上進行，一共要跑五圈。每跑完一圈，就能從一個女子手裡拿到一個橡皮手環，她目光嚴肅地站在一把大陽傘下面。到了終點，手腕上的四個手環就能證明你按規定跑完了十公里。我才轉進那條圓形路線，那個女子就以為我已經跑完了一圈，而想替我套上一個手環。這是一個人在生命中必須超越自己的那種時刻。雖然天氣熱得令人窒息，而且我相當疲憊（脈搏跳到一百六十），雖然自行車鞋並不怎麼適合跑步，而且在這一刻，想像只需要跑八公里而非十公里，這個念頭比其他任何罪惡都更為誘人，但我心中的某種東西抗拒了此一誘惑，我拒絕了這件禮物。

「我以你為榮！」那女子在我背後喊道。

跑步的困難在於路面有時是柏油路、有時是碎石路、有時是石板路。我這輩子頭一次在這樣不平坦的路面上跑步（這也是我應該要先練習的），而我跑不出自己的節奏。我的脈搏慢不下來，最陡的上坡路段只能用走的，每走一步都需要戰勝自己。我詛咒四周的美景，山丘、大海和小鳥，我渴望平靜和休憩。鼓勵我的是其他參賽者的夥伴情誼，他們即使在超前一圈時仍然對我喊聲「加油」，還有觀眾慷慨的支持，儘管我明顯落後，是場上的最後一名，他們還是為我的努力鼓掌。

而在上坡路的末端，還有一個圓滾滾的男子站在他的車庫頂上，熱心地對我漸漸無力的表現發表評論。我們幾乎成了朋友。有時他懇求我不要放棄，有時則嘲弄我是否想用走的抵達終點，有時他要求我證明自己是個硬漢，有時則責備我在港口防波堤掉頭時抄了一段小小的近路。

負責分發飲料的女子也一直等我等到最後，把冰水澆在我頭上，在我旁邊跟著跑幾步，一邊大大地誇獎我。她跟著我跑進終點，事後我們交談了幾句。她說她在一年前完成了自己的第一個鐵人三項，當時是最後一名。「可是你知道嗎，」她說，「如果人生中有哪件事不必因為自己是最後一名而感到羞愧，那就是鐵人三項了。」

播報員再度努力試圖唸出我的名字，卻沒有成功。我沿著山坡往下跑向終點，大海就在我眼前，最後幾步用單腳跳著走完，播報員報出我的成績：三小時又四十五分鐘（我原本計算過自己應該可以在三小時又三十分鐘內完成，不過如果把所有非自願的停頓時間都加進去，我距離這個目標其實也並不遠）。

之後我喝了一杯可樂。其他的參賽者已經離開，我孤單地把自行車推回汽車旁，筋疲力盡，心中充滿了一種陌生的自豪。當我把汽車鑰匙插進去，期待著回家泡個澡，心喜於家裡儲備的大量冷飲。我轉動鑰匙，卻只聽見一片寂靜。我先前忘記關掉車頭燈了。推車也無濟於事，我必須打電話給南非此地的汽車協會。由於蘭格班有點偏僻，接電話的女子提醒我可能需要等兩個鐘頭。我跨上自行車，悠哉地騎到加油站，償還了之前的欠帳，另外再買了三公升的水。一個守衛見我躺在汽車陰影中的柏油路上，起了惻隱之心，帶了一位老先生一起回來，老先生把他那輛本田小車停在我的吉普車旁邊，交換了兩部車的電池，發動我那輛車的引擎，然後再把電池換回來。這個解決辦法很簡單，但我自己絕對想不到。我沿著湛藍大海旁的公路開車回家，收音機裡正播放著英國女歌手凱特·布希唱的一首歌。我心中頓時充滿一股無邊無際的幸福感，讓我起了一身雞皮疙瘩。

在這種狂喜中，我領悟了何以成為第一名或最後一名都無所謂——誰都無法有比我在這個下午所體會到的幸福更強烈的感受，哪怕是奧運冠軍也一樣。

四年的全奧運

「你在高興什麼呢？」古希臘哲學家第歐根尼問一個年輕人。年輕人自豪地說：「我在奧運會上贏得了勝利。我勝過了所有的選手！」第歐根尼回答：「勝過不如你的人有何光榮可言呢？」

二〇一二年夏天，我和幾十億的地球居民一樣懶洋洋地坐在電視機前，觀賞各種運動競賽，假如沒有每四年舉辦一次的奧運會，我根本不會知道有某些運動項目存在。我觀賞著身形勻稱的選手踩著跳舞般的步伐互相打量，或在一匹盛裝打扮的馬背上表演一個漂亮的動作，或高高地躍上半空中，翻幾個筋斗加轉體。我看見各式各樣扭轉身體的方式，見證了超乎想像的耐力。我什麼也不放過，決賽、半決賽、就連預賽和資格賽也一樣，然而儘管我深受吸引，心中卻隱隱覺得自己錯過了某種根本的東西。

我觀看的時間愈長，那種不滿足的感覺就愈發強烈。我在螢幕上所看見的若非顯得太容易，就是太困難。那些動作一方面流露出自然而然的優雅，另一方面又極端複雜。我無法評估奧運選手所取得的成績意味著什麼，所有的數字都是抽象的（而奧運中絕不缺少數字）。「是怎麼做到的？」和「為什麼會這樣？」這些疑問在我腦中閃過，卻很少得到回答。相反地，那完美的一擊、一推或一擲乃是我所不知道的一個故事末尾的驚嘆號。那種馬戲團演出般的精湛本領隱藏了之前多年的苦練，最高超的技藝顯然是一座冰山的尖角。奧運會上所展示的運動是件光滑無瑕的產品，經過高度琢磨，難以接近，由觀眾在讚嘆聲中被動地加以消費。

這種與民眾之間的距離其來有自。在古希臘，參與競賽者起初就只是朝聖者，他們前往聖地奧林匹亞是為了尊崇眾神，並且信賴那塊傳奇般的肥沃土地。隨著時間過去，這個朝聖地愈來愈大，比賽愈來愈有規則，到後來就只有經過挑選之人前來參賽，他們在故鄉為了這番較量而準備多年。這些運動員會提早一個月抵達，在運動場北方的行政中心伊利斯接受檢查和登記，接著就認真地準備競賽，他們在當年已經是我們如今所謂的專業選手。

從許多方面來看，運動史在古代的奧林匹亞便已展開。那些廢墟述說著運動從宗教到世俗的發展。馬其頓國王菲利普二世首先建造了宏偉的神廟來光耀自己，之後是他兒子亞歷山大大帝。後來古羅馬的歷代皇帝把自己的雕像豎立在顯眼的位置。排場愈來愈重要：由於尼祿皇帝來訪而建造了一棟別墅，豪華的溫泉浴場使生活風格的設備更加完善。奧運傳統的核心已被人遺忘，亦即對宙斯的崇拜以及朝聖與競賽的結合。古代的比賽隨著基督教的盛行而結束，在近代才又以異教習俗重獲振興，不久就替新的神祇效勞：群眾與金錢。

在研究奧運的過程中，我對於個別運動員的成就愈來愈佩服，對於競技運動則愈來愈反感。不僅是因為商業掛帥，欺騙與行賄之事時有所聞，也因為徹底商業化剝奪了運動的詩意。當然，作弊的人自古有之。只不過在古代奧林匹克運動場的入口前豎立著一列青銅宙斯像，係用違規者繳交的罰款所鑄造，罰款理由被刻在銘文上令人永誌不忘。每一代新的運動員在入場時都會從這些懲戒的先例之間走過。當時作弊被逮著的人就終身不得再參加比賽，如今那些使用禁藥的事件則頂多只影響了我們憤世嫉俗的程度。

奧運會很早就吸引著我。一九七二年，身為難民兒童的我被大眾的興奮感染，在慕尼黑四處晃蕩，去現場觀賞每一場對大眾開放的比賽。競走選手貝恩德・坎寧貝格（Bernd Kannenberg）踩著精力充沛的步伐接近，大家熱烈鼓掌，自行車騎士從我身旁呼嘯而過，大家為他們歡呼，目送著坎寧貝格扭動著臀部漸行漸遠，邁向他已成傳奇的勝利。我甚至得以偷偷溜進一座體育場（此事在後文中還會詳述）。

這份吸引力持續著。許多年後我偶爾還會在房間裡擺出所有的玩具，舉行我自己的比賽，發明出比賽項目，規則由我自己制訂。運動場由挑竹籤遊戲棒、德國十字戲（一種桌遊）遊戲板和「慧魚」組合積木構成，運動員則來自兩組「大富翁」遊戲（英文版和德文版）。有一天我還使用大富翁的棋子進行了一場勝負難分的賽跑。奧運會對我來說就像一座市集，市集上的每一個攤位都在演出一場不同的轟動表演，令人興奮，令人著迷。對當時的我來說，運動更像是戲劇而非比賽，更像是語言而非統計數字。

我對運動的熱衷或許也跟我父母都是運動選手有關，我父親是跨欄跑者，母親是排球選手。也可能跟我小學頭幾年在肯亞的一所英國寄宿學校裡度過有關，那所學校名叫「肯登學院」（Kenton College）。那時我們每天下午都做運動。我的興趣也可能源自早年一股未經思索的預感，意識到人類在運動中得以盡情活出各種嚮往，測出個人的雄心以及社交能力。身為終身的運動迷，在某些項目積極參與（主要是網球），在某些項目被動觀賞（主要是田徑運動），那年夏天我坐在電視機前尋思：這些運動種類的魅力何在？它們述說了人類的什麼故事？還有：假如由我來從事這些運動，我的表現會是如何？

我的疑問當然沒有答案，而頒獎典禮一場接一場地舉行。當又有一面國旗升起，又奏起了一首國歌，我想起本章開頭所引用的那則有關第歐根尼的軼事。在這些頒獎儀式中，儘管獲勝者真情流露，卻不太感覺得到法國詩人波特萊爾所謂「生命中用肢體動作展現誇張真理的重大時刻」。在比賽當中，播報員的注意力就只集中在一個問題上，亦即誰將會獲勝。他們從未解釋過為什麼偏偏是前三名獲頒獎牌，而不是前五名，或是所有進入決賽的選手。總是有某個人「領先」，偶爾會有人「追趕超前」或是「一馬當先」，有時「輕鬆獲勝」，有時「意外獲勝」，有時「轟動獲勝」，但永遠跟「勝利」有關（正因為這樣，要觀賞用外語轉播的運動節目很容易，只要你知道那些運動員的名字）。運動被縮減至單一面向，而這個面向在大多數時候對我來說無關緊要，因為那些划船選手、射箭選手或舉重選手我一個也不認識，因此誰輸誰贏對我來說都無所謂。人類豐富的想像力把每一項運動都塑造成一件活生生的藝術品，而這份豐富卻被縮減成一種簡單的二元編碼：拇指向上或拇指向下。幾乎無人提起運動過程的設計、運動規則的政治與社會背景、肢體動作所涉及的物理學與醫學。而強行映入眼簾的是眾家品牌的宣傳廣告，吹奏著奧運進行曲：贊助商為王。

這種對勝利的狂熱崇拜與對獲勝次數的執迷從何而來？一個運動員贏得六面金牌還是七面金牌何以會對他造成巨大差別？某個遠東國家上次贏得九面獎牌，這次則贏得了十一面獎牌，這件事何以重要？大家常說起競賽運動員的悲劇性，而此一悲劇性並不在於他輸掉了比賽，而在於他差點就贏了，或是以些微之差輸了。這份結局難料的戲劇性被那些播報員以嘶啞的聲音和誇張的舉動加以利用。然而，如果落敗乃是一瞬之差，我們也就可以視之為微不足道。把百分之一秒的時間或一公釐的距離看得如此重要（況且是在長達數小時的比賽和多年的訓練之後）使得奧運會號稱要頌揚的運動之美變得庸俗。

「參加最重要！」這是現代奧林匹克復興運動發起人古柏坦男爵（Pierre de Coubertin）的名言經過簡化的版本。一九〇八年他在倫敦所說的原文是：「在奧運會中，最重要的不是獲勝，而是參與。」接著他又再詳加說明：「人生中重要的不是勝利，而是奮鬥；最重要的不在於獲勝，而在於好好奮鬥過。」

眾所皆知，先知在自己的宗教裡無足輕重。儘管古柏坦男爵這句話常被提起，鑑於如今的現實情況，這句話聽起來空洞而虛假。不僅是勝利，就連排名也被仔細加以評估和評價，被百般比較和衡量，和贊助與投資緊密相扣。獎牌榜就是奧運會的聖經。另一個同樣有名的信條「更快，更高，更強」係由天主教道明會士亨利・迪東（Henri Didon）所述，遵循著成長的邏輯，引發了運動的許多變態行為，不僅導致選手使用禁藥，也造成愈來愈高的要求，就連職業選手都幾乎吃不消。要運動員為了加快十秒鐘而犧牲十年的光陰，這真能算是英雄行徑嗎？世人已經忘了該把「更高」視為心智上的鍛鍊，並非以分鐘或公尺來量測，而是以經驗和見識來衡量。

我不知道事情是在倫敦奧運會的哪一天發生的，但我忽然領悟（隨著一摔、一擊、一擲），面對這份失望我只能有一種反應：我必須擺脫盯著電視看的被動角色，而喚醒我體內那個運動員。從旁觀者變成行動者！於是我從沙發上一躍而起，從衣櫥最裡面的角落把我的慢跑服裝翻出來。那件上衣緊緊繃在身上，讓我看起來就像一根飽滿的香腸。我自信從容地無視自己的鏡中影像，啪噠啪噠走下樓梯。跑了幾公里之後，雖然我氣喘吁吁，但同時也極為暢快。在汗涔涔的這一刻，一個大膽的念頭從我腦中一閃而過：真正的奧運參與者豈不應該是體驗過所有項目的人嗎？何必每天吃同樣的食物？何必只學一種語言？何必每次度假都去同一個地方？在有這麼多選擇的情況下何必限制自己？這在腦中是一小步，在現實生活中則數不清是多少步（多少次跳躍、多少次遷移）。當然，在這天真興奮的一刻，我無法預見將發生在我身上的一切。只有一件事我從一開始就很清楚：我唯一要戰勝的人就是我自己。

我一輩子都在運動，也一輩子都在遺憾自己沒能做更多運動。我從來不是個超級運動員，但也從來不是個宅男。我曾有過雄心萬丈的時期，也有過懶散的長冬。就這一點而言，我可以說是進行這項實驗的最佳人選。凡是我能做到的，其他許多人也能做到。首先，經過一趟晚上又抽菸又喝酒的新書朗誦之旅，我得先鍛鍊身體，獲致某種程度的基本體能。我把最初那半年用來鍛鍊穩定的身體狀態，成為一家時髦的健身中心的新會員，請了一位個人教練來指導。在這段期間，我幾乎沒向任何人透露我的計畫，免得聽到「你要騎一百五十公里的自行車？你行嗎？挺著啤酒肚當水壺工吧[1]！」之類的反應。暗地裡，我悄悄買了新的運動服，並且繫上跑鞋的鞋帶。

幾個月後，我的體能狀態恢復到一個程度，足以讓我把我的計畫告訴別人，而不至於讓對方捧腹大笑。儘管如此，對方的反應也不總是令人振奮。大多數的人會自以

1 水壺工係指環法自行車大賽中替主將開道、遞水壺、取食物的隊友。

為聽錯了而再問一次。然後他們還會再問一次。許多人不敢置信地搖頭說我瘋了。他們雖然深感佩服，但比較像是去佩服一個打算以雙手和膝蓋匍匐前進走完朝聖長路的印度托缽僧。只有一個多年來利用休閒時間訓練鐵人三項的朋友表現出大把熱情與支持。一路上和我患難與共的是我太太，她自稱是克琳希德，但我的舉止則一點也不像齊格非[2]。在長達數年的訓練中，她常有機會懷疑地皺起眉頭，當她發現我在做一種怪異的練習而且出了差錯。克琳希德比較愛跳，而不愛跑步，比較喜歡玩水，而不喜歡游泳，比較愛盪鞦韆，而不愛做體操，尤其是因為她有一側膝蓋受過傷而不得不如此。因此，我們可以一起訓練的項目只有射擊和帆船，而她對射擊不感興趣，駕駛帆船時又成了落湯雞。偶爾我們會一起在彈簧墊上彈跳。

起初我興奮過度，想要從事夏季奧運會的所有項目，直到我明白自己必須放棄團體競賽項目。要找到另外五個或十個跟我水準相當的運動員，而且願意在短時間內和我一起接受密集訓練根本行不通。不過，剩下的工作仍舊可觀：二十三種運動，八十個項目。接下來我得把這項浩大的工程分配在三年的時間裡。有幾個決定是自然而然產生的：十項全能將構成圓滿的結尾。馬拉松賽跑也一樣，但願我在為期三年的訓練將盡時能具備必要的體能。由於我得同時訓練好幾種運動，我擬出一套計畫，把比較費體力的活動和比較偏重技術與腦力的項目搭配在一起。我可以把在射擊台上節省下來的精力用在之後的長跑上，而駕駛帆船和騎自行車也是很好的互補活動，一如桌球和游泳。

為了追求效率，我採用了由古怪的雙項運動及三項運動構成的訓練單元。例如，剛開始練習划輕艇時經常翻船，我就利用落水時來練習一下游泳的正確姿勢。當我被水草環繞，在多瑙河的一條支流裡漂流時，我放鬆手臂，把肩膀向前拉，繃緊腹部，用腳輕輕打水，把漂在旁邊的船迅速扶正。等身上的水乾了之後，再跑八公里路回家。在前往訓練的途中，或是去採買日用品後回家的路上，我每走一步都按照競走項目的要求把膝蓋拉直，不顧旁人詫異的目光。訓練的時程如此緊湊，也就顧不了鄰居會怎麼想了。

在典型的一週裡，我在週一做間歇跑步訓練，在週二學習擊劍中的快速回刺，週三則在一位七十八歲的傳奇拳擊手指導下嘗試各種出拳組合。或是我練習羽球，再從城裡奔向山區，為了次日早晨划著輕艇沿著一條湍急的河流順流而下，再隔天則準時

2 齊格非是德國中古史詩《尼伯龍根之歌》裡的屠龍英雄，克琳希德是他所娶的公主。

出現在維也納普拉特的田徑運動場上訓練十項全能。如果天氣不適合划船，我就去駕駛帆船，反之亦然。有時候我覺得自己就像《紐約客》經典漫畫〈七秒健身操〉裡的人物，漫畫中一個禿頭男子穿著太長的鞋子，以每小時二十英里的速度跑在一個五十度的斜坡上，同時還舉著五百公斤的槓鈴。

俗話說練習勝過研習。但如果不去研習，就會訓練失當。雖然大家針對身體訓練做過許多思考，也寫了很多，但基本原則其實很簡單。要改善體能，人類必須規律地鍛鍊，強度逐漸增加，時間逐漸加長，並且混合了重複與變化。其餘的一切都是細節問題。這一點大家很早以前就知道了。比較新的頂多是「高強度間歇訓練」的概念（英文縮寫是HIIT，聽起來比較像是一種會在婆羅洲雨林中感染的罕見疾病），這是一套專業的訓練程序，如今也已經被具有企圖心的業餘運動員加以採用。培養體能不單是透過持續的訓練，還要透過短時間的高耗能運動及被推到極限的疲勞。例如短跑或是極重的舉重，運動員必須使出全力。這種訓練方法把「No pain no gain」（不勞則無獲）這句英文諺語寫在痠痛的肌肉上。因此，那些預言只要花少許時間即可有大幅進步的訓練大師並非信口開河。至於這種極端的訓練效率能否增加運動的樂趣，就是另一回事了。

就跟每個剛接受新信仰的人一樣，我埋首閱讀神聖的典籍：《跑步聖經》、《體能訓練聖經》、《健身入門》、《隨處可做，無須任何輔助，人人皆可在十二分鐘內完成的健身練習》、《學習擊劍》、《基礎拳擊》、《羽球訓練》。每一次我都覺得自己像個初級班學生。我設法了解各種技術上的輔助工具。我弟弟送給我一件健身器材，有個嚴肅的縮寫「TRX」，是美國海軍「海豹特種部隊」的一名士兵在亞洲出任務時發明的懸吊訓練系統，他太想念家鄉的健身房了，於是用一條粗繩和降落傘的繩子來湊合使用。（一如約瑟夫・皮拉提斯[3]曾在無計可施的情況下用室內陳設製作出運動器材。皮拉提斯當時在倫敦擔任拳擊手和馬戲團表演者，在一次大戰爆發後，身為德國人的他被英國拘留，儘管他曾指導過蘇格蘭場的警員防身術。）如今「TRX繩」和皮拉提斯運動器材都被改良成時髦玩意兒，最主要的目的在於消滅偷懶的藉口。我也同樣認真地研讀有關正確飲食的聖經，並且在這個派別林立的市場上選擇了一種

3 約瑟夫・皮拉提斯（Joseph H. Pilates，1883-1967）為原籍德國的健身教練，「皮拉提斯運動法」的創始人與推動者，一次大戰前曾於英國工作，戰後移居美國。

嚴格的「低碳飲食法」，大大限制自己的碳水化合物攝取量，漸漸地，我的早餐成了每個朋友嘲笑的對象：扁豆、酸白菜、雞蛋和茅屋起司，加上印度香料。

幾週之後，我就明白我的身體是一本書，一本我至今幾乎不曾去讀的書，一本令人驚訝的書，不斷地自行繼續書寫，一再出現新的篇章。每次在練習一種新運動的第一個訓練單元結束後，我的身體就變出了從未表現出來的肌肉。人體有六百多塊不同的肌肉，這份知識我從自己的皮膚底下學到。我漸漸明白，正確的訓練不外乎和自己的身體進行誠實的對話。

克琳希德注意著我身上的每一種變化。經過一年的訓練之後，她把雙手一拍，興奮地喊道：「你有了兩塊。」

「這是什麼意思？」

「六塊肌的三分之一。」

我受寵若驚，眼前浮現了下一期《男性健康》雜誌的封面：「六個月練出兩塊肌。最新神奇鍛鍊術。」我頓時雄心大發，奔向最近一家書店，買下最新出版的《六十六天練出六塊肌》。可供選擇的還包括《六週練出六塊肌》、《九十天練出六塊肌》、《六塊肌戰略》以及其他許多本和六塊肌有關的書籍。（書店老闆向我透露：「要不是有這些跟六塊肌有關的書籍，我這家店老早就關門大吉了。」）所有這些書籍，不管是偏重於身體操練還是專精於飲食生理與新陳代謝，基本上所給的建議都一樣：

1 少吃
2 更適當地吃
3 多訓練
4 更適當地訓練

這就是「六塊肌奧祕」的四個祕訣，由我歸結出的原始公式，可供人練出宛如洗衣板的腹肌，這個公式將讓我躋身健身指南的殿堂。

時間緊迫，而要把我的目的告訴教練往往並不容易，去對一個終身投入一種運動的教練說：我打算在幾週或幾個月之內以速成的方式從十足的新手變成一個勉強及格的業餘運動員，頂多有能力參加比賽並且贏得最後一名。每一次我和一位新教練見面，對方都會先對我搖頭，因為每一個教練都認為自己所從事的運動十分複雜，難以掌握，而我打算用來認識這門運動的時間卻很有限。很少會有教練說：沒問題，這件事我們兩三下就能搞定。有些教練說服了我，說我這種大膽的計畫在他們所從事的運動中根本就是荒誕不經（例如騎馬或體操），因此在這些情況下，我只好滿足於入門課程和一點參與式的觀察。

為了避免天馬行空的訓練，針對那些可以測出成績的運動種類，我替自己訂下目標，要達到有二〇一二年倫敦奧運冠軍一半好的成績。結果發現這個目標在某些項目很容易達成（例如氣槍射擊），在另一些項目則是不可能的任務（例如跳水），但通常驚人準確地界定了我能力的極限。在另一些運動種類上，例如球類運動，我頂多只能學會最基礎的擊球。大多數的教練都重視培養扎實的技巧，這一點正合我意。就算他們明知我們不可能建起穩固的房屋，卻仍然堅持要打下堅實的基礎。不過，有些教練在和我一起訓練期間燃起了熱情，成了鼓勵我並督促我的熱心同謀。

我在大多數的運動種類中都經歷了一個認知與頓悟的時刻，經歷了一種突破、一種大躍進（當然是對我自己而言，這只是一種比喻），在那一刻我理解了該項運動某種根本的東西，並且將之融會貫通到能夠加以應用。那些時刻是幸福的。有一次，在二〇一四年七月的某一週裡，這種情況接連幾天在幾種不同的運動項目中發生。週三在一座露天泳池，我在落日的餘暉裡做到了必要的臀部轉動，使我能輕鬆地以捷式划水。週四在多瑙河的一條支流上，我坐在一艘搖搖晃晃的輕艇上，賣力並且偶爾加速地划行超過一個小時而沒有翻船（前一次訓練時，由於一陣強風掀起波瀾，我一共掉進水裡六次）。

這種成功的經驗留存下來，既沒有減弱，也沒有由於之後的挫折而化為烏有，因為我從事每一種運動的時間都不夠長，還來不及體驗到學習曲線上不免會遇到的挫折——起初進步很快，然後逐漸趨緩，到後來甚至可能退步。我的情況正好相反，由於快速進步而充滿動力，在訓練了幾個小時之後，這些進步帶領我入門，讓我在大多數時候折服於該項運動的魅力，看出其特有的吸引力，並且能夠體會其困難之處。一個資質平庸的中年人能夠如此迅速地學會一種全然陌生的活動，還從中得到快樂，這件事委實令人驚訝。那份快樂是如此強烈，以致於每次我在展開一項新訓練時都意外地感到對剛割捨的那項運動依依不捨，直到新的吸引力填補了先前所產生的空虛。

這本書描述了我人生當中四年的時光，介於倫敦奧運會和二〇一六年里約熱內盧奧運會之間。這四年裡，我幾乎每天都在運動，或是在被迫或自願休息時思索著運動，也經常傾聽自己內心的聲音，並且自我觀察。在這四年裡，我比平常活得更加起勁，也得知了關於人類的許多事，關於人類的感官和渴望，雄心和幻想。運動毫無疑問是種戰鬥，但是種競賽而非衝突。克服一切阻力要比和對手較量更為重要，克服水的阻力、空氣的阻力，把自身人體構造和精神狀態的極限再往前推。

我對自己也有了一些了解，在書裡也偶爾會提到，雖然我並不相信「認識自我」這個時髦的用語。諸如：發現你自己！你能做到的比你想像中更多！超越你自己！在你體內蟄伏著一隻老虎（或是另一種瀕臨絕種的生物）！在這個經濟掛帥的時代，「認識自我」被縮減為一種值得追求的彈性，這種彈性使我們能保持競爭力，就如同肌肉的定期伸展。像是「你比自己想像中更強壯」，這樣的句子（顯眼地印在我的水瓶上）基本上無所謂對錯，但是做為一句廣告辭令就顯得可疑，讓人馬上聯想到一個長得像湯姆・克魯斯的教練在週末講習會上做的投影片簡報：挑戰你的極限，你就能克服一切障礙。而真相是你往往比你想像中更軟弱，而且你會一再敗在命運或自己的狂妄所設下的路障上。

運動也是文化上的一個中心概念，在社會中肩負著重要的功能。運動的軍事起源（紀律、自制、刻苦）就跟固有的社會意圖（夥伴情誼、團結、共處）一樣對人們繼續產生影響。投身一種運動的人若非將之視為藝術，就是視之為科學或宗教。當他們談起該項運動，不管是用數字、代碼還是專門術語，他們顯露出一種肯定的姿態或一種解放的心願。兩者同時起作用，有時甚至是起交互作用。自古流傳下來的儀式替某些運動種類設下框架，左右著氣氛，有些人嚴格遵守，有些人則陽奉陰違。所有的運動員都參加了這種宗教崇拜的行為，有些身為高階祭司，有些則是異端分子。

運動喚起了情感，挑起了態度。我遇見過不容爭辯者和詭辯者，也遇見過異教徒和狂熱分子。我經歷過意識型態的壕溝戰，在理性主義者與神祕主義者、科技狂和強調直覺者之間。有一次在練習射箭時，兩個信奉不同學說的教練互不相讓，而我成了無辜的人質。對許多深入從事運動的人來說，運動帶來了生存的意義。他們被這種活動「帶著走」，符合「Sport」這個字的拉丁字源「desportare」[4]。在訓練時他們注視著時間，因為他們多半朝著一個特定的目標訓練。在那之後，在運動場上、俱樂部或是餐廳裡，大家還會花上幾個鐘頭繼續討論自己和別人的成績。在比賽時人人展現出強烈的好勝心。誰要是以為有點年紀的人就會寧靜淡泊、笑看人生，從而慢條斯理地

4 desportare，原有「搬運、帶開」的意思，des=away，portare = carry。

參加比賽，就得修正自己的看法了。你在年長者身上尤其會看見一種愈來愈想要實現的雄心壯志，因為這份雄心長久以來不曾被滿足。運動是展現激情的舞台。在我有幸與之一起訓練的同好當中，運動對不少人來說是生活的中心，對有些人來說甚至比他們的職業更重要，他們在此一活動中完成了一趟從「我」到「自我」之旅，常常是和其他人一起。因此，凡是像我一樣曾在運動的世界裡漫遊過的人，所得到的不僅是曬斑和兩塊肌（兩者都是暫時的），也會對人類的本質略知一、二（這是長久的）。運動是人類學的一個常數，哪怕人類只是追著一顆球跑。

在水中

各位貴賓！我固然創下了一項世界紀錄，可是各位若要問我是怎麼創下的，我卻無法給各位令人滿意的答覆。因為我其實根本不會游泳。我一直都想要學，始終沒找到機會。那麼我怎麼會被祖國派去參加奧運會呢？這正是我自己也百思不解的問題。

——卡夫卡〈傑出的泳者〉

游泳（在泳池裡）

水是我們的遠親。人體的密度大約和水相當，所以我們不會下沉，至少不是馬上。人體絕大部分由水構成，新生兒有百分之八十是水，而水在人體中所占的分量隨著年紀而減少，我們逐漸變乾，最後合理地變成木乃伊。當你與某人相識，朝你晃過來的大約是五十公升的水。儘管如此，人類生來無法在水裡久待。人在游泳時進入了一種陌生的自然元素。畢竟我們的祖先爬上陸地已經是很久以前的事了。

跑步是加快一種熟悉的動作，游泳則是進入一種夢境，日常生活的準則在那裡並不適用。在水中我們很少會忘記自己是客人。我們吃力地培養出對這種自然元素的感受力。游泳是最困難的一種親近。

另一方面，游泳簡直健康得要命。水的密度大約是空氣的八百倍，在水中的每個動作都會遇到強烈的阻力。消耗的力氣很多，受傷的風險很小。由於水的浮力（在女性身上的作用比在男性身上更強），關節能受到保護。此外水會擠壓皮下血管，心臟必須更賣力工作，才能把血液輸送到所有的肌肉，結果是加大了肺活量，也使心臟更為有力。

儘管如此，我卻有很好的理由避開泳池：氯的氣味宛如來自陰間的氣息圍繞著你，還有那寂寞單調的水道和毫無變化的池底磁磚。因此，只有在通往地平線的水面，我才會接受水的殷勤召喚。

捷式（俗稱自由式）

我在將近五十歲時學習游泳，不至於淹死的本領則自七歲起就能掌握。兒時我能用蛙式游向礁石，在寄宿學校裡能在泳池裡游上一英里，大學時期的夏天能在海裡泡很久，但我始終做不到我這顆軟弱的泳者之心所渴望的那種平靜有力而持久的捷式划水。直到我在一個颳風的春日決定去學習「魚式游泳」——這是一種新技術給人的承諾，這種新技術有個略顯空洞的名稱叫「完全沉浸」（Total Immersion，簡稱 TI）。

TI的信徒談起這種游泳方式的發現就像談起宗教的一種頓悟經驗，談起創始人泰瑞．羅克林（Terry Laughlin）就像談起一位宗師。他們如痴如醉地說起在水中滑行那種無可比擬的感覺，彷彿從水分子中切過。這聽起來像句差勁的詩，但也像是一種令人興奮的經驗。茱莉亞是個醫師，一頭金髮，長著雀斑，她深信這種教學法，一開始就對我說得「水」花亂墜，而她（不完全）做到了她的承諾。

首先她讓我用捷式在水道裡游個幾趟，拍下影片，然後在平板電腦上根據拍攝的影片向我說明我哪些地方做錯了（幾乎全都錯了）。我們從基礎開始：什麼樣的姿勢在水裡是正確的？手臂放鬆，肩膀稍為向前伸展，軀幹微微繃緊，雙腿平靜地輕輕拍動。頭部也應該要輕鬆地浮在水面上，彷彿頭被切掉了一般（我前面提到過茱莉亞是個醫生）。大多數的泳者把頭抬得太高，使得臀部下沉，就無法在水中保持良好的姿勢。在第一天裡，我就只學到把胸腔壓入水中。只要我會下沉，我們就無法繼續進行。

如果你能像一塊木頭一樣浮在水面，就可以只花少量的力氣游泳。水帶來一種矛盾的挑戰。你用了愈多未經控制的力氣，所產生的阻力就愈大；你愈快或愈用力地用手臂划水，就只會浪費精力，來自赤道幾內亞、身材健壯的艾瑞克．姆薩巴尼[1]在雪梨奧運會上賣力而又無助的嘗試就證明了這一點，這個奧運選手在那趟嘗試終了時差點溺斃。TI 游泳法的一個精髓是：「速度最快的泳者需要划水的次數最少。」一般的泳者在他花費的力氣中只有百分之三用於前進，綽號「飛魚」的美國泳將菲爾普斯則有百分之九，這個係數相對而言很高，因為在陸地上，頂尖運動員的效率平均而言「只」比業餘運動員高出百分之二十。

在學校裡上游泳課時，我們專注於上半身和雙腿，用腳蹼和夾腳浮板來練習，以改善手臂划水和雙腳打水。如今我的身體被垂直地分成兩半，而游泳被傳授為一連串的滑行階段，中間被身體的轉動所打斷，因此身體大多數時候都側躺在水中，就像一艘微微傾斜的船。手臂由尖尖抬起的手肘帶領，向前伸出——照茱莉亞的說法就是「彷彿下臂被截肢了」——使得轉動身體變得更輕鬆。

雙手變成了錨，彷彿想把水緊緊抓住，以把自己往前拉。

「有個學員曾經跟我說這就像是一種治療。」

雙手盡量向前伸，在前方等待，只等一下，但要有耐心。

「你在兩次划水之間做的事要比你如何划水更重要。」

雙手滑進水裡，就像滑進袖子裡一樣，沒有聲音，也沒有水花。

有時候你會忽然靈光一閃。我頓時像個螺旋槳一樣滑過水中，感覺上不像在游泳，而像在飄浮。我愈常意識到自己的轉動，就比較不能感覺到自身的輕盈。

可惜認知會被再度遺忘。後來我每天藉由各種練習來培養自己的「水感」。有時我想要的那種感覺會突如其來地出現，在其他日子裡卻硬是不出現，不管我多麼精準地完成我的動作。在家裡我反覆觀看TI日本總教練竹內慎司的游泳影片，努力想把他的動作融會貫通。

接下來我們專注於換氣，對許多不熟練的泳者來說，這是游捷式時最大的問題。認知在於：「吐氣比吸氣重要。」這一點以前還從未有人向我說明過。我們之所以會感到呼吸困難不是因為氧氣不足，而是因為肺裡的二氧化碳濃度太高。因此，均勻地

1 艾瑞克．姆薩巴尼（Eric Moussambani）創下了奧運一百公尺自由式的最慢紀錄（一分五十二秒七二）。媒體事後才得知他誤以為自己要參加的是五十公尺的比賽，而且在參賽一年之前還根本不會游泳，總共只學了九個月。姆薩巴尼因此成為雪梨奧運會中的另類明星。

深深吸氣固然重要，更重要的則是不要憋氣，而是馬上緩緩地持續吐氣。

原來如此！

不久之後我就以驚人的耐力游泳，宛如李安德[2]再世，位在維也納許特朵夫區的二十五公尺長泳池就是我的達達尼爾海峽，霓虹燈是我的導航燈標，而克琳希德就是我的女祭司希羅。我游向從前，游過歷史，直到那一夜一場暴風吹熄了李安德用來辨別方向的火光。他淹死了，而希羅自殺了。

李安德身為戀人非比尋常，身為泳者卻沒有什麼不尋常。古希臘羅馬時代在水中感到自在。在雅典，游泳屬於男子的基本訓練。笨拙的人被斥為「既不會游泳也不會閱讀」。古羅馬有八百多座泳池，其中幾座大到足可容納上千名泳者。如今一座歐洲大城頂多只有幾十座公共泳池。

中古時期把游泳和性都加以妖魔化。游泳被視為聽命於身體而厭惡心智的感官活動，因此有如魔鬼——游泳成了基督教的犧牲品。文藝復興則把我們再度帶入水中。堪稱游泳史上之馬基維利的是艾福拉德・狄格比（Everard Digby），他那本劃時代的教科書叫做《論泳術》（*De arte natandi*）。隨著啟蒙時代，人類以游泳脫離了循規蹈矩的規範。班傑明・富蘭克林在泰晤士河裡鍛鍊體魄。浪漫時期則委身於水。最知名的泳者是詩人拜倫，他下令在自家莊園的地下室挖出一座泳池，那是從前僧侶替屍體塗上防腐香膏的地方。拜倫到處游泳，在蘇格蘭的湖泊裡，在威尼斯大運河裡，並且追隨著李安德的餘波泳渡達達尼爾海峽。「我對自己的這項成就更為自豪，比起其他任何方面的名聲，不管是政治上、詩藝上或修辭上。」對拜倫來說，游泳就跟性一樣重要。

他的詩人同行斯溫伯恩（Algernon Charles Swinburne）和愛倫坡也是貨真價實的長泳者。愛倫坡征服了維吉尼亞州詹姆斯河的急流，當一名讀者把他的成就拿來和拜倫的成就相比較，他還有點不高興。法國文豪福婁拜兒時在諾曼地海濱的特魯維爾學會了游泳，每天要跳進塞納河兩次，讓自己從寫作中冷靜下來。詩人惠特曼藉由游泳來尋求療癒。法國詩人梵樂希（Paul Valéry）認為游泳是「和波浪做愛」，三島由紀夫則視之為一種強身的嗜好。假如少了游泳，文學史就會有不同的發展。

（同性）情色的成分像一件連身泳衣一樣在整個游泳史中延伸（連身泳衣係二十世紀初由澳洲女子游泳選手安妮特・凱勒曼〔Annette Kellerman〕所發明）。德國作家

2 李安德（Leander）是希臘神話中的年輕男子，夜夜泳渡達達尼爾海峽去與戀人希羅（Hero）相會。

克萊斯特[3]在給普魯士軍官普菲爾的信裡寫道：「我常帶著真正的少女情懷看著你美麗的身軀，當你在我眼前走進圖恩湖裡。」我們很難不去讚嘆泳者修長而富有彈性的肌肉，就算他們完全自覺到自身之美，當他們在游泳前挑逗地伸展身體，彷彿水的用途就只在於映照他們。男性若是可以自由選擇某一種體型，肯定會選擇一副泳者的身材。

好萊塢當然也發現了游泳當中這種幾乎不曾昇華的性感。在伊漱．蕙蓮絲[4]演出的那些電影中，泳池成了一片帶給人希望的遊戲草地，成為享樂的中心。伊漱．蕙蓮絲在燕式跳水之後把自己交給了水，在水中四處嬉鬧，那是真心的喜悅與純粹的歡樂。而一個吻連接了池水和陸地，雖然池畔那個男子顯然無法和池水相競爭。

伊漱．蕙蓮絲曾說：「在水中你擺脫了重量和年齡。」

經過夏季的學習，接著是秋季的練習，在斯里蘭卡的「一個世界基金會」（One World Foundation），我有三個月的時間得以在一間避暑小屋裡度過，門一拉開，前面就是泳池。泳池雖然只有十三公尺長，但我無須和任何會侵犯我隱私的人分享。公眾泳池看起來一片祥和，其實卻是戰區。速度中等的泳者如我會被快如魚雷的泳者擠到池邊，而被在池中戲水的退休人士擋住去路。雖然是有一套泳池禮儀，但是有些人不知道有這套禮儀，另一些人則並不遵守。就算你舉止審慎，偶爾還是會引發別人好鬥的反應。你免不了會在某個時候游得離別人太近。這對於種族歧視者而言是個惡夢，因此早年在美國，種族隔離措施在泳池要比在其他任何地方都更頑強地受到捍衛。

在斯里蘭卡我有自己專用的泳池。我試著有意識地去游每一趟，想著某一個特定的技術面向，專注於正確地執行。看哪，游捷式的快樂湧現了，生平第一次我更願意游捷式而非蛙式。水拂過我的皮膚，我感覺到自己游上了癮。在晚上我期待著晨泳，早晨在溫和的日出時分來回泅游。棕櫚樹的輪廓變得立體，雲朵在曙光中飄過。我在任何天氣下都游，就算颳風下雨也一樣，享受著雨滴打在臉上的感覺。並且一次又一次地感到驚奇，當我在游了一個鐘頭之後並未筋疲力盡，而是精神飽滿地從水裡出來。

然而，我的享受也遮掩不了我的某些缺點。茱莉亞試著用「遠距診斷」來協助我，她先是挑剔我的划水，然後也挑剔一些別的地方：

---

3 克萊斯特（Heinrich von Kleist，1777-1811）出身軍事世家，年輕時曾從軍，與普菲爾（Ernst von Pfuel，1779-1866）為軍中同袍，兩人曾結伴同遊瑞士、法國等地。

4 伊漱．蕙蓮絲（Esther Williams，1921-2013）美國知名游泳選手，曾打破多項紀錄，後來被好萊塢發掘，演出多部水中歌舞片，代表作為《出水芙蓉》。

「記得先把手肘抬出水面，手臂的動作是由手肘帶領！

把手肘向外向上抬（想像一扇打開的木門，並且想像一個直角三角形——如果別人從前面看向你——而直角由手肘和下臂及上臂構成）。

把手肘高高抬起，並且遠遠地向前伸出去（切記每一公分都很重要，因為它會把重量帶向前）。

注意你的下臂和手這時要完全放鬆，隨著重力向下垂（要確實在手肘上「晃動」）。

注意手在插進水裡時要跟另一隻手臂的手肘位在同一個高度。

注意入水、轉動身體和拉長身體是一個動作，這個動作透過轉動臀部而完成（想像彈簧的畫面）。

轉動身體要有力，像鐘擺一樣有節奏。」

要注意的地方很多，也許太多了，這些技術上的指示有些令人迷惑，很難轉換成我的身體語言。如果我太過去注意自己的手肘或是其餘哪個身體部位，我就變得更笨拙。我雖然繼續轉動身體，但遠遠不像先前那麼興味盎然。假如水中也有死胡同的話，那麼我已經碰到了一條。下一次拍攝的影片讓茱莉亞流露出不加掩飾的失望，讓我做

好被逐出師門的心理準備。她指責我：「你身上有某種東西就是抗拒著不讓你完全投入。」還說她「很久以來就沒有再看到進步」。她納悶是她這個教練失敗了，還是我這個學生失敗了，擔心我「承受不了自己表面上的失敗」。「你還記得，在體育館游泳池最後一次上課時，我請你寫一本游泳日記，並不是要你記錄自己的成績，而是要你記錄自己的情緒：哪些地方成功了？那是什麼感覺？哪些地方沒有成功？是什麼阻止了我把認知轉為行動？我的疑慮何在？」那封電子郵件以「先知泰瑞」的一句話結束，直接引用英文：「More than swimming! Swimming that changes your life!」（不僅是游泳！游泳會改變你的人生！）

就在這一刻，我成了不久之前才被引導入門的這門宗教的異教徒。我繼續游泳，但是一片陰影籠罩著我。

在我每天兩度在泳池裡來回游捷式幾個月之後，我只能想像典型的泳者是內向的個人主義者。他所橫渡的水域是自身激情的海洋。泳者其實不是潛入水中，而是深深沉浸在自我之中。

游泳技術的複雜性在過去這五十年來世界紀錄的發展中表露無遺。在田徑場上的進步很小（如果談得上有進步的話），而泳者所用的時間卻大幅縮減：六十年前一百公尺自由式的世界紀錄，在男子組是五十五點四秒，女子組是一分零二秒，如今男子組的世界紀錄則是四十六點九一秒，女子組是五十二點零七秒。不過，這個紀錄自從二〇〇九年以來就沒有再度提升，也許科學知識已經被用盡了。

順帶一提，在五十公尺的短距離比賽中（所謂的自由式實際上都是捷式[5]），頂尖的職業選手在整個賽程中一次也不換氣。這一點我就沒有加以仿效了。

五十公尺自由式：奧運冠軍的成績是二十一秒三四，我的成績是四十四秒五。

一百公尺自由式：奧運冠軍的成績是四十七秒五二，我的成績是一分三十秒九。

兩百公尺自由式：奧運冠軍的成績是一分四十三秒一四，我的成績是三分二十八秒四。

四百公尺自由式：奧運冠軍的成績是三分四十秒一四，我的成績是七分二十五秒九。

一千五百公尺自由式：奧運冠軍的成績是十四分三十秒零二，我的成績是三十分十一秒。

仰式

塔里克在法蘭克福出生長大，是那種站在科技尖端的教練。首先我得和他一起到「技術監督協會」去做平衡練習、伸展練習、重量練習。用「功能性動作系統」（functional movement systems）來評估（健身教練就跟行銷專家一樣喜歡使用許多英文詞彙）。評估結果是：由於動作不對稱，我適合游泳的程度有限。尤其是我肩膀的靈活度受到限制，在游仰式時是個需要嚴肅看待的缺點。塔里克送我一個網球，教我練習用肩膀把球壓在牆上。第一次嘗試時，我不知哪裡做錯了，結果痛得要命，於是我決定不再用這種方式來翻修自己這把老骨頭。

仰式就是倒過來的捷式。基本原則相似，都是身體規律轉動的一組循環動作，腿部打水也一樣。我也已經知道要把身體往水裡壓，以得到更多浮力。我們先從打水開始。我要伸展臀部打水，打到水「沸騰」；把腳關節打直，由下方往水面打，逐漸提高頻率。幅度短些較佳，免得水從雙腳之間流過，同時也能把臀部抬起來。基本上在

5自由式比賽的意思原指選手可以使用任何一種泳姿參賽，但因捷式在四種泳姿中速度最快，所以凡是參加自由式比賽的選手均使用捷式，自由式也就成了捷式的代稱。

游仰式時應該讓水從身體下方流過。適合游仰式的體型是較長的上半身、特大的手掌和大如腳蹼的雙腳。（塔里克表示：「能有蹼膜當然更好。」）

接著我們練習把身體向體側轉動四分之一，肩膀在下巴前方，再練習向體側轉動二分之一，只動上半身，臀部要盡量保持穩定。接著用上單側手臂，在腿部打水十二下之後從容地把手臂舉起。讓手臂垂直停住，直到水往下流，這有助於讓背部保持平衡。「要等到手臂乾了。濕漉漉的手臂就表示你動作太快。」

雖然塔里克提醒過我幾十次那個紅色標記表示再過五公尺即到池邊，我還是一再撞到頭，這證明了知識並不能使你免於頭痛。也許是因為這樣，塔里克才教我名符其實的「螺旋鑽」翻轉法，從仰式轉為捷式，這在轉身時是必要的，進行轉身時目光必須朝向前方。

不久之後我們就練習那些關鍵的細節：手微微向外伸直，在一點鐘的方向，大拇指張開，小拇指收進來。在阻力最大時把手臂和肩膀向後拋出。

「你有個問題，」塔利克對我說，「這個問題我們都有。在生物學上我們全都被設定要盡量節省力氣，而你必須強迫身體不要從水裡輕輕拂過，而要保持那股壓力，每一次都要。這很吃力，在心理上也是。」

這一點就仰式而言格外正確，因為在水中的姿勢給人的感覺比較是慵懶而非充滿動力。

一百公尺仰式：奧運冠軍的成績是五十二秒一六，我的成績是兩分零秒五。

兩百公尺仰式：奧運冠軍的成績是一分五十三秒四一，我的成績是四分零八秒八。

蛙式

游蛙式很容易，要游得快卻很難。這種姿勢最適合初學者和悠閒的人，適合在海裡戲水消暑，也適合安全泳渡一條河流。這種泳姿的靈感不是來自魚類，而是來自兩棲類，因此直到十九世紀末，有些地方會在游泳池旁邊的小盆子裡養著青蛙，做為活生生的泳姿示範。蛙式有很長一段時間是大家所偏好的游泳技術。前文中提到過的普魯士軍官普菲爾後來成了將軍，他曾說：「青蛙是傑出的泳者，而我們就此找到了師父，因為就游泳所需用到的部位而言，青蛙的身體構造跟人類很相似。」捷式直到一八四四年才由兩名奧吉布瓦族印第安人傳到歐洲，他們的泳姿造成了轟動，也引發了排斥。順帶一提，美國畫家兼旅行家喬治・凱特林（George Catlin）對北美印第安人這種泳姿的描述與「完全沉浸」的魚式游泳教學法驚人地相似。然而歐洲人仍舊繼續以蛙式游泳，直到進入二十世紀。

雖然蛙式就物理學而言有明顯的缺陷：用其他幾種姿勢游泳時，在每一刻都有一股動力產生作用，使泳者能穩定地在水中滑行，而蛙式泳者卻像個沒耐性的汽車駕駛碰上塞車。他在伸直雙臂和雙腳時加速，在把雙臂向兩側伸出、用力縮起膝蓋時則猛然踩下煞車。他先把水向後壓，接著馬上又把水往前撥。他的速度在每秒鐘兩公尺和停滯不前之間擺盪——走走停停。

不過，這也是個人風格的問題。我不認識加拿大傳奇歌手李歐納・柯恩，卻曾在他旁邊游過泳，在孟買的「布瑞吉坎迪俱樂部」游了一個小時，我們各游各的，在一座形狀有如印度地圖的泳池裡來回地游。我們曾有過一次目光接觸，他沒有向我點頭，也沒有回應我的微笑。後來我得知他的靈修導師就住在孟買。他以悠長的動作游著，拉長滑行的時間，頭抬得很直，像隻黑天鵝。你能想像李歐納・柯恩游捷式嗎？很難。要想像「滾石樂團」主唱米克・傑格或「皇后合唱團」主唱弗萊迪・墨裘瑞游捷式則比較容易。

最早的蛙式游泳比賽在西元前三十六年於日本舉行，那是崇神天皇時代。一六〇三年日本天皇的一份詔書下令把游泳列入學校體育。後來游泳就被納入武士的修練中，成為軍事訓練的一部分，同時也成為一種儀式（眾所周知日本人把一切都變成儀式）。

一百公尺蛙式：奧運冠軍的成績是五十八秒四六，我的成績是兩分零一秒。
兩百公尺蛙式：奧運冠軍的成績是兩分零七秒二八，我的成績是四分三十六秒。

蝶式（過去稱為海豚式）

有一張照片呈現出俄國總統普亭較不為人所知的一面。他的頭部和雙臂伸出水面，雙手向內折。他即將在下一個瞬間進行蝶式扒水，充滿動能，自信而且自制。像這樣的照片不是出自偶然，而是經過深思熟慮的安排，充滿算計，呈現出這個大權在握之人做出一個不僅暗示出男性氣概而且只有少數人精通的動作，讓普亭顯得既強壯又不同凡響。

這種泳姿背後的概念是想模仿速度最快的水中動物游泳（科學至今尚無法充分地解釋這個速度）。也就是說，我們模仿的對象也在進化：從青蛙到海豚。

最初的練習在陸地上進行：我擺動肩膀，甩出雙臂。游蝶式需要一種特別的靈活度，因此我必須伸展胸椎。塔里克要求我做的伸展動作讓我想起馬戲團裡表演軟骨功的雜技演員，能把自己塞進一只鞋盒裡。我的教練診斷出在我肩胛骨和脊柱之間有窄化的情形，全都過度緊繃，肯定是由於寫作的關係（由此可以推論出：作家無法成為優秀的蝶式泳者，與獨裁者相反）。塔里克告訴我這個壞消息時帶著一種無所謂的態度，讓我鼓起勇氣接受現實：雖然一切都有可能，但絕非一切都能成功。不過，我們可以「活化我的潛力」，處理造成我「運動功能障礙」的「觸發點」。塔里克所開的處方是「筋膜升級」，在一種普遍放鬆的意義上（換句話說：皮膚必須維持彈性，以求平滑地附著在肌肉上）。等到我終於可以下水，才鬆了一口氣。

我們從仰躺時的腿部動作開始。我要從臀部使力把水從身上推開，上半身不動，膝蓋微微彎曲，最好是只有臀部用力。頭幾次海豚打水的動作我是在淺水中原地做練習，我主動把頭沉入水中，雙臂靠在身側，滑行出去。我一再把下巴收向前胸，因為頭部控制著脊柱，藉由此一動作能幫助身體浸入水中。塔里克向我說明：「優秀的泳者游蝶式時，你只看見他們的肩膀向前擺動，幾乎像是沒有頭。」理想的頭部動作是像個唯唯稱是的人一樣頻頻點頭。

練習下一步時再加上一條手臂，也就是半隻蝴蝶，輪流練習右手和左手，直到身體渴望著能同時張開雙臂。就這樣，照塔里克的說法，我們三兩下就把個別的部分技巧組合起來。塔里克調皮地向我透露並非每個人都用這種方式學習，在游泳社團裡會慢慢訓練，先練上幾星期的踢腿。那會是「謙卑接近」學派，我知道印度古典音樂私塾和希臘聖像畫大師就採行這種作法：在第一年裡徒弟只能擦地板，打掃庭院，為將來攀向頂峰打下堅實的基礎。

至於像我這麼匆忙的人，就獲准馬上接著練習扒水：用雙手在水裡畫一個花瓶或一個問號，以雙臂張開的最大寬度把雙手帶出水面，輕鬆地向前拋出，停留在水面，等到胸腔抬起來時才再往下壓。後者被稱為ＥＶＦ（Early Vertical Forearm，早提前臂）。由於塔里克熱愛縮寫，他認為這些縮寫也能吸引他的徒弟。他慣用的語彙對我來說就跟蝶式一樣陌生，例如他判斷我是「易胖體質」，或是要求我進入「野獸模式」等等。但咒語的魔力卻繼續發生作用，不曾稍減，這是所有宗教中最古老的策略。前文中曾說過塔里克在法蘭克福出生長大，至於這句話背後的故事，我直到臨別前餐敘時才得知：那是一段從「兒童收容所」到「青少年收容所」的冒險之旅，有時由一個哥哥照顧，有時得自立更生，直到最後他因為有田徑運動天分而被一所體育寄宿學校錄取。基於這段坎坷的人生，我更能明白他何以如此堅信人可以透過意志力、紀律和縮寫來自我改善。

游蝶式十分耗費力氣，由於身體常須繃緊，尤其是肩膀、手臂和背部。因為節奏複雜，學習過程既辛苦又令人感到挫折。不只是對我而言。據塔里克說，在他的游泳課上總有三分之二的學員放棄。不過，在練習之路的盡頭召喚著你的是運動中最優雅的一種動作。

一百公尺蝶式：奧運冠軍的成績是五十一秒二一，我的成績是兩分零三秒。

兩百公尺蝶式：奧運冠軍的成績是一分五十二秒九六，我的成績是四分二十八秒二。

兩百公尺混合式：奧運冠軍的成績是一分五十四秒二七，我的成績是四分零四秒二。

四百公尺混合式：奧運冠軍的成績是四分零五秒一八，我的成績是九分零秒八。

公開水域游泳

那天天氣很好，而他覺得好好游一趟似乎更能夠擴大並頌讚這份美好。

——美國小說家約翰．齊弗（John Cheever）短篇小說《泳者》

慢跑的人很少在體育場裡轉圈，而喜歡在空曠的戶外跑步。游泳的人卻被關在泳池裡，就像水族箱裡的金魚，以驚人的耐性游完通常是二十五公尺長的水道。在公開水域游泳則讓你體驗到一種解放，能不受限制地向前滑行。

「請你別下水，」飯店接待處的男子說，「我知道你會游泳，可是那些中國遊客會跟著你下水，然後淹死。」這不是什麼陰森的笑話，而是印度洋中馬爾地夫一座迷你小島上的現實，來自中國的年輕夫妻在那裡度蜜月，從不脫下救生背心。

只有會游泳的人才能在水裡和死亡調情。少年時代我曾躺在肯亞北部瓦塔穆的海灣裡看星星，等我轉過頭去，陸地已經不見蹤影，而潮水正在流動。我游了一個鐘頭，兩個鐘頭，橫越過潮水，朝著一片陸地游去，那片陸地朦朧難辨，像個模糊的猜測。

起初我驚慌失措，但心中隨即充滿了必須為自己的生命奮鬥的那種興奮。美國作家傑克．倫敦在同一個年紀時從一艘遊艇上掉進舊金山海灣，而他沒有呼救，甚至沒讓人注意到他，當洶湧的潮水讓他從燈火輝煌、熱鬧非凡的索拉諾碼頭旁邊漂過。他仰躺著漂到大海上，讚美著星辰，渴望死亡，直到次日早晨才被漁夫救起。後來他宣稱比起寫出最偉大的美國小說，他寧可贏得一項重要的游泳比賽。

為了別讓那些度蜜月的新婚夫妻受到致命的誘惑，我從礁石後面的潛水站跳進海中。我以平靜悠長的動作從水中滑過，四周的魚兒悠哉地從我身旁超前，就連小海龜都把我甩在後面。一條好奇心重、披著藍色條紋的熱帶魚就游在我正前方，想來是個巧合，但牠一直沒離開我身邊，打量著我，當我百般羨慕地看著牠把魚鰭一拍就衝向前去。這條熱帶魚給了我輕鬆游泳的靈感。我把放鬆的手從頭部旁邊稍微抬出水面，在遠遠的前方再切入水中，伸展身體，稍加等待之後，才再伸出手去划下一次。誰曉得呢，說不定我在平滑的水中能夠成功地像珊瑚礁裡的熱帶魚一樣游泳，可是在起伏的波浪中我必須對抗在換氣時把頭抬出水面的本能，這是在喝了幾口鹹水之後小心過度的反應。幾分鐘之後我就筋疲力盡，必須暫停，那條熱帶魚則拍了幾下魚鰭就竄向那片無盡的蔚藍，沒再瞧我一眼。

在其他的日子裡，我很容易就能在海裡游一小時捷式，不必在池邊休息，也不擔心會沒有空氣或失去體力。我愈來愈感到自在，就像一個過客在異鄉逐漸感到熟悉。一名服務生所說的話也絲毫沒有影響我這份感受。他從陸地上瞥見我，起初還以為我是隻海豚。我認為把一個熱愛游泳的人拿來和一條魚相提並論，是最高級的恭維。然而，聲稱人類能夠學會像魚兒一樣游泳，此話就像承諾人類能夠像鳥兒一般飛翔一樣不能認真看待。

十公里開放水域游泳：奧運冠軍的成績是一小時四十九分五十五秒一。

至於我：原訂於二〇一五年九月十三日舉行的測驗由於急性流行性感冒而泡湯了（說得更準確一點是在新多瑙河泡湯的）。

在水上

這一章的標題也可以是「翻船的藝術」。我在做每一項水上運動時都掉進水裡，在激流輕艇項目經常落水，在靜水輕艇項目中偶爾落水，在加拿大式划艇項目不停落水，在划船項目落水一次，在駕駛帆船時我自己雖然沒落水，克琳希德卻兩度落水，在練習風浪板時則一再落水。翻船也是得要學習的，在駕駛帆船時甚至會練習翻船。但是更大的挑戰則在於克服自己的恐懼，在於願意擺脫失敗的感受，勇於再試一次。

激流輕艇

如果把河流看成是時間的隱喻，那麼湍急的河流就是人生的隱喻。你無憂無慮地順流而下，直到下一道急流攫住了你。當你沉醉於純粹活著的寧靜，接下來可能被粗暴地扔進喧囂的格鬥中。當你從階梯式水瀑被甩下去，先前那份安寧就只有如幻想。沉思冥想之後就是翻船。

誰要是在一艘小小的輕艇上遇上奔騰的河水，就得到濃縮的生命。感覺化為激動，好感提升為熱愛，從難以描述變成戲劇化。在激流中，情緒是塊使用頻繁的肌肉。這一切係指這項運動的傳統形式。奧運選手則在人工激流上競技，在設於某處的水泥水道上，面對無所不在的挑戰（難度自始至終都是三至四級），那些水道更像是遊樂場的8字形迴旋滑道。由於水量始終維持一致，能保證所有參賽者都在相同的條件下比賽，不過只有少數人能以這種形式來從事這項運動。參加這些競賽的是少數頂尖運動員，大多數的業餘愛好者還是繼續在河流中划行，只要瀏覽一下相關的雜誌就能得知這一點。而由於近年來這些小艇愈來愈小，也愈來愈穩，如今就連在湍急的溪流中也可以順流而下，體驗最原始的風景。幾乎沒有另一種運動能讓你如此接近大自然，在除此之外無法前去的峽谷中，單獨和古老的沉積物以及四處遨翔的鳥兒共處，在愈來愈罕見的河流地形中當個不喧賓奪主的客人。我感受到一種渴望重回天然的幸福，就算我的裝備一點也不天然。

假如我的老師不是個年近八旬的老人，也許我比較不會用如此富有哲理的方式來看待這項運動。他在這世上的急流中划行了六十多年，對於泛舟有自己的看法。大家都叫他沃爾夫，在陸地上他顯得老當益壯，在水上則像個年輕小伙子。每當我們一起沿著國王湖溪、施泰爾河或是泰希河順流而下，只見他在急流間左彎右拐，隨著波浪起伏，把時間的指針給倒撥回去，而世間的所有重量似乎都從他身上卸下。他只有一次陷入困境，那是當我划得離一個危險的螺旋狀水流太近時（雖然他再三提醒過我），他擔心自己在必要時能否把我從河水的魔掌中解救出來。

在激流中，人和小艇合為一體。你才上船，船首對著水流，才把防水蓬在船舷上撐起來（先是後面，然後是前面），免得水濺到船上，你就搖身一變成了水怪，成了水妖，你的下半身不是魚鰭，而是船身。你能用臀部動作局部掌控船身，擺動著臀部騎乘在水波之上。

這令我驚訝，因為不曉得內情的人只看見划槳，只看見顯而易見的部分：左划，右划，後划——從後面向前面划；前划轉彎——從前面向後面畫一道弧線，輔以一次轉動；橫划——和船身平行，在身體前方入水，船槳微微張開。儘管上過這番基礎課程，我卻還沒準備好面對第一道急流，從陸地上看起來沒什麼危險，但是在船上卻顯露出河水的巨大力量。我的胃部收縮，肌肉痙攣，全身僵硬，鬆開了船槳（一個重大罪過），船翻了。我驚慌失措地踢船。防水蓬立刻打開，我從輕艇裡掙脫出來。接著我被推送到較平靜的水面（仰躺著，像隻暈厥的甲蟲），這才把輕艇拖上岸，清掉船上的水，先是從艙口，再透過排水孔。這個過程重複了好幾次，而我的信心隨之動搖，比河水還要動盪。

一起划小艇能增進友誼。在水上你有很多時間來思考和交談，而談話回到陸上之後還會繼續。例如談起生命中的偶然。一九四八年有人對沃爾夫說：「去划划船吧。」他少年時期所住的施泰爾市有著激流泛舟的悠久傳統。起初他去參加靜水輕艇比賽，在膠合板製成的小船上。幾年之後他改而從事激流泛舟。「激流就在那裡，而我喜歡它。」他划著一艘折疊式獨木舟沿著恩斯河順流而下，碰到大一點的石頭，船就撞爛了。他始終都在大自然中訓練，沒有任何安全裝備，就只穿著泳褲。「就只是翻船的時候有點冷罷了。」幾年之後，當他們兩人一組蹲坐在一艘五十公斤重的木製加拿大式划艇上，他們頭上戴著皮製的自行車頭盔。就連一九五一年在施泰爾舉行的世界錦標賽，選手也全都穿著泳褲參賽（如今的輕艇運動員看起來就像機器戰警）。他一有機會就去水上。「戶外吸引著我，一坐上獨木舟就走了。」當沃爾夫說起從前在奧地利各河流上划行的故事，就不免會談到人類對大自然的多方整治。他所划行過的每一條河流如今幾乎都築了水壩而不能通行了。

當年非常重視划槳的技巧。那時候教練不會教你「愛斯基摩式翻滾」——讓你無須下船就能把翻覆的小艇翻正，因為教練認為在比賽中使用這種翻滾太花時間，你最好是竭盡所能去避免翻船。如今的「愛斯基摩式翻滾」則由一個靈巧的動作構成，有著數不清的變化，可應用於任何特殊情況。比起划槳，許多人還更擅長做「愛斯基摩式翻滾」，因此如今能划行在從前無法想像的地方。

如今，透過練習的錘鍊，動搖的信心轉化為自信，讓我首度在沒有翻船的情況下克服了國王湖溪。當我以熟練的技巧渡過了最困難的河段，我歡呼著高舉船槳，像個市場小販一樣大聲嚷嚷，只怕是打擾了一個在等待魚兒上鉤的垂釣者。可惜運動機能患有失憶症，休息了幾個星期之後，曾有的進步就彷彿付諸流水，而在湍流中你很少有機會好整以暇地再度熟悉這項運動。大多數時候第一個考驗就在河流的下一個彎道後面等著你。

就連平淺的河水也可能是問題所在。在一座橋下，沃爾夫找到了可容船身通過的溝槽，我卻跟得不夠準，河底的石頭把船身抬起，讓船打橫，河水壓在船身上，我只好笨拙地下船。橋上一位年輕母親把我指給她的小孩看，這也許是他一生中第一次見到一個划獨木舟的人。小孩和泛舟者都張著嘴巴站在那裡。

在維也納，我在多瑙河畔的「聯合輕艇俱樂部」坐進一艘障礙賽划艇，也是唯一的一次。那艘小艇要比我習慣用的那種休閒用獨木舟長很多，艙口很窄，我簡直得把自己塞進去。這艘小艇的龍骨比較少，你馬上能感覺到它的重量要輕上十公斤。我在另一艘獨木舟上所學到的東西似乎都無法應用在這艘船上，第一次練習時就翻船了，被困在船下冰冷的河水中，得吃力地蠕動身體把自己弄出來，同時急促地蹬腿。於是我決定自己是屬於大自然的，選擇沿著阿爾卑斯山的溪流順流而下，而且是在比較穩固的小船裡。

沃爾夫和我開車沿著施泰爾河的上游走，在一座小瀑布後面停下來，我們的兩艘小舟就像兩隻角一樣從車裡突出來。沃爾夫開始解讀那湍急的河水，神情專注，假如他戴上一副閱讀用的眼鏡我也不會感到驚訝。他認出了主流的位置，那裡的河水最深（從河水的顏色可以推斷出其深度）。一道叉開的水流表示下面有岩石。上升的強力水流會形成漩渦。幾個綻開的蕈類水紋表示有上升水流，一部分河水被往下拉，然後再度冒出來，這是碰到螺旋狀水流時的典型狀況。順流而下時我們碰到了一道由下方沖蝕的水流（虹吸），這是泛舟者的大敵，是造成致命意外的原因。樹障、岩石或洞穴都要避開，因為水流從這些封阻物之間擠過去，形成了一個難以逃脫的囚籠。洶湧的河水給出謎題，沃爾夫則輕鬆地解開。從那時起，只要見到一條湍急的河流，我就忍不住要去讀它。精準地分析困難的部位絕對必要。要從危險中開出一條路來，你首先得知道這條路該怎麼走。在激流中，知識就和背肌或胸肌一樣重要。

隨著時間過去，我把幾個建議牢記在心。當水流洶湧，不要被大自然的美景分了心。保持專注，就算你認為已經克服了最困難的河段。在急流之前加快速度，大大有助於你維持想要的航線，讓河水來不及再來探問。

有一天，沃爾夫寄來一份用Excel做成的表格，是他一位泛舟好友所做的紀錄。記錄著一九六〇年到二〇一一年之間所划行過的所有河流。這些大都是他們一起進行的，橫跨三大洲，全長幾千公里，無數在水上度過的時光。時間的這種轉化何其美好。

輕艇競速

愛斯基摩式K艇

當我抵達庫赫勞港的WAT輕艇中心，夕陽正照在兩位悠閒的先生和一位抽著菸的女士身上。一聽見我的來意，她就像是被毒蜘蛛螫到一樣跳了起來，急於向我分析我的企圖是無法達成的。她說輕艇很容易翻覆，和山澗之間的差別很大，我會給自己找來難以想像的麻煩，而且無論如何都不會成功。相形之下，要登上聖母峰或是泳渡英吉利海峽反倒是小事一樁。

幸好維爾納出現了，他虎背熊腰，笑容含蓄，他曾是奧運選手，也是一九八三年世界錦標賽的銅牌得主。他願意讓我嘗試划行競賽型輕艇。我們從船庫的上層棚架取下一艘細長優雅的紅色輕艇，維爾納遞給我一根老舊的木槳，我們就把船弄下水。

不同於在山澗泛舟，划競速輕艇時你不會和船成為一體，大腿和膝蓋並非緊緊夾在側緣下方。你坐在一個碟狀的凹處，除此之外跟船的接觸就只限於擱腳的踏板。一根小小的操縱桿位在中央。在競賽用的愛斯基摩式輕艇上，你坐在船上就宛如一隻蒼鷺棲息在一根漂流的樹枝上。

我才離開碼頭，就與消暑的多瑙河水打了交道。接下來我們之間變得再熟悉不過，我前後掉進河水中十幾次。落水後我本能地緊緊抓住船緣，這是個錯誤，結果這才徹底翻了船。要提高自己的穩定性有兩個辦法：把船槳平壓在水上，藉此把自己撐住，就像在所有的船上一樣；或是加快速度，自信地划出去。你划槳的速度愈快，「動態穩定」就愈大。但這對初學者來說卻正是困難之處。在碰到危險時加速而非減速，這違反直覺。基本原則是讓船盡可能平靜地從水中滑過，避免船有任何動作，不管是偏航、轉動還是顛簸。有經驗的輕艇運動員其實從來不會翻船（除非是他們在終點前衝刺時像百米跑者一樣向前傾），因為要做「愛斯基摩式翻滾」是不可能的，除了把船在水裡翻過來，游著泳把船拖到岸邊，你沒有別的辦法，而到了岸邊你還得費力地把水從船裡排掉。在接下來的幾個星期裡我經常有這種經驗。

我接受訓練的頭幾個小時是這樣的：維爾納協助我上船，給我少少幾個提示，就把我送上濕漉漉的旅程。他表示能說的不多，之後我們可以稍微練習一下划槳，但目前首先要取得穩定。我第二次嘗試時，幾個剛做完訓練的青少年坐在上岸處後面的台階上，興味盎然地觀察著這個老傢伙不知道會有什麼表現。當我撲哧撲哧地把頭從水裡伸出來，迎接我的是他們的笑聲。淺水中的輕艇手是個人主義者，任由每個人自生自滅。

維持船身的穩定在我看來是個無法達成的目標。在用力划槳時，身體微向前傾的我還能在那個碟狀座位上坐穩，可是只要我稍微休息一下、閃避另一艘船、或是轉一個彎，這個歪歪倒倒的東西就搖晃起來，在搖搖晃晃之後就翻覆了，結果是我在水裡，船在我旁邊。這讓我有充分的機會練習游泳。我把船裡的水清掉，再度上船，如果無人協助，每一次上船都是一種令人害怕的平衡動作。在划出去的階段，划最初幾下時也是滿心擔憂，不知道自己是否會再度落水，然後我終於達到某種速度，取得一種穩定的節奏，直到下一次再與多瑙河水邂逅。由於休息與船難是同義詞，我便放棄了休息，儘管肌肉痠痛仍舊一鼓作氣朝著俱樂部場地划回去。

天氣的每一種任性舉動都會產生破壞穩定的作用。輕微的陣風會使輕艇豎起來，小小的波浪會把它弄翻。在某些日子裡，我寧願去馴服一匹野馬。況且我也很難找到動力。在山澗裡每次泛舟都是一次發現，一次天啟，是一種可靠的基調的變奏。而在賽艇水道上，沒多久我就熟記了每一艘船屋、每一棟度假小屋、每一個上岸碼頭和每一根電線桿。甚至有幾株水生植物都讓我覺得面熟。無論如何，我的鍥而不捨終於有了成果。第一次翻船四週後，我成功地划完一趟，連一次也沒落水。「你看，我一點也沒弄濕！」我對著維爾納喊，昂首闊步地帶著船走上階梯。沒有人注意到我的重大進步。

當我在一個慵懶的八月天抵達俱樂部，俱樂部裡一個人也沒有。我換了衣服，取了我的船，才坐上那個有如淺碟的位子，就覺得比上次搖晃得更厲害。我驚訝於自己失去了好不容易才獲得的平衡感。我很難把船撐離岸邊，幾乎連划一下都辦不到，船就已經翻了。我惱火地把船拖回岸上，把船裡的水清掉，再度坐上船，馬上就又掉進水裡。這種情況重複了無數次，令人尷尬，我環顧四周，看看有沒有人在觀察我。這次我才拿起船槳，船就翻了。一個老人建議我把身體再往前傾，而我掉進水裡。那人又勸我把座位拆掉。我對他喊道：「上一次就很順利。我辦得到的。」說完我又掉進水裡。「欸，誰叫你不聽我的。」老人嘀咕著往回走。這時所有在划船、騎自行車和散步的人全都瞠目結舌地看著我。我擔心維爾納會認為我是不可雕的朽木，因此決定不再做任何動作，等他訓練完那些青少年回來，打過招呼之後他馬上就說：

「你拿錯船了，這一艘比較窄。」

「這會造成這麼大的差別嗎？」我多餘地問。

「嗯，你自己也已經發覺了吧。」

原來賽艇的寬窄沒有限制。我一坐進平常用的那艘船，就划了出去，一切就像上次一樣順利。我練習了一個小時。就連一場颶風來臨，一米高的波浪耍弄著船身，也沒翻船。我使出全副力氣把槳划過水中，向自己發誓我再也不要翻船，再也不要！

愛斯基摩式單人輕艇兩百公尺：奧運冠軍的成績是三十六秒，我的成績是一分零八秒。

愛斯基摩式單人輕艇一千公尺：奧運冠軍的成績是三分二十六秒，我的成績是六分五十秒。

加拿大式划艇

和划加拿大式划艇的人相比，那些划愛斯基摩式輕艇的人還算得上樂觀。我所聯絡的第一個人回信說：「你可以過來看一下這種賽艇。」第二個人根本沒回信。第三個人是克里斯提昂，他和我約在老多瑙河的「警察運動俱樂部」碰面，帶我看了一艘船，船身長五公尺，而且非常窄小，讓我巴不得自己的臀部可以折疊，但後來挑了一艘有兩倍寬、比較笨重的船型。他把一條腿擺在前面，另一條腿跪在一塊軟墊上。當他搖搖晃晃地划出去，不怎麼沉穩地划了一小圈後，我預感到這件事對我來說會有多難。「我已經很久沒練習了。」克里斯提昂道歉地說。

在我上船時，他替我把船抓緊。儘管如此，我還是像暴風中的樹梢一樣搖晃。我應該用船槳把自己撐在水上，這是能讓自己穩下來的唯一辦法。每次一忘記這一點，我就噗通一聲掉進河裡。幾分鐘後，克里斯提昂鬆開了那艘船，我急忙把船槳戳向多瑙河，然後——翻船了。我帶著微笑再度爬起來（在第一次翻船之後），聳聳肩膀再度爬起來（在第三次之後），撲哧撲哧地再度爬起來（在第八次之後），咒罵著再度爬起來（在第十二次之後）。我一生中很少如此感到信心全失。我甚至詛咒空氣，因為空氣無法讓人緊緊抓住。

等我總算能勉強待在船上，我就開始兜圈子，老是向右邊轉圈，像是在地獄裡被施以一種特別陰險的刑罰。我雖然能夠用那艘船在水中畫一個〇，卻始終無法筆直地前進。控制方向係藉由一種把船槳轉動著插入水中的動作。可是如果我把船槳在手中轉動，我就會掉進水裡。事實證明操縱方向會破壞穩定，於是我只能在翻船和轉圈之間做選擇。我選擇了後者，因為這樣一來我至少在移動，可以說服自己好歹有點進展。對我來說，加拿大式划艇是一種對進步深信不疑的幻覺。

在第三次沒啥成效的訓練之後，我的教練放棄了我。克里斯提昂不接我的電話，也不回覆我的簡訊。那時已是夏末，秋天對一個慣性翻船者來說太冷，他躲掉了。我一點也不怪他。再多的耐心也有用盡的時候。

划船

夜晚時分。悠然滑過兩艘折疊船，
船上兩個裸體青年。他們並肩划船，
一邊說話。他們說著話，
一邊並肩划船。

——德國劇作家貝托爾特．布萊希特（Bertolt Brecht）

划船時你背對著未來，面前是已經走過的路。你的目標不在眼前，與其他任何一種運動都不相同。船槳伸出，抓了水，再冒出水面，以一種可靠的節奏展現出信心。假如運動是音樂，划船就像是美國當代作曲家菲利普．葛拉斯（Philip Glass）的一首作品。充滿力量的冥想，經由動作達到的入定狀態。

弗羅里安眼觀四面，察覺一切。他是划槳船上的巫師，能看出我技術上的每一件疏失，不管是我的手抓得太緊，還是肩膀太用力，而非用雙腿使力。他能根據船的動態來分析我動作中極其細微的變化，並且向我喊出簡短的指示。

雙手並排。

緊挨著腹部拉槳。

不要匆忙。

雙臂遠遠向前伸直。

背部不要彎曲。

從雙腿取得力量。

時間是清晨六點剛過，夏日的太陽威力四射地升起。划船是晨間運動。一隻蒼鷺翩然飛過，一條魚躍出水面，一隻鴨子硬要飛行。

划船的動作要比看起來困難。上半身的傾斜度，雙腿的角度，把槳拉到底，身體的後仰，槳片的出水和轉動。這個流程就像船身龍骨下的多瑙河水一樣流暢。

精確的時間掌握和確實的執行一樣重要：短、長、短，就像摩斯電碼中的字母R。手臂必須迅速伸直（用力向前的動作能使船得到一股額外的推力），身體在滑動座位上被緩緩帶向前。弗羅里安說：「千萬不要太早，太晚則不是問題。」（一如在東方國家作客的規矩。）

整個身體都必須克服水的阻力。大肌肉以身作則先走，較小的肌肉則殿後。就跟游泳一樣，重點在於經濟地使用力量。你愈用力去壓水，愈劇烈地去划槳，受到的阻力就愈大。過於賣力會使船速減慢，應該要讓優雅而有效率的動作來帶領你的雄心。理想的狀況是把槳片當成槓桿來使用，把船向前推。你應該把水視為盟友，與水對抗的人只會失敗。

弗羅里安告誡我：「去感覺船身，而不是你自己的身體。」就跟每個優秀的教練一樣，他對他所從事的運動有一籮筐的警句可用。在下一次訓練時，他要求我閉上眼睛划上一陣子。我果然感覺到臀部下的龍骨，感覺到正在加速的船身。那種感覺令人興奮。

弗羅里安讓我在一艘平穩而寬敞的四槳小船上接受訓練。讓我熟悉「舷外支架」、「滑動座位」、「腳蹬」和「槳架」，向我解釋「雙槳」和「單槳」（只在船的一側，如同在八人賽船上所見）的差別。在維也納「多瑙窩划船協會」的船庫裡，一艘艘被翻過來的小船就像被架起來的鯨魚，每一艘都被親切地取了名字。比較舊的船是木製的，船槳也一樣，用來練習划船比較容易，因為它們在水裡更能保持穩定，不過如今幾乎所有的划船選手都使用碳纖維船槳。論美感，那些由桃花心木或香柏木製成的舊船是無與倫比的。

有些景象會激發我們的想像力。一艘全速前進的八人賽船讓人想起中世紀的櫓艦：幾百支船槳，用鎖鍊縛住的奴隸。遠在划船發展成一項運動之前，划船曾是運輸工具（麻袋和雞隻，麻袋和山羊，麻袋和人，經由河流，經由海洋），也是戰爭工具，就像射箭或投擲標槍一樣源自於必要的實用主義。早期出土文物（例如從北德霍爾斯坦地區的杜芬塞鎮）證明了人類在石器時代就已經會划船。在南太平洋島嶼上使用的是獨木舟，在北海則使用獸皮撐起的小船。早在遠古時代，人類就已經發現槓桿作用，使用類似今日「槳架」的結構。十八世紀，划船在牛津大學、劍橋大學以及像伊頓公學這樣的菁英寄宿學校發展成為運動。「滑動座位」和「可轉動槳架」使划船者也能用上雙腿的力量，並且加長了划槳的長度。

向外伸出的槳片使得和對手之間能保持距離，而專注於自己的船和自己的節奏。也許正因為如此，划船被視為「紳士的運動」。放鬆的男子氣概，明知自己的力量而不擺出炫耀的姿態，這符合英國菁英階層的自我意識，也吸引著大眾。在十九世紀的美國，划船選手是國民英雄，後來才被棒球員和足球員所取代。那些大多出身貧民階層的職業划船選手每場比賽最多能賺到五千美元，在當時是一筆不小的財富。美國寫實主義畫家湯瑪斯．艾金斯（Thomas Eakins）無與倫比地畫出了划船者在與大自然幽會時的那份孤獨，他把那種智能、精確與耐力的組合視為美國平等精神的體現。

第二天早晨，教練讓我坐上一艘無舵手的四人賽船，我被分配在第三個位置上。前面的領槳手和後面的舵手必須要有經驗，因為要由他們來確定節奏和方向。要維持預設的速度、擺脫個人的自身狀態，這是種挑戰。一開始時我有幾次划亂了節奏，槳片撞上前面那位女士的槳片（在這裡男士和女士一起划船，端視早晨來參加訓練的人是誰。這是個很棒的特點）。充當舵手的弗羅里安從後面喊出指令，我們在半小時後休息，而領槳手檢討剛才的練習，鼓勵我們改進。雖然一切都在他背後發生，他仍然察覺我們其他人所犯的錯誤。划船運動員顯然在後腦勺上長了眼睛。我們改善了自己的動作，冷靜而有效率的動作加快了船速，我們同心協力，而我頓時感覺到四人合體的力量。當我們能夠協調一致地划，感覺上就彷彿我們的心臟以同樣的節拍跳動。而且除了水珠從槳片上落下的聲音，四周一片寂靜。

當你用上這麼多塊肌肉，渴望氧氣的肺就會急促呼吸。當力氣漸漸消失，你會感覺到動作變得比較不準確，感覺到節奏亂了。背部開始作痛，臀部也一樣。臀部在划船時是重要部位。在划船俱樂部裡有個下半身癱瘓的人划船的技術很高超，誰也無法解釋他是怎麼辦到的，也無法解釋他是如何彌補身體上的缺陷。隔天我臀部的一塊肌肉作痛，小腿的一塊肌肉也一樣。

「這很好，」弗羅里安說，「這是該痛的位置。」

「那手上的水泡呢？」

「在手指正下方嗎？」

「對。」

「這是正確的水泡。」

弗羅里安攤開他的手掌指給我看。手泡若是位在更下方的手掌上則證明了技巧有所不足。我從中學到的一課是：肌肉痠痛和水泡如果出現在正確的位置就是件好事。

接下來又是在一艘四人賽艇中，我坐在領槳手的正後方，他是個學者，在牛津求學時學會划船。這項運動可以讓新手和技術優異許多的運動員一起做，這在運動中很罕見。弗羅里安擔任舵手。他的智慧雋語隨即傳來：「你必須把腹部肌肉緊緊綁在龍骨上！」請讀者想像一下，真正想像一下，而你將會像德國八人賽艇國家代表隊一樣滑過水面。只可惜我們必須和貨輪共用多瑙河，在起伏的波浪中我失去了節奏。弗羅里安從後面喊道：「保持平靜，不要急躁。」不管是在運動中還是在生活中，在碰到危險時保持冷靜都是一大挑戰，在不平靜的水面不要「抓螃蟹」也一樣，意思是別把船槳留在水中。否則我們說不定會掉進冷冷的多瑙河裡。「那樣就糟蹋這艘船了。」弗羅里安表示。

在水上你脫離了日常生活，進入一個有著不同法則的世界。當你在划了很久的船之後回到陸地上，你會擔心自己是否對陸地感到陌生。

星期天有一艘八人賽艇逆流而上。划船者全都白髮蒼蒼，他們的動作從容不迫，但整齊劃一。船槳滑向後方，潛入水中，規律地每幾秒鐘划一次。這艘銀髮八人賽艇彷彿逆著時針而划，堅持不懈，令人安慰。

如果只有我一個人在船上，一切就開始搖晃。弗羅里安提醒我，在單人賽艇上你起初會一頭栽進水中，這件事會突然發生，看起來一點也不成熟。碧兒吉是我的教練，她曾是個頂尖運動員，如今是名警察。我們在靜止的老多瑙河上訓練，因為只有經驗豐富的划船手才能大膽地划在船隻很多的危險大河上。在上船時我就已經注意到這艘長八公尺而重量很輕（十四公斤）的單人賽艇是多麼容易翻覆。你只能踩在木頭有加厚的地方，否則就會掉下去。碧兒吉坐在一張橡皮艇上，抓住船頭，我則小心翼翼地划動船槳試著適應。她首先教我在翻船時的正確舉止。優秀的划船手在落水後能再度回到船上，初學者如我則別無他法，只能游泳把船拉向最近的橡皮艇。我希望我只會落水一次，而且是由於得意忘形。

然後碧兒吉把船鬆開，此時我彷彿是在一條鋼索上舉重。每當有落水的危險，我就按照碧兒吉的再三叮嚀，把船槳擱在水面，這馬上就能帶給我足夠的穩定。我才剛剛熟悉那微妙的運動機能，就出現另一個問題：由於身體左半邊和右半邊拉動的力道不一樣強，船無法以直線行駛。隻身一人的划船手得要自行控制方向，藉由加重力道去划其中一側。這一點我雖然不久之後就能做到，但卻讓我失去了節奏，於是我以之字形摸索著前進。愈是亂了節奏，就愈看不見周圍的世界，直到碧兒吉出聲警告，使我免於撞上一張橡皮艇或一座橋墩。

在一切都恰到好處的那一天，我絲毫沒有搖晃地在整條老多瑙河上划了一趟，而我也在那一天練習過度。划船兩小時之後要從船裡爬出來很難，隔天早晨要下床更難。這骨科醫師跟我打招呼時喊道：「是啊是啊，說什麼運動使人健康，這是一大誤解。這是古代野蠻人冒險精神的殘留。」

醫生熱心地繼續說運動從來就不健康，只有那些被「健康至上」觀念洗腦的人才會相信這種話。順帶一提，骨科的德文 Orthopadie 源自希臘文的 ortho（意思是直的、正確的），亦即著重於正確的姿勢，但是這和時代精神不符，因此這門醫學的名稱被改了，現在叫做「肌肉骨骼治療」（說著說著他就陷入了典型維也納人那種誇張的盛怒）。他準備了兩支嚇人的針筒，平常是用來替大象注射鎮靜劑的。「假如你是個參加比賽的運動員，我就不能替你注射這種可體松，因為這會算是使用禁藥。」我試著放鬆，但是醫師非得要和我聊一下我一篇文章裡的某些觀點。在他把針筒扎進我背上時，我實在很難去思考晚期資本主義時代的人類價值。之後他把我的注意力引到對於中古拷問台的一種現代詮釋上，並且宣稱如今很少有人寫出什麼像樣的東西，說我們被蠢才給包圍了。一個小時之後我不再感到疼痛，站直身軀向這個好人道別，臨別時他叮囑我，如今的學說主張在受到這種運動傷害時須保持活動。假如是在一九八〇年代，病人會在床上躺兩個星期，每天喝掉一瓶威士忌。如今則認為造成傷害的動作能夠再修補此一傷害。因此，能治癒划船所造成之傷害的就是划船本身。真好，因為我的划船計時賽就訂在隔天。

比賽

划船手是堅韌的運動員，說不定可以說是最堅韌的。常見的比賽策略是從一開始就使盡全力，以求領先，因為只有這樣你才能看得見對手。於是划船手會先衝刺一分鐘，再努力撐過剩下那六、七分鐘，假定自己能戰勝自己的筋疲力竭。我的確準備好要全力衝刺，但我一直忙著閃避腳踏船、游泳的人、划輕艇的人和橡皮艇。碧兒吉划著另一艘船跟在我旁邊，告訴我後方會碰到的障礙物。要進入節奏是不可能的，尤其是當我想要勉強進入節奏時就會失之倉促，因此不得不暫停之後再重新集中精神。我折磨自己的時間愈長，就愈加明白自己尚未掌握足夠的划船技巧來划兩公里的計時賽。

單人划船兩千公尺：奧運冠軍的成績是六分五十七秒八二，我的成績是將近十七分鐘。

帆船

我們不能改變風向，但可以調整船帆。

——亞里斯多德

五月聖靈降臨節來到時，彷彿冬天又重回人間。天氣很冷，狂風大作，世人在面臨大自然的威力時紛紛躲進購物中心。帆船教練提供了一個簡單的解決辦法：先上理論課。他在闡述理論時偶爾會被怒號的風聲打斷，那風撼動了帆船學校的地基。我們很慶幸自己不在水上，種種景象從我腦中閃過：大喊大叫的男人、嘎吱作響的船桅、落水的男人、折斷的船桅，「有人墜海」這句話在我耳中縈繞不去。與此同時，幾年來一直期待著上帆船課的克琳希德則幻想著海盜，這是她事後告訴我的。恰好帆船運動由許多理論構成：物理學、氣象學、交通規則以及應用結繩術。每一種運動都有特殊的用語，帆船運動則有一套自己的語言，聽起來像是《魔戒》作者托爾金所發明的一種可能源自古日耳曼的語言：Luv（迎風面）、Fock（前桅帆）、Liek（帆邊繩）、Stag（支索）。

我們的教練傑拉德就跟一般人想像中的帆船手一樣。冷靜、放鬆，說話字斟句酌，有條有理，給人的印象是就算有颶風來襲他也不會失去冷靜。他只有在強調駕駛帆船的中心守則時才會激動起來：「千萬不要鬆開舵柄，絕對不要！」其餘的一切他都帶著冷面笑匠式的幽默來傳授：你是從船上踏上陸地，而非跳上陸地，因為你一跳就會把船從碼頭邊推開，你會掉進水裡，船會向後彈，別人就得要去訂購棺材。他努力想傳達的訊息是：駕駛帆船絕對不是悠閒的週末兜風，在水與風之間潛伏著許多危險，因此讓我們大為驚訝的是，我們在第一個上午就先學習翻船時該怎麼辦。想像一下，假如汽車駕駛教練也採用類似的優先順序。翻船不僅是初學者可能會碰到的問題，而是熟練的帆船手也要承擔的一種風險，當他們駕駛帆船緊貼著風在極限邊緣航行。順帶一提，帆船可分為兩種：一種會翻覆，但不會沉沒（例如垂板龍骨小帆船），還有一種不會翻覆，但會沉沒（例如有龍骨的帶帆快艇）。

第一天和第二天我們都用來學習為數眾多的規則、慣例、技術和知識。要租借一艘帆船（只有極少數的陸地居民會直接買一艘），你需要一張帆船證照，證明你具備足夠的駕駛能力，要租借更大的船你甚至需要一張船長執照。因此，從事帆船運動在一開始時所費的功夫要大於其他所有奧運項目，而且也涉及更多苦讀，不是一個上班族在週末休閒時會想做的事。傑拉德發給我們一本小冊子，裡面有相關的術語。許多字詞對於不是在德國北部長大的人來說不僅樣子陌生，聽起來也很陌生：Tampen（索尾）、Pütz（甲板水桶）、Want（桅桿橫支索）、Palstek（稱人結）。在德國的帆船界，英文並未變成通用語言（只有船上工作人員用英文總稱為Crew）。

你必須要掌握帆船上所使用的語言，因為在一艘船上（除非你是獨自航行），任何舉措都需要由掌舵者發出清楚的指令，不管是啟航、靠岸、逆風轉向、順風轉向、傾側船身或是吃點心。在進行每一項操作之前都先有明確通知，而以一句「準備好……」結束，而那句翻轉命運的回答就會響起：「準備好了！」

我們需要學會的字詞包括：迎風面、背風面、右舷、左舷、船尾、船艏、前帆、主帆。

控帆索是用來操作船帆的繩索，升帆索則是用來把船帆升起或降下的繩索。

關於字彙就講到這裡。而與風有關的知識也沒有比較簡單。第一條規則：風少＝帆多。如果風量變大，就得把船帆縮小，亦即縮帆。這是指主帆，面積較小的前帆通常不會去變動。就像激流泛舟一樣，帆船運動由動與靜兩種階段構成。幾個月後，我和出版商尼克父子在漢堡的阿爾斯特湖上駕駛帆船。那天天氣溫和，我們懶洋洋地破浪前進，輕鬆地交談。當風向突然改變，一種經過訓練的全神貫注就取代了那份慵懶。每一項操作都到位，我們迎風航行，船帆鼓起來，浪花濺在我們臉上，船身傾斜。風一撇下我們，我們就又回復悠閒的交談。此外，風基本上分三種，彼此之間存在著一種辯證的關係：「真風」（以蒲福風級來量測的風，是為「正」）、「運動風」（船隻行進時自己產生的風，是為「反」），以及「視風」（前述兩種向量相加，是為

「合一」）。其餘的一切都是艱深的物理學。如果你駕駛帆船走在風的前面，「真風」和「運動風」就會互相抵銷，就像「實際上」和「感覺上」的時間。

帆船與風的相對位置可以有很多種：在風前面，亦即背對著風（這是個安全的選項，雖然沒什麼活力）；在從斜後方吹來的大片風裡；半在風裡（這是速度最快的選項），在風邊上，或是在風裡，後者只會出現在啟航或靠岸時。風是帆船手的夥伴，他們能夠解讀風，了解風，就像泛舟者懂得解讀湍急的河水。這兩種運動各自獻身給一種自然元素。

上了兩天的理論課之後，接下來是一天的實際操作。首先把主帆升起，再升起前帆。「準備好啟航了嗎？」「準備好了！」船員當中必須有一個人使勁把船從碼頭撐開，讓船有力量滑出去，因為在港口裡不准拉緊控帆索，在這一小段時間裡帆船本身沒有動力。我們才朝著風轉過去，就被風攫住了。風神鼓起了臉頰吹氣，把肺裡的空氣全吹出來。帆船立刻航行起來，船身傾斜，使人體內的腎上腺素大量分泌，在幾秒鐘之內我就以全副感官理解了這項運動的魅力。那就像是和女武神比賽騎馬，在看似毫不危險的新錫德爾湖上。我們兩人同坐的那艘帆船在奧運會中係由一名選手駕駛，他要一邊操作船帆，一邊藉由一個舵柄分桿來掌舵。

傑拉德示範了兩種作法給我看，我可以決定一條特定的航線，配合風向敏捷地把船帆拉緊或鬆開，以求盡可能快速地前進；也可以把船帆固定在一個特定位置上，藉由改變航線以最理想的方式來利用風力。當我們緊貼著風航行，雖然顯得很快，但我們前進的速度並沒有比較快，只是感覺上很快罷了。當風從後面吹來，我們「乘著風」駕駛帆船，即使在五級的風力中都幾乎感覺不到風，我會以為風力減弱了，而這是個危險的錯覺，因為在下一次轉向時，我就會遭到風的奇襲。

我們一再練習迎風轉向，首先練習一般的迎風轉向，然後練習所謂的Q式迎風轉向，那是個簡單的過程，身為舵手的你無須改變位置，把舵柄推出去，從右舷推向左舷，或是反過來。在一艘滑溜的船上做這個動作偶爾會使我一屁股跌坐在舵手座上，放開了控帆索，鬆開了船舵（「萬萬不可，萬萬不可」）。有一次我們非自願地進行意外順風轉向，那是傑哈德強烈警告過我們別去做的（「一個不小心，腦袋就不見了」），帆桁急速掃向另一側，我在千鈞一髮之際把頭縮回來，否則我就會以高高的弧線被拋進水裡。

靠岸被證明是最大的挑戰。你必須精準地駛進港口，在適當的時刻往前衝，不能離碼頭堤岸太遠，但也不能離得太近，航速不能太快，但也不能太慢，否則帆船就會失去動力，這情形在我們身上就發生過好幾次，不然就是以太大的力道撞上碼頭堤岸再回彈，使得站在前面的人來不及跳下船，如同發生在克琳希德身上的情況，她在碼頭和帆船之間猶豫不決地掉進水裡。傑拉德安慰我們說大多數人在港口都會落水。克琳希德證實了此言不虛，她二度掉進水裡，而由於沒有衣服可換，只好一直穿著濕衣服。

從審美的角度來看，結繩術是帆船運動的魅力所在。需要打結的東西不知凡幾，而且是以各種不同的方式。繩結要牢固，要能夠迅速打上，也能迅速鬆開。這件工作就跟解開謎題一樣充滿吸引力，首次遇到一個複雜的繩結令人不知所措，直到你克服了自己的迷惑。最後你必須能夠以驚人靈活的手指不假思索地打好一個困難的繩結，這是從前的水手必須具備的技能，亦即反手在背後打繩結。在頭一天晚上，我和克琳希德坐在廚房桌旁練習打一個又一個的繩結，這個考驗能激怒沒耐性的人，尤其是「歐洲歌唱大賽」的轉播正在進行。

我短暫的帆船生涯中的高潮是當我們強烈加速，船身傾斜四十五度，我們彷彿躺在船艏波浪上，而我能夠把身體探出船緣之外。航行時帶起的「運動風」使我能夠想像在帆船比賽中，選手懸在吊索上遠遠探出船身之外的感覺。水花濺入我眼睛，陽光熱辣辣地照在我臉上，我面對著大自然的所有元素。在運動中很少有比這更接近大自然的時候。

風浪板

「衝浪這種運動靠的不是肌肉。」渾身肌肉的塔速爾說。不然是靠什麼呢？塔速爾先讓我自己去猜出這句話的下半截。他喜歡把事情做一半。他有個啤酒肚，但也有可觀的二頭肌；某一天很投入，隔天就情緒欠佳。他說「衝浪是我的生命」，說起過去，說起最美好的虛榮生活，當他在衝浪圈闖出名堂，也未能得到自己國家的栽培，直到參加世界錦標賽。他用德語回憶起在漢堡度過的幾個夏天時神采飛揚，憶起那些派對和模特兒，憶起純粹為了享樂而存在的生活，因為「我沒法把那些錢帶回斯里蘭卡，所以我就把錢揮霍掉了。」

塔速爾在情緒好的時候屬於那種有天賦的教練，能把這門運動的錯綜複雜簡化成幾個簡單的基本元素。他常說「這很簡單」，而此言既非錯誤的描述也不是空洞的承諾。他的教學圍繞著這項運動的中心，圍繞著迎風轉向和順風轉向：使風帆下垂，從風裡拉出來，緩緩用雙腳繞著桅杆滑過來，同時轉動衝浪板，直到你再度以九十度的角度迎風，然後用一隻手把桅杆順著肩膀拉動，用另一隻手抓住帆桁，緩緩拉向自己，動作要小心，因為視風力而定，小小的改變就可能產生大大的影響。他說關鍵在於運用身體的重量，而不是用肌肉的力量，否則在較長的航程中就會痙攣，使人失去精力。果然，在水上一個小時之後，我的背部就劇烈抽痛。

我乘著風帆在斯里蘭卡歐圖佳馬鎮的班托塔河上來回一趟。風提出了簡單的問題。我朝著塔速爾喊，問他我是否一切都做對了。他從酒吧裡對著水面喊：「繼續練習。」我繼續練習，卻沒有能夠繼續練習，因為無力的風是個不信賴學生能力的老師。我在河上慢吞吞地前進，有許多機會打量河中的垃圾：塑膠瓶、報紙碎片、西瓜皮。班托塔河在照片上看起來如詩如畫；攝影不總是能夠捕捉到這個世界上愈來愈多的垃圾。塔速爾抱怨：「我們常常得用網子把垃圾從河裡撈出來，尤其是酒瓶。燒酒，你知道嗎？我們這兒的烈酒便宜而且致命。斯里蘭卡的酒精消耗量高居世界第二，緊跟在俄國後面。但是這個統計數字並不正確，因為非法釀造的酒根本沒算進去。」他說他自己減少了酒的消耗量，從前他一個晚上就能灌下好幾瓶。塔速爾實踐著一種負面的愛鄉愛土，這在開發中國家尤其常見。

接下來那幾天還是很難進行訓練，因為要不是塔速爾不見人影，就是沒有風。幸好攝影師湯瑪斯．多恩（Thomas Dorn）前來拜訪，他幾十年來都是個熱情的衝浪者，興沖沖地接下教練的工作，但他的熱情很快就熄滅了（那老舊的衝浪板尤其令他討厭）。他建議我不要用雙腳緊緊抓住衝浪板，而要放鬆地站在板子中央，說衝浪板很敏感，對於沒必要的過度壓力會有負面的反應。運動的這種終極挑戰再次出現：在控制中的放鬆。這很難做到，當你一想到會掉進滿是垃圾的河裡就感到噁心。

他沒法教我更多，因為那微弱的風能讓我做的太少。對風的依賴令人沮喪。我原本期待風能跟我玩，期待我能漸漸把自己從無力中解放出來，能對風稍加反抗，儘管無法和它勢均力敵。但它卻躲了起來。在一條骯髒的河流上慢吞吞地駕著風帆，這無法替風浪板這項運動打廣告。風沒有起色，塔速爾也沒有；於是湯瑪斯改去拍攝其他運動項目的照片了。

小球、大球、羽毛球

桌球

在我樂意撰寫、但永遠也不會寫的書當中，排名第一的是《乒與乓眼中的二十世紀史》。它會是我喜歡的那種稀有書籍，看似荒唐、怪誕、玩世不恭，卻正中關鍵主題的紅心，儘管兜了個圈子。此書的敘述將始於一段序曲：一九三六年，在布拉格舉辦的一場比賽中，波蘭籍的猶太人阿洛伊齊・艾爾里希（Aloizy Ehrlich）和羅馬尼亞人法爾卡斯・帕內特（Farkas Paneth）交手，兩位都是防守型的高手，對戰了兩小時又十二分鐘之後才拿下第一分。要描述那一萬兩千次揮拍將會考驗讀者的耐心，比賽的幾個戲劇化高潮出現在裁判由於後頸僵硬而得替換下場時。

由於納粹黨人對這種微妙的擊球不甚欣賞，奧地利籍猶太裔的世界冠軍李察・柏格曼（Richard Bergmann）不得不逃往英國，他指導了英國軍隊認識正手拍和反手拍的奧祕。二次大戰中，同盟國發現了桌球在軍事上的用途，和一次大戰時正好相反，一次大戰時瀰漫著對乒乓球的恐懼（一九一四年，在美國展開了一場由參謀本部發起的宣傳運動：不歡迎打乒乓球的士兵）。二次大戰時，對於軍團精神和男子氣概的想法有了轉變，軍隊重視桌球能提振心情的效果，既能提供消遣，也呈現出一種輕鬆愉快的正常生活。桌球甚至被當作審問的工具，如同高階情報軍官亨利．科姆（Henry Kolm）若干年前有紀錄可考的發言：「我們用一場桌球比賽從一名德軍將領口中取得的情報，要多過他們如今用拷問的方式所取得的情報。」用簡單的二分法來說：一次大戰：反對乒乓；二次大戰：贊成乒乓。

在古巴強人卡斯楚身上，桌球展現了自己的革命潛力：「就像打乒乓球一樣，我們必須在對方最料想不到的地方出手攻擊。」古巴的游擊戰宣告來臨。打桌球是卡斯楚的終身嗜好，手持桌球拍的美國總統尼克森則顯得笨拙而尷尬，與毛澤東正好相反。毛澤東那句不朽的名言一定要說出來讓大家玩味一下：「把乒乓球看作是資本主義敵人的頭，用社會主義的拍子去打，而你就為祖國得分。」

美國與中國之間著名的「乒乓外交」與其說是源自於熱情，不如說是源自於算計和精心策劃。技不如人的美國隊在中國巡迴比賽時備受禮遇，偶爾會在中國隊禮讓之下獲勝。一年之後（一九七二年），中國隊前往美國，隊員包括莊則棟，他被許多人視為桌球史上最佳選手。結語要交給這位魅力十足的桌球魔術師來說：「當贏家很危險，可能會讓你暈了頭。乒乓球雖然是種高度競爭的運動，但是並沒有真正的勝利，也沒有真正的失敗。總是勝敗兼而有之。」要總結冷戰的結局很少有比這更好的說法。

桌球乍看之下不怎麼性感。打桌球通常是在地下室（或是在體育館），在人工照明下（這是規定），空間的陳設純屬功能性，毫無迷人之處，選手的身材不太引人注目，服裝毫不性感，動作也很少會令人嘆為觀止。桌球在全世界屬於最受歡迎的運動種類，但稱不上時髦。很難想像一齣好萊塢電影會讓男主角藉由打乒乓球來證明自己的男子氣概。只有「阿甘正傳」裡的阿甘（那個聖人傻瓜）成了桌球英雄，這並非偶然。這項運動被視為陪襯之物給邊緣化了，球桌遭放逐到庭院或車庫、寄宿學校和青年旅館的交誼廳、游泳池飲料檯的旁邊、時髦新興企業的走道上。

我去練習打桌球的那個俱樂部也一樣，根據其網頁，那是世上最古老的桌球廳，自從一九三二年起就座落在維也納的約瑟夫城。我的教練是羅曼，他是捷克人，態度冷靜，像個教人靜坐冥想的老師。第一次去上課時，我走下一道長長的樓梯，走進球來球往的單調世界，我想起曾寫過桌球史的傑出美國作家傑羅姆・夏林（Jerome Charyn）的一段描述：「那個俱樂部位於一家戲院沒有窗戶的地下室裡。走下一道布滿被踩扁的昆蟲和糖果包裝紙的樓梯，穿過一扇刮痕斑斑的綠色木門，走進一個髒兮兮的長形空間，一具老舊無力的空調設備在呻吟。如果你不想必須一直努力吸取空氣，就只好放棄在河濱俱樂部裡打乒乓球。」

夏林沒有提到更衣室裡那股汙濁的空氣，在那裡把有彈性的寬鬆長褲拉上來蓋住啤酒肚的多半是年紀較長的男士。然而訓練一旦展開，由於球飛快地一來一往，再加上移動迅速，那種睡眼惺忪、慢條斯理的感覺就消失了。打桌球所要求的是步伐短小的靈活動作。左腳通常稍微往前站，碰到較短的球，你就得迅速踏出右腳，並且再迅速縮回。變化方向往往能帶來成功，通常只要轉移身體的重心就夠了，例如把一個對角球沿著邊線擊回。

由於你只有很少的時間來做出反應，你必須注意對手的球拍，在球過網之前認出他要打哪一種球，打往哪個方向。一小時的訓練居然能如此累人，實在令人驚訝，尤其是當你被教練逼得一下往左、一下往右、一下往後。放低的身體姿勢（一直微微屈膝）以及用腳掌跳來跳去意味著身體不斷的緊繃和移動。當然，教練說的話也沒錯，他說我之所以會覺得特別累是因為移動方式錯誤，沒有站在正確的位置上等球過來，而氣喘吁吁地去追球。看來打桌球就跟打羽球和網球一樣，如何在移動位置時節省精力是成功的祕訣之一。

上過幾次課之後，我就學到不要太快出手，而放慢打球的速度。你打得愈好，就愈能看見那顆球，而非看見球速。你會進入一種出神狀態，尤其是在練習中長時間熟練地你來我往，你會完全入定，只剩下揮拍的動作。我感覺自己的下意識也可以打桌球。重複相同的動作使人著迷，因為像我這樣的初學者在擊回規律地打過來的球時，要比擊回變化球時高明得多，因此，基於一種驚人的準度和速度，我可以約略得知身為真正的好手是什麼感覺。可是只要羅曼一加進幾個出人意料的球，例如把球打向我的身體或是運用手腕打出一個神奇的上旋球，我就從幸福中跌落，掉進揮拍落空的屈辱中。

我一再陷入以前打網球的習慣，在正手揮拍時把手伸得太出去，而非揮出那種標準的結實正手拍，比較接近以一種躍起的動作由下往上揮。事實證明，相對於反手揮拍，正手揮拍比較困難，反手揮拍就只由一個單一向度的簡單動作構成。正手揮拍要用上整個身體，需要更多協調。

當我能夠好好把球擊回，我錄下了我們一次長久反覆對擊的聲音。在家裡我把錄音播放出來，球規律的敲擊聲聽起來就像一個充滿信心之人的心跳，是以聲音來表現的持續性。以這種速度，用這麼小的球拍，這顆脆弱的球能夠來回飛舞這麼久，這真是個小小的奇蹟。

有兩次，朋友邀我在社團聚會的晚上一起練習。偶爾打桌球的人和桌球愛好者之間最主要的差別在於削球和切球——無法解讀對手擊出的球。凡是曾經旅行至遠方的人都熟悉碰到一組陌生字母時的沮喪。在一個漫長的夜晚，我在斯圖加特和一位膝蓋不好的老先生對打，他用日文字形讓我疲於奔命；和一個姿勢欠佳的金髮高個男子對打，他用中文字形打得我無力招架；最後則和一個瘦如竹竿的簿記員對打，他宛如變魔術一般打出了斯里蘭卡僧伽羅文那種彎來彎去畫圈圈的符號。初學者和有經驗的桌球手之間的差別，首先在於發球和接下對方的發球。一個打桌球的人就算年紀大了，幾乎動也不動地站在桌子的另一邊，放棄回擊每一個落點好的球，但還是注定會贏，因為他能熟練地接下對方的每一次發球，並且在每一局裡以自己的幾次發球直接得分。那個沒經驗的對手承受的壓力愈來愈大，會去冒更多風險，犯下更多錯誤，結果反而輸得更多。你必須學會解讀對手的發球，而其後的每一個進階就是一步步地把自己從這種「乒乓閱讀障礙」中解放出來。看一眼對手的手和球拍就能看出那顆球會以下切還是側切出現，而接球其實很簡單，你可以用削球擊回，亦即用自己的下切來回擊對方的下切（因果關係原則的傑出例證），也可以壓回去，也許用上旋球再增加一點速度。其餘的一切都是這兩種基本擊球的變化版。一次好的發球會讓球在桌子上彈兩下，使對手無法以充滿壓力的上旋球回擊。如果球彈得稍微過高，對手就能迅速轉動手腕，具有攻擊性地回擊。

一如大多數的運動種類，桌球也是在遙遠的古代在世界某處被發明出來（有些人認為是在中古時期的法國，所謂的「掌戲」，僧侶起初僅用手掌，後來則使用皮手套），而在十九世紀末由古怪的英國人加以現代化並且規格化。還有一說是在印度，在那裡他們用雪茄盒的蓋子把葡萄酒瓶的軟木塞從一張由書本堆疊起來的「網子」（其實比較像是一種障礙）上用力打過去。家鄉的貴族立刻就把這件新消遣納入娛樂節目，十分適合在天氣不好時把網球季節在室內延續下去。到了十九世紀末，這項運動從一種怪癖變成了時尚，在上流圈子裡鄭重舉行，有時被稱為 Flim Flam，有時被稱為 Whiff Waff（兩者均為擬聲詞），直到賽璐珞球的發明宣告了現代時期的來臨，而擊球的聲音使得這項運動得到「乒乓」這個名字。技術上的第二項重大革新則是經由球拍的海綿膠皮貼面而發生，一九五二年在孟買，一個原本籍籍無名的日本人佐藤博治以那種球拍贏得了世界冠軍。這項革新徹底改變了桌球運動，而一如有些演員沒能適應從默片到有聲片的轉化，這種新材質也使一些頂尖的桌球高手失去了信心。嚴格說來，就連「乒乓」這個名稱也不再適用，因為那個聲響來自於從前那種硬面球拍。如今市面上可買到有顆粒或無顆粒的海綿貼面，而要選擇哪種球拍取決於每個運動員自己的打球方式。此外在冬天也得要先把球拍加熱，因為桌球拍對寒冷非常敏感，在起初那十五分鐘裡幾乎打不出上旋球。因此打球的人會把球拍擱在暖氣上，一邊做做伸展體操。

有一天當我走進位在朗格街的地下室，一位身材結實的長者正對著一具機器擊球，那具機器精準地把幾十顆球分毫不差地射向他的反手拍。那具機器就只會發球，但是能以驚人的多樣性發球，六種不同的球路可以經由設定隨意加以組合。更令人佩服的是德國「庫卡公司」（KUKA）發明的機器人，它挑戰過曾經排名世界第一的德國桌球好手蒂莫．波爾（Timo Boll）（www.youtubecom/watch?v=tIIJME8-au8）。如果仔細去看那支影片，就會看出波爾能獲勝係基於一種十分人性化的特質，亦即運氣。幾個擦邊球和觸網球給了他關鍵性的優勢（看他按照球場禮節向機器人道歉的模樣實在很可愛）。值得注意的是，桌球看起來是多麼簡單，如果你和庫卡機器人一樣具有那種速度和擊球的準度。那個機器人通常只是利用人類對手的速度把球壓回來。至於機器人如何應付極端的旋轉球和短拋球則看不出來。最終比數是十一比九，波爾贏了，讓他鬆了一口氣（雖然這整場比賽只不過是個精彩的廣告噱頭罷了）。

各位還記得「乓」（Pong）嗎？對於許多和我同輩的人來說，那是玩電動遊戲上癮的入門。那個遊戲簡單到令人心痛，相形之下，任何一種宗教儀式都複雜多了。兩個可以垂直移動的橫槓和一顆在它們之間竄來竄去的球。「乓」於一九七二年在加州問世，成了一門價值幾十億美元的生意。那個點子（從名字就能看出來）的靈感來自小孩稱為乒乓、大人稱為桌球的這種遊戲。「乓」就跟乒乓球一樣容易學習，每個小孩在幾分鐘之內就能學會把球打回來，但是這種輕易是騙人的，要想掌握「乓」和乒乓都困難得令人沮喪。而這也正是其魅力所在。只不過乒乓球要比「乓」還快上許多。

打桌球時你根本沒有時間伸手去拿毛巾，無法好整以暇地擦掉身上的汗，哪怕是在兩回合之間也沒有時間。要打完六分球之後才會短暫中斷，讓打球的人擦擦球拍，因為汗水在球拍貼面上會產生災難性的作用，會使球從球拍表面掉落。就連在兩局之間也只允許有一分鐘的休息時間。這促成了現代桌球比賽那種有如機器人般的高速，在比賽中幾乎不再看得出選手的策略及技巧。所以我寧願去看以前的比賽，像是一九四九年英國公開賽中匈牙利選手巴納（Victor Barna）和美國選手賴斯曼（Marty Reisman）之間的對戰，這兩位傳奇性的選手穿著長褲挺直地站在桌子後面，以一種精明的冷靜互相窺伺，那份平靜近乎於沉思冥想。

一次在我上完課之後，羅曼和那間桌球室的經營者對打。那是一場現在與過去之爭。那位體重超重的老先生又切又鏟，看起來像個魔術師在表演紙牌把戲，較他年輕的對手則有如風車般地快速擊球，彷彿想讓已經在飛逝的時間再加快速度。不管那顆球在他們兩人之間飛來飛去的速度有多快，那球同時也飄浮在一個由迷人傳統與高速未來壓縮而成的空間裡。

網球

有很多年我都在夢中抽球。閉上眼睛，我能夠盲目信賴我的球拍。一切都很順利：反手長球，正手斜線球，又高又遠的挑高球，用強力的上旋球擊出。我不是在球場上移動，而是向那顆球飄過去。我蹲下來，擊出一個深深的下旋球。我躍起在半空中，猛力把球擊向角落。我以一種只存在於想像中的技巧優雅得分，以一次落點絕佳的攔擊或是一次連我自己都感到驚訝的成功短吊。對手從來都不見人影。我的球技無懈可擊，球從來不會碰到網杆，具攻擊性的正手抽擊從來不會打歪，球也從來不會觸網。沒有偶然，不會潰敗，也不會神經緊張。當我把頭擱在枕頭上，就打出了完美的網球。我以強壯的身體素質作著夢，只有從前做那種情色幻想的耐力差堪比擬。

網球曾是我拿手的運動項目。自從我發現可以利用牆面，把一顆白色的球對著牆打上幾個鐘頭（牆上很快就畫上了一條高約一公尺的線），牆面就成了最理想的練球夥伴，它會把每個球都送回來。我向它挑戰，進行長達數小時的比賽，一直打到母親叫我回家吃晚飯。一年之後，我認真地接受訓練，在前文中已經提過的肯亞寄宿學校「肯登學院」，接受一位經過專業訓練的教練指導。我已經忘了她的名字，但沒忘記她的長相，因為她一身皮包骨，皮膚因風吹日曬而又乾又黃。她鉅細靡遺地教導我們比賽規則。我們不打球的時候就得擔任裁判。我曾經因為有一次聲音嘹亮地判定球員腳步犯規而大受稱讚。兩年後我成了網球隊長，我們搭車去其他學校比賽，那些學校的網球場凹凸不平，老師的野心更大，球員在打雙打時會直接對準站在網前的對手擊球。假期中我們去參加比賽，當我們沒在練球的時候，就滿心佩服地去看年紀較長的選手打球。直到如今我都還能在腦中喚出一個名叫裘普林的男孩的正手拍，那是我見過最優雅的擊球，直到我見識到山普拉斯在奔跑中揮出的正手拍（或是羅德・拉沃的半截擊、亞瑟・艾許的發球、米洛斯拉夫・梅奇的走位技巧[1]，他們就像是基於不可知的理由而在網球場上滑行的佛羅倫斯雕像）。

這段經驗隨即中斷。我們搬到德國去，有三年多的時間我沒有拿過一次球拍，當我在十六歲時回到非洲，再度開始打網球，那條線斷了，我再也沒有十歲時打得好，十歲時我是肯亞分齡賽中非正式的青少年冠軍。我的進步停滯，於是我轉而嘗試防禦，追著每一球跑，試圖把自己變成一面牆，最重要的是把球打回去。這一招有時能起作用，技高一籌的對手沮喪地打歪了第十個、第十五個、第二十個以高高的弧線向他飛去的球。我頑強地為了爭取下一分而奮戰，因為網球古怪的計分方式獎勵了頑強。球技較差的人可以用耐心和毅力在看似毫無指望的賽況中累積分數，利用對手的鬆懈，直到在勝負分明的第一局之後，第二局的比數忽然來到五比五，而一切似乎又變得可能。

不過，通常我都明顯敗下陣來。在一個沒啥新聞的日子，在肯亞的報紙上可以讀到：威希卡痛宰托亞諾。儘管如此，我還是幾乎每天下午都去打網球，那些網球俱樂部有著好聽的名字，像是「凱倫」（在曾屬於凱倫．布里克森[2]的農場上）和「稀樹草原」。網球是種感官的內化，擊球時啪啪的聲音，隨著球拍弦線緊繃的程度而發出不同的音色，像是一種由複雜的節奏轉換而成的樂曲；紅土球場的氣味，紅色短襪，拍掉鞋底的泥土；事後在俱樂部裡吃薯條，以對抗體力透支。我的房間裡到處都是一顆顆的網球。雖然我和傳奇網球選手潘喬．岡薩雷斯[3]不同，從不曾帶著球拍上床，但是醒來時我睡眼惺忪的目光首先會投向我的球拍。等到在我的大學宿舍裡既看不見網球，也看不見網球拍的時候，我知道自己長成大人了。

1 山普拉斯（Pete Sampras）美國網球選手，生於一九七一年，曾拿過十四座大滿貫冠軍盃，為史上最佳選手之一。
羅德．拉沃（Rod Laver）澳洲網球選手，生於一九三八年，生涯總計贏得兩百次單打冠軍，此一紀錄至今未被打破。
亞瑟．艾許（Arthur Ashe，1943-1993）美國網球選手，為第一位拿到大滿貫冠軍的黑人選手。
米洛斯拉夫．梅奇（Miloslav Mečíř）斯洛伐克網球選手，生於一九六四年，曾代表捷克贏得一九八八年奧運網球男子單打金牌。

2 凱倫．布里克森（Karen Blixen，1885-1962）曾定居非洲肯亞的丹麥作家，她的故事曾被拍成電影《遠離非洲》，由梅莉史翠普飾演。

3 潘喬．岡薩雷斯（Pancho Gonzales，1928-1995）美國網球選手，曾經連續八年排名世界第一，這個紀錄迄今不曾被打破。

後來，網球成了強化男性友誼的一種黏合劑。我和來自下巴伐利亞的克里斯多夫同住一間公寓，共用一間辦公室，也一起打網球。比打球更重要的是打球前後的交談，在匆忙的日常生活中難得的悠閒交談。我認命地接受自己沒法打得更好。網球完全變成了一種社交功能，和這項運動的發展不無相似之處。網球的起源也許是騎士間的決鬥，但在維多利亞女王時代網球之所以大受歡迎要歸功於那些露天派對，在那些派對上交談和打球彼此互補。在肯亞，我父母會帶我去參加一些慶祝活動，就在放鬆了禮節的大陽傘下，網球活動也在這層意義上鄭重舉行。在孟買，在我們所住大樓一樓的硬地球場上，我每天早上等待一個名叫卡爾的人，他來自印度果亞，他的削球無比犀利，彷彿從一塊火腿上切下薄薄一片。一排汽車就停在網球場旁邊（在孟買空間有限），那些司機為了讓車內的空氣冷卻，排氣管會接連幾分鐘地排出廢氣。有時他們把汽車收音機的音量調高到令人難以忍受的程度，而我們就和著「寶萊塢」的音樂節奏擊球。我們的友誼隨著一場一場的球賽而加深，常為了擦線球而起的爭執也不曾影響這份友誼。當我搬離孟買，我就不再打網球。因為有些球友是無法替代的。

羽球

吊網球、高遠球、吊網球、高遠球、吊網球、高遠球。
長，短，短，長，短，短。
平抽正拍，反拍，正拍，反拍。
反拍反拍反拍反拍反拍。
近網挑球、扣殺、近網挑球、扣殺、近網挑球、扣殺
扣殺，正拍殺球，反拍殺球。扣殺，正拍殺球，反拍殺球。

這就是我在學會基本擊球之後的訓練。動作極其劇烈，步法毫不留情，像一種沒有舞伴的舞蹈，節拍由對手掌控。腳步的順序有精確的規定，因為打羽球時你沒有足夠的時間去思索自己該怎麼跑。如果朝著球伸出了不該伸出的那條腿，那你就已經輸了。羽球由三個元素構成：速度、移位和機靈。這是我從好幾堂訓練課和談話中得出的精髓。

速度來自於羽球（由軟木、鵝毛或鴨毛構成）球托被擊出時所經歷的加速——馬

來西亞職業羽球選手陳文宏在一次球速測試時，擊出的初始速度接近每小時五百公里。打羽球的人常宣稱這項運動是世上速度最快的，羅曼則認為桌球才是最快的。而兩個說法都沒有錯。羽球在剛被擊出時的速度最高，可是在那之後就急遽減速，抵達對手那邊時的速度只剩下幾分之一。再者，打桌球的人彼此間的距離要短得多，因此當球速約為每小時一百六十公里時，對手能用來做出反應的時間要比打羽球時少。

移位要比速度更為重要。其技巧在於不僅要把羽毛球打向對方球場，也要把自己的身體在己方球場擺對位置。我的教練艾瑞克為了全心投入自己的嗜好，中斷身為程式設計師的職業生涯，他一再提醒我要占據T字線條後面的中心位置，這個位置在每次擊球之後重新證明了自己的霸權地位，因為從這個位置上你能以最快的速度去到球場上的各個方位。每一種球路都需要一種特別的精準。吊球必須剛好落在網子後面，如果不希望對手立刻用來擊出殺球。高遠球的飛行軌道又長又高，必須要一直飛到對方球場端線附近，然後幾乎垂直地從高處落下，像隻被射死的鴿子。而移位也包括優秀選手的驚人眼力，能預先看出一球將以幾公釐之差飛到界外。

然而，最重要的則是機靈，那種矇騙對方和展開奇襲的戰略能力。打羽球就好比用一雙使用過度的腿以閃電般的速度下棋，是應用馬基維利主義的一個例子，充滿鬼靈精般的詭計。用英文來說，你會說這是「A thinking man's game」（思考者的遊戲），可能發生在紅土網球場上的那種單調的底線抽球決鬥在羽球場上不可能發生。艾瑞克偶爾會把手腕稍微一折，或是在動作過程中做一點看不出的小小變化，就把球打到我絕對料想不到的地方，他把這當成一種樂趣。看見我的驚愕他會咧嘴一笑，告訴我他若是和國內頂尖高手對打，單單基於這個原因就毫無勝算，因為他在對方的各種奇襲下只能追著球跑。

長年打網球養成的手眼協調能力在練習羽球時對我很有幫助，我進步得很快，直到我走到某一個點上，無法再走下去，這種情形我在其他運動種類中也經歷過，因為我掌握不了某一種技巧、某一種練習，由於它們對運動機能提出的要求過高。在羽球上我碰到的障礙是那半個「恰恰恰」舞步，這是我替那失敗的一刻取的名字。那是要用反手拍打一個左側頭頂高遠球，擊球時要跳向左後方，並且轉動半圈。一個起跳，一次跳躍，先用右腿，然後稍微用左腿移向側面，接下來是充滿動力的高潮，所謂的「馬來步伐」，一次單腿左側跳躍，同時轉動一百八十度，接著向後跳，在跳躍中轉而向前揮拍，亦即一次「轉動跳躍」。這個動作不折不扣就跟聽起來一樣複雜。沒有球的時候，我成功了幾次，但是始終無法在做這個動作時穩穩地擊中球。

每次訓練時，我都看見隔壁場地上打羽球當消遣的人像沙灘上的小孩子一樣把球撥回去。幾乎沒有另一種運動能讓這麼多沒有熟練技巧的人從中得到樂趣。假如是打網球，以錯誤的持拍姿勢和動作是無法把球打過網的。若是划輕艇他們會翻船，騎馬的話會從馬上摔下來。但只要上過幾堂課，就足以學會羽球的基本特點，大量的體力消耗在這種運動中化為遊戲。

輕聲射擊、大聲射擊、泥盤射擊

射箭

在一個炎熱的星期天，我在維也納普拉特的場地上射箭，旁邊就只有一個中年婦人，她一再悶悶不樂地搖頭。我們一起收拾東西，她表示願意載我一程，送我到下一個地鐵站。我們才坐進車裡，她就問起我對射箭的看法。我說起這項運動對我的吸引力，這時她沒好氣地打斷我：「高度複雜，就運動機能而言複雜得令人難以置信，如果你想射中目標的話。重要的都是些細節，很少能如你所願地順利進行。射箭的人總是不滿意，你注意到了嗎？本質上就不滿意，永遠都不夠好，始終都不滿意。我們這兒有個人總是射中黃環[1]，可是如果他射偏了一公分，那他就跟自己過不去，也跟這

1 標準箭靶為五色十環，由中心向外分別是黃、紅、藍、黑、白五種顏色，每種顏色占兩環。黃環最接近靶心，分數也最高。

個世界過不去，哪怕他贏得那場比賽。」

我沒有打斷她，因為她愈說愈激動，已經對交通構成了危險。她所說的話有其邏輯。射箭的人無法全然感到快樂，他們勢必會感覺到不足，因為箭靶以其科學化的精確定義毫不留情地顯示出他們距離完美還有多遠。射箭是看清自己免不了會犯錯。

婦人在道別時說：「身為射箭的人，你得是個被虐待狂。」

與此言不符的是，我的教練葛歐克幾乎比我認識的任何人都更心平氣和。他說的話既睿智又深刻，有時給人的感覺就像佛陀帶著奧地利口音在說話。葛歐克不看重過度的解釋和詳盡的理論，只告訴我最必要的東西，然後就讓我練習。他的信條是：寧可讓學生走上歧途，也不要讓老師去警告學生別走上歧途。至少在我想像中是這樣。這與我不耐煩的個性一拍即合。

於是我站在那裡，上半身放鬆，左手與其說是拿著弓，不如說是搭在弓上，用三根手指把弦向後拉，然後鬆開（所謂的「放箭」，這是射箭中最重要的一刻），數不清有多少次瞄準位在六公尺外的箭靶。但我並沒有真的瞄準，有時甚至在葛歐克的建議下閉上眼睛，因為大腦若是有百分之八十都用來瞄準目標，剩下的腦力就不足以用來保持專注、進行動作。純粹的動作依運動機能拆解成個別的部分，的確是複雜得令人迷惑、使人麻痺（光是提到伸直的左下臂和彎曲的右臂之間的「力線」，應該就能對其複雜性略窺一二）。

如果做得正確，那就是個自然流暢而優雅的簡單動作；如果做得不對，就顯得彆扭而笨拙。尤其因為你必須在各種不同的條件下不斷重複這個動作而變得更難，在壓力下、在情緒欠佳時、在下雨時、在陽光下。選擇時機也同樣重要，每個射箭的人都必須在經年累月的練習中加以培養。在射箭界，南韓選手一向被拿來當成標竿，他們出手很快。其他人則在放箭之前長時間把弓弦拉在下巴下方的固定位置。急驚風和慢郎中各不相同。上完第一堂課後我在筆記本裡寫道：射箭其實很簡單，就只在於盡量有效率地把拉力轉為離心力，其餘的一切都是……

……爭吵，這是我在第三次上課時就體會到的。我才在練習場的最右邊（那是初學者嬉鬧的地方）站定，葛歐克向我說明了幾個進一步的細節，不久之後就有一個瘦削的年輕人走到我旁邊，糾正我的技巧。他皺起眉頭，問道是誰教我的。我的回答顯然沒有令他感到驚訝，因為他立刻質疑起葛歐克當教練的能力，同時對於我居然還不知道這一點或那一點表現出誇大的訝異。

我禮貌地由著他說，甚至試著照他的建議去做，直到他忽然僵住，喃喃地偷偷瞥告了幾句，就溜之大吉了。葛歐克出現在我後方，擺出正義凜然的姿勢，雙手交叉在胸前，他的語氣頓時從佛教轉為達爾文主義。在我身為初學者的這個學習階段，竟然有人想用技巧上的改變來使我不知所措，他大為震怒。

和平沒有持續多久。不久之後那個自以為是的人就帶著他的弓箭站在我旁邊，以高度的專注和極快的速度朝著十公尺之外的箭靶射出十二支箭。接著他批評起我最明顯的錯誤，其中夾雜著一些小故事，他強調這些錯誤不能怪我，我只是惡魔力量的無辜受害者。我覺得自己就像特洛伊戰爭裡的美女海倫，起初我感到很榮幸，能受到別人這樣極力爭取，然而隨著在之後幾天裡逐漸升高的敵意，我忍不住想起中亞地區一種類似馬球的運動，在那種運動中，雙方拳打腳踢地爭奪一個羊頭。

在訓練別種運動時，我從未如此頻繁地受到老手的勸告、糾正和指責。射箭的人特別看重技巧，對於弓抱持著一種堅決的態度。一種堅定的道德，一種不屈的倫理。因此一個憑藉直覺的射手（這是指那些不用瞄準器的人）斥責我，說他從未見過有人像我這樣野蠻地對待自己的弓。我們交談起來。他非常重視射箭的文化起源，熟悉射箭這項傳統在變成現代意義上的一種運動之前的各種面向。他懂得騎馬民族的習俗，而他那個異常美麗的土耳其式箭筒是他親手做的，他陶醉地說起有些比賽只允許選手使用自己所造的弓。他有點瞧不起那些裝備齊全、使用瞄準器的射手。他是個浪漫派，惋惜射箭運動喪失了自然的成分。而就跟所有的射手一樣，他在表現欠佳時深深苦惱，在表現好時則歡天喜地。他把他的弓裹在一塊毛皮裡，消失在閃亮的豔陽下，四周是嗡嗡叫的蚊子。

練柔道的人用不同顏色的腰帶來分級，射箭的人用的則是不同顏色的箭。第一個測驗是要取得「白箭」。身為成年人，在許多年沒考過試之後再度接受考問的感覺很奇怪。我無法真正專注於射箭，因為那儀式化的考試情境讓我心裡忍不住要偷笑。再加上考官的本業是化學教授，他進行口試時非常認真，彷彿我是在考一張飛行執照。

的確是有些安全規則需要注意，因為一支箭以將近兩百公里的時速射出去可以是件致命的武器。繁複的計分制度、題目和規定，全都得要一一打鉤，是這種靜思式休閒活動異樣官僚的一面。唯一一個難答的問題（要如何處理一支從指間滑落掉到地上的箭），而我答得很好（從箭筒中另外抽出一支箭，直到所有的射手都到箭靶那兒去之後再撿起掉在地上的那支箭；可是如果箭掉落在離你三公尺以外的地方，就會被視為已射出）。我就這樣贏得了那支鄭重頒發給我的白箭。

在術科考試時我把六支箭全數射中了黃環（因此拿到的不是十分，就是九分）。

那個自以為是的瘦子問我是否聽過那句話：許多人都拿過十分，但重點在於能在關鍵時刻拿到十分。我懶得向他指出我的第一次考試的確就是關鍵時刻。當他在隔天注意到我的高命中率後，便傲慢地表示：命中率不重要，重要的是優雅，一個人對自己的要求應該要高一點。那是我最後一次見到他。我猜想是他厭倦了自己付出極大代價而取得的勝利。

隔天那位教授跟我打招呼時說：「你將會創下一個先例。我還從未碰過有人在取得白箭的考試過後兩天，就來參加取得黑箭的考試。那些射手通常要練習好幾個星期、甚至是好幾個月才能做到。」我的射擊成績不像第一次考試時那麼好，差遠了，而我勉強及格。考官認為我花了太長的時間做暖身練習，這會令人疲倦，不僅是心理上，身體上也一樣，尤其是在這種炎熱的天氣裡，精細的運動機能就會受損。我想起在日本京都三十三間堂的「遠射節」，射手要朝著一個牆洞連射二十四小時。

當佛教在中國傳播開來，它和道家的思想結合成為禪宗，而禪宗在十二世紀的日本深深扎下了根。「道路」在日文中被稱為「道」（例如，柔道就意味著「柔軟之道」）。在禪宗裡，所有的技藝都是道路，通往所追求之「空」的境界。因此，道路其實是條迂迴的彎路，通往一個超乎各種技藝之外的目的地。禪的藝術中最重要的一種是「弓道」。在我密集練習的那幾週裡，我讀著奧根・海瑞格[2]的那本小書《箭術與禪心》，那種帶有神祕氣息的狂熱本來不會打動我，若非我湊巧得知德國作家多德勒爾[3]對射箭的熱情，他把射箭視為寫作實務與心智練習的隱喻：「像老虎跳躍一樣去思考，像射手射箭一樣去寫作，像空中猛禽一樣充滿警覺而且目光銳利：這幾個特點合起來就造就了一個作家。」我喜歡這個念頭，想像我在射箭時是在培養自己身為藝術家的態度和身為作家的精準。

多德勒爾把這條迂迴的道路提升為一種中心原則，幾近於道德原則。身為熱愛射箭的人，他使用了弓弦的意象，弦被射手盡可能遠遠地向後拉，離開了目標是為了讓箭以更大的力道射中靶心。我理解到不斷地練習動作流程，最終將透過入定而導向一種忘我的行動，達到禪學的純粹無目的性。這種境界唯有當我不去瞄準箭靶時才能達到，因為在瞄準時，拉弦的手指和持弓的手都由我的自我掌握。只有不去瞄準的那一

2 奧根・海瑞格（Eugen Herrigel，1884-1955）德國哲學家，曾任教於日本，並將禪學引介至歐洲。他曾花了五年時間在日本研習弓道，《箭術與禪心》（*Zen in the Art of Archery*）是他最知名的著作。

3 多德勒爾（Heimito von Doderer，1896-1966）奧地利作家，著名作品包括《施特魯德霍夫階梯》（*Die Strudlhofstiege oder Melzer und die Tiefe der Jahre*），如今有以他命名的「多德勒爾文學獎」。

射才能正中目標。

此外，好眼力在射箭時並不像一般人以為的那麼重要。目標不會移動，永遠以相同的大小和距離豎立在前方。因此，在相應的練習中，目標也就在「內心之眼」的前方。再者，直徑一點二公尺的箭靶從七十公尺之外看過去雖然就像一片指甲那麼小，但畢竟還是比一條綁在鳥身上的線要大得多（如古希臘詩人荷馬所述），也比羅賓漢得要射穿的另一支箭的箭尾大得多。

「國際射箭總會」的副主席馬里奧・斯卡爾澤拉（Mario Scarzella）聲稱：「視力不好不是什麼大問題。心理狀態要比視力更重要。」

這時候看不清楚目標的人能避免某些錯誤。他不會過度專注於瞄準，而忽略可能發生在射箭或打高爾夫球的人身上那種幾乎察覺不到的顫動。在瞄準時背部肌肉僵硬，手肘微微向前移動，肩膀朝著胸口下垂，結果造成「靶心恐慌」。有人認為喝點酒能射得更準，但那始終如一、排除一切意外風險的動作要比喝酒精飲料更重要。

在他的晚期作品中，多德勒爾悟出了一個道理，認為作者唯有把一切私人與個人的東西都排除在外，才可能產生偉大的藝術！單是為了這一點智慧，發明射箭就值得了。

我一直雀躍地期待著第一次以奧運的七十公尺距離來射箭。箭靶離得很遠，非常遠，而我很興奮。葛歐克給我的第一個提示是：「撇開對距離的想像，而想像目標就在自己的鼻子前面。」他說大多數人會被這個距離嚇到，而試圖用力道來彌補，然後他們就射歪了。再說在這種距離外，哪怕是再小的錯誤都會被放大。

假如沒有「滿弓指示器」（在德文裡叫做「Klicker」，意思是「響片」，會有這個名字是因為你以一個流暢的動作把弦向後拉，直到你聽見喀嚓一聲，表示你已經拉到底了），要在較遠的距離外射得準就會困難得多。滿弓指示器使得在拉弓的動作中能有一個常數。如果弓的位置正確，滿弓指示器使你能夠重複所要求的動作。我的第一個成功經驗在於居然能射中箭靶。當我在十五分鐘後開始把箭射中紅環，甚至是黃環，我就有慶祝的心情。最大的魅力來自於箭的長程飛行，直到遠遠地傳來低沉的撞擊聲。我能夠很清楚地注視這個過程，這令人驚訝。只可惜單用肉眼看不出箭射中哪裡，因此你需要用到一個平常只有賞鳥的人會用的那種望遠鏡。

我第二次嘗試以奧運距離射箭時，箭被風吹走了。當你射箭的拉力不夠（如同我的情況），風的作用就特別強，再加上你無法以向右邊瞄準這種簡單的辦法來抵銷從右邊吹來的風，因為風偶爾會陰險地先逮著箭羽，而把箭的方向轉為箭尖對準風向。儘管如此，在有風的日子裡，你也還是能看出射手的高下。儘管射箭流程已經自動化了，命中率還是每天都有變化，就算是優秀的射手也一樣，而區分高手和半吊子的就在於箭的分散情形。換句話說：射出去的箭彼此之間的距離就跟它們距離靶心有多遠一樣重要。

射第三次時，葛歐克和我模擬了一種比賽情況，亦即一共射七十二箭，就像奧運會中進入決賽前的資格賽，每次射六箭，共射六次，然後暫停休息，之後再射六組六支箭。我們在豔陽天裡做暖身練習。這種模擬比賽的擬真效果當然有限，缺少了比賽中那種不安、嘈雜和壓力。在比賽中通常由四個射手同射一個箭靶，也就是兩人同時射，另外兩人則站在後面閒聊、吸鼻子、忙著弄他們的弓。

開始時很不錯，第一回拿了二十九分，就跟計畫中一樣；第二回甚至還多了幾分。可是在那之後，不知道是由於野心太大還是專注力不夠，有兩支箭完全沒射中箭靶，結果只拿了十五分，而從那時起我就成了「第六箭的詛咒」的犧牲品：最後一箭總共射偏六次。不是稍微射偏，而是到了所有的射手都得幫忙我在草叢裡尋找那些箭的地步（這些彩色的箭居然那麼難找，實在令人驚訝）。我開始害怕射最後這一箭，愈害怕才真的是大偏特偏。最後一回時，我先放下弓，再重新開始，並且完全不去看目標。我成功地射出還算可以的一箭。

假如不去胡思亂想，命中率不知道會提高多少。昨夜的惡夢、今晨的爭吵、胃裡的鷹嘴豆、家裡壞掉的瓦斯爐；思緒就像使射手失去平衡的陣風。

比賽

今天一開始進行得很輕鬆，拿了幾個十分，一點問題也沒有，遠遠超出我想達到的目標。

可是這會兒發生了什麼事？怎麼會這樣呢？好吧，那一箭我射歪了，可是其他幾箭全都射得太高。我必須再調整一下，也許問題出在瞄準器。先前在暖身時風從左邊吹來，所有的箭都射向右邊。

第三回：嗯，還可以，只不過有一箭完全射偏了。而我射那一箭時感覺其實不差。

第四回：我真弄不懂這是怎麼回事。射得很好，感覺也好，儘管如此卻有幾支箭射得太高。發生了什麼事？真慘，活像個初學者。其實我也的確是個初學者。我的希望漸漸破滅。到底哪裡做錯了？問題是在左手嗎？我在把箭射出去之後沒有把弓鬆開嗎？還是我太緊張了？

第五回：我辦不到。只有二十二分，成績愈來愈糟。問題在於放箭嗎？我的手往下掉了嗎？

該死，為什麼我當時沒有放下，弦拉得太久，滿弓指示器就是不響，我不安起來，一箭從箭靶右邊很遠處飛過去，在好好射出三箭之後這實在多餘。下一回，同樣的錯誤再度發生。已經四次沒射中箭靶了，這本來是我無論如何想要避免的。把那個黃色靶心想像成巨大的太陽，你不可能射不中，而你就像一個朝太陽射箭的戰士——不，這樣想沒什麼意義。

在休息時間葛歐克指出我把身體太過向後靠，於是我專注於把重心往前移。頓時又順利起來，好幾輪都超過三十分，也拿了好幾個十分，我欣喜若狂。開始下雨了，而我一回比一回射得更好。

但我用最後一箭糟蹋了射得最好的一回，本來我已經預見自己能拿到四十幾分，結果最後一箭一下子就射歪了。

奧運冠軍（資格賽冠軍）的分數是六百九十九分，我的分數是四百一十八分。

用步槍和手槍射擊

我必須承認自己對射擊懷有成見，也必須承認我無法完全擱下這份成見。並不是說我會把射擊運動員和瘋狂殺人的槍手連結在一起（如同在每一樁悲劇發生之後媒體上的報導），也不是由於那種氣氛——那是可以習慣的，而是由於過程的單調。其目標在於排除所有的變化，因為唯有千篇一律的持續重複才能獲致成功。電子人比人類射擊得更好，機器人則又比電子人射擊得更好。射擊運動的魅力就在於此，而其問題也在於此。一具機器可以被建構出來並且加以程式化，使它每次都能命中靶心，毫無失誤。不管是以站姿射擊還是臥姿，對機器來說都無所謂；每分鐘射出五發子彈還是十發子彈也同樣無所謂。從事射擊這項運動的挑戰在於把自己變成一具機器。本能、創意或是即興發揮都起不了作用。「變化」這個字眼來自另一個運動家族。射擊所要求的發展是把自己自動化。

十公尺空氣步槍射擊

十個射擊道，十公尺的距離，十個靶子，可能拿到十分。射擊運動特別尊崇十進位制。其餘的一切都純粹是功能性的。如果說射擊運動員並非為了那誘人的氣氛而從事這項運動，這話肯定沒什麼不公平。

體態：挺直，穩定，靜止不動。不要把身體靠著氣槍，避免搖晃。

姿勢：雙腿與槍靶平行，把身體重量平均分配在兩腿上，不要微向後仰，也不要把重量擱在左腿上（對右撇子而言）。把氣槍舉起，把槍托抵在右上臂上，再壓住成直角的左臂，用手托住槍管，讓槍枝和身體緊緊成為一體，把槍枝夾在肩膀和持槍的手臂之間。保持這個姿勢不要動。

射擊：用環形瞄準器來對準槍靶，用雙腿而非雙臂來調整位置。吐氣，拉動扳機，只動手指，凝視著射出的子彈。不要過於匆忙地射擊，但也不要保持射擊姿勢太久，人類生來不適合一動也不動（行人徒步區那些扮成雕像的街頭藝人除外）。

「每一次射擊你都得把整個程序再從頭到尾走一次，要有耐性。」霍爾斯特這樣提醒我，他是「奧地利射擊協會」的副主席，讓我想起留鬍子的老牌演員華特．馬殊（Walter Matthau）。他在半小時裡教會我基礎技巧。我的第二次射擊拿了九分，第四次射擊拿了十分，在那之後我的準度就下降了。但至少我有幾次射擊達到了奧運水準。這主要並不在於我的天分，而在於技巧很簡單，其中百分之九十你只要把槍拿在手裡就會了，剩下那百分之十則在整個運動員生涯中加以調整，尤其是每次射擊都得要拿出的專注。

武器，一把「施泰爾公司」製造的槍枝（以層板製成，藉由壓縮空氣來產生壓力），由霍爾斯特——就像電影《一對寶》（*Buddy Buddy*）裡的華特．馬殊一樣——從一個笨重的硬殼箱子裡拿出來，箱子裡加了保麗龍襯墊，是個道道地地的工具箱，配備有榔頭、螺絲、彈簧和耳塞，還有「佛格公司」製造的比賽用子彈。五百顆子彈，直徑在四點九公釐到五點一公釐之間，重量為零點五三公克。在射擊運動中一切都規定得極其仔細，規則也詳述至最小的細節，「國際射擊運動聯盟」（簡稱ＩＳＳＦ）的正式規章洋洋灑灑共有五百五十頁。

射擊的裝備除了槍枝之外還包括一件射擊背心，像一種緊身胸衣，讓我有束縛感，但也以驚人的方式使我保持穩定——在穿上背心之後，我的成績就明顯有了改善。當然，針對夾克的厚度、材質以及搭扣的重疊部分也都有規定。而由於重量也有限制，有些射擊者會把夾克上多餘的部分剪掉，到後來他們站在射擊台上就像隻被拔了毛的雞。如果再加上射擊專用的長褲、鞋子、手套、眼鏡和頭帶（如果緊緊閉上一隻眼睛，另一隻眼睛的眼皮就會變得更重，導致視線略微模糊，因此頭帶上附有一小片眼罩），裝備就更齊全了，但我並未進步到這個水準。

我們通常會假定射擊者理所當然要站著徒手射擊，但是在射擊運動中有一個針對老年人的特殊待遇，允許年長者（五十六歲以上者）在以站姿射擊時把槍擱著。換做是我，我就會堅決拒絕這項禮遇，不願意讓別人假定我的手可能會抖。再說，奧運史上年紀最大的獎牌得主就出現在射擊項目，一九二〇年在安特衛普奧運，瑞典人奧斯卡・史瓦恩（Oscar Swahn）以七十二歲高齡在移動靶項目贏得銀牌。而自從那個時代以來，年長者明明就比從前更為健壯！

如果花幾個下午去觀察射擊的人，你就會發現這項運動吸引著講究細節的人。我旁邊射擊台上的一個男子用一把打開的折尺檢查自己的站姿。另一個人試用不同的避震器，第三個人把他的槍拆開，把螺絲擰來擰去，就像我們少年時代在寄宿學校裡拆裝電晶體收音機一樣。對於喜歡精密機械而又有耐心的人來說真是再適合不過。

在第二次模擬比賽中我拿到了兩百九十二分（滿分為四百，在七十五分鐘內射擊四十發），亦即平均分數為七點三。來自羅馬尼亞的奧運冠軍莫爾多韋亞努（Alin Moldoveanu）在資格賽中拿到平均九點九的高分。頂尖好手的分數十分接近，因此在決賽時會仔細計算到小數點後一位。就連在區域性的錦標賽中，選手之間的差距也非常小，決定比賽名次的往往就只是一發失誤。

事實證明，各項運動對於人類的犯錯表現出程度不一的寬大。有些對於一時的失誤不予計較，只要選手能在關鍵時刻拿出表現，另一些則不原諒任何失誤。有不愛計較的運動，也有錙銖必較的運動。而射擊屬於最錙銖必較的一種。

十公尺空氣手槍射擊

在短距離射擊時，在射一發子彈、乃至於射好幾發子彈的時候，初學者能及得上箇中好手。我才習慣了把手槍拿在手裡，習慣了伸直的手臂、呼吸與動作的平靜交替，我就連射了五發子彈，分數在九點二和十點三之間，因此有幾分鐘的時間達到了奧運會的水準。那種感覺很棒。然而要想拿到奧運門票，只擊中幾發還不夠，你必須在六十五分鐘內射出四十發，或是在九十分鐘之內射出六十發，而我之後射出的所有子彈雖然都擊中了靶子，卻沒有擊中靶心，而隨著接下來射偏的每一發（使用德國「麥登電子公司」的計分裝置，過程自動化也電腦化了，比起射箭時用的手寫計分方式進步了一百年），我就更加意識到自己一開始時的成功只是偶然。

第二次訓練時，在幾發子彈偏高或偏低、偏左或偏右之後（那種分散的情形看起來就彷彿我想在靶上畫出銀河），我以一個漂亮的十分結束，用更詩意的說法是拿到一個完美的十點九分。不可能有比這更好的分數了，就算是機器也無法射得更準。霍爾斯特說：「我常說射擊時應該在打到一次十分時收手。那你就能帶著這份成就感回到日常生活中。」儲存成功經驗是運動心理學的核心內容。教練總是一再要我在一次嘗試成功之後稍作休息，讓成功的感覺滲透至內心，之後在比賽時就能再次喚出。在優秀的射擊選手身上，關鍵在於想像自己的成功，那是心態上的一種準備，不要把比賽情境視為特殊狀況。在潛意識中存放著一個「影像陳列館」，你能在受到干擾時退回那裡。由於這些影像只能由過去來提供，將正面經驗內化就非常重要。就像一個寫得好的句子散發出的力量。既然我寫出了這一句，就有希望再寫出一句。嗯，這個比方不是很貼切。

滿分是六百，奧運冠軍的得分是五百八十八，我的得分是三百一十二。

短口徑步槍：五十公尺臥射

位在卡塞爾工業區的那座射擊場十分偏僻，計程車司機費了很大的功夫才找到。

如今所謂的偏僻，意思就是連導航系統都找不到。狄特漢姆在射擊協會所屬空間等我，先請我吃在鍋子裡煮得裂開的香腸。也許是因為天色早早就暗了，也許是因為那人煙稀少的環境，還是從接待我的狄特漢姆身上散發出一股沉默寡言的悲傷，那個場所給我的感覺就像一座被魔法詛咒的小屋，在一個只能任憑命運擺布的地方。槍已經準備好了，一支單發步槍，重量剛好在比賽所許可的八公斤以下，感覺要比空氣步槍重得多。我們拿了兩頂護盔（從保護自己的角度來看，它是這項運動中最重要的用品），走進寒冷的戶外。「質樸」這個字眼彷彿就是為了形容那個搭了頂蓬、前方開放的射擊台而創造的。櫃子、木桌，其中幾張桌子上鋪了氈子。在第一個項目中我得趴著用雙手持槍，因此我把前面的手肘盡量向外伸，試著讓自己舒服一點，就像在每兩部驚悚片裡就會出現的狙擊手一樣，或是像魯波爾丁鎮的滑雪射擊運動選手。

狄特漢姆向我透露他一點也不看重臥姿射擊，我卻喜歡上這種有點不舒適但很可靠的姿勢，能給我最佳的穩定度。身為初學者，我可以把身體撇在一邊，完全專注於瞄準。我願意忍受由於不自然的臥姿而逐漸產生的輕微疼痛。射了幾發之後，我就已經察覺基本的挑戰在於掌控呼吸。吸氣時槍會微微向下傾斜，吐氣時則會向上，如果想要射中目標，就應該在一次呼吸循環結束時瞄準好並且射擊。一段時間之後，我勉強找到呼吸與射擊的規律節奏，可是槍靶離得太遠，我從不覺得自己真的瞄準了靶心，反倒是瞄準器像個印度古典樂師用許多震音和偶爾無意的滑奏替靶心加了裝飾音。狄特漢姆說就初學者而言我表現得不錯。我推測他喜歡印度音樂。

奧運冠軍：零失誤。我的成績是在兩百環中拿到九十環。

短口徑步槍：五十公尺三種姿勢比賽（站姿、跪姿、臥姿）

在三種姿勢比賽中，我並沒有更精準地測定目標，而射擊姿勢卻要困難得多。站著射擊需要一種完全不同的平衡，一種放鬆的力量，一種更大的自制，換句話說：需要更多練習。由於缺少電腦化的現代設備，每次射擊之後我們必須按下一個按鈕，而槍靶就嗡嗡嗡地送到我面前。事實證明，先從臥姿射擊開始練習是個錯誤，因為從那以後就每下愈況——就教育學來說沒什麼價值。有時我準備射擊時站得太久，努力想先精確瞄準槍靶（約莫就與試圖抓住一隻蒼蠅相當）；有時又過早發射。不過，技術上最困難的姿勢則是跪姿，不管是對初學者還是職業好手來說都一樣。說得準確一點是單側跪姿射擊，因為只有一個膝蓋會擱在一個圓形沙袋上。另一隻腳被稱為「支撐腳」，支撐著「支撐臂」，「支撐臂」則又支撐著那把槍。但這遠遠不像言語所表達出來的那麼穩定。正確就定位要靠練習，而且你若是相信網路上那些詳盡的意見，這大約就和一棟高樓建築的靜力學一樣複雜。然而不管我怎麼調整，這個不自然的姿勢還是不舒適。沒過多久，足踝開始感到疼痛。狄特漢姆簡短地表示過幾個星期我就會習慣了。但隨著我愈來愈疲倦，穩定度也就消失無蹤，我從右邊晃向左邊，又從左邊晃向右邊，彷彿在海上漂流。有一次我甚至差點倒下而射向天花板。狄特漢姆指著我前面木條上的一個彈孔給我看，告誡我拿著武器要時時留神。他說得沒錯：我對那件武器才稍微感到熟悉，就已經忘了它是會致命的。我以跪姿射擊仍然很少射中，往往連槍靶都射不中。狄特漢姆安慰我說，一般人通常會用一條皮帶把槍和手拴在一起。但我們沒有這個時間，我們還得再射擊一個回合，如同在比賽中，先以臥姿，再以站姿，然後是跪姿。

臥姿：在一百環中我拿到四十三環。

站姿：在一百環中我拿到二十六環。

跪姿：在一百環中我拿到十一環。

奧運冠軍在資格賽中射擊的次數更多，而且幾乎沒有失誤。

自由手槍五十公尺

在射擊項目我很難找到合適的訓練機會，好幾次碰到出乎意料的猜疑。德國南部某射擊協會的一位資深人員寫了下面這封電子郵件給我：

托亞諾先生鈞鑑：

謝謝您來信詢問並且簡要地說明您的意圖。您或許能夠理解，當有人——可以說是忽然冒出來的——與我們接觸，想到這兒來了解情況，身為射擊手的我們相當敏感，尤其是相關人士幾十年來對我們表現出的持續敵意。不過，從您的履歷看來，您這項計畫是認真的；由於我們並無不可示人之處，要約定一個時間基本上並沒有什麼阻礙。

但後來還是有了阻礙，在這個射擊協會和其他幾個射擊協會都一樣。因此，我格

外感謝狄特漢姆，感謝他額外抽出時間教我五十公尺的手槍射擊。這個項目稱為「自由手槍」，因為射擊者在武器的選擇上（一把單發手槍）十分自由。只有一個限制：整體長度不准超過六十公分，超過六十公分的手槍就算是步槍。引人注目的是槍柄有個皮套，把一隻手直到手腕都包住了，使得身體感覺上和武器合而為一，把手槍當作是自己手臂的延長。扳機的重量同樣也由每個人自行決定，一個好的射擊手會使用大約三十公克重的扳機。如果沒有加以練習，就感覺不到扳機的阻力，往往會不小心提早發射，這種情形就連我使用一般重量的扳機時也一再發生，因為技巧在於先輕輕碰觸扳機，然後在關鍵時刻以一個流暢的動作把扳機扣到底。這樣能避免射歪。與十公尺射擊相比，在五十公尺射擊時散射的情形更不留情。只要有一絲不準確，就會被放大成很大的偏誤。五十公尺射擊要比十公尺射擊更錙銖必較。

如果我自己拿著手槍站在那裡，我心裡並不會覺得不舒服。可是如果我看著另一個射擊手，叉開雙腿站立，伸直手臂，我眼前就會浮現來自另一個場景的影像：《古墓奇兵》裡的蘿拉・卡芙特，或是《緊急追捕令》裡的克林・伊斯威特。雖然步槍當然同樣危險，但手槍給人的這種視覺感受卻讓我更難面對。

奧運資格賽冠軍的成績是五百六十九，滿分為六百。

我的成績是一百五十六（寬鬆地計算）。

快速手槍二十五公尺

快速手槍是靜態射擊和動態射擊（參見飛靶射擊）的結合。每個射擊者必須接連射中五個並排擺放的靶子。本來就已經很短的時間在比賽的過程中變得愈來愈短。每次五發射彈，接連六次，起初要在八秒鐘之內射完，然後是在六秒之內，最後則是在四秒之內。這極為困難，射擊者因為每次射擊的後座力而必須重新瞄準。所使用的是半自動手槍，口徑五點六公釐，重量不得超過一千四百公克。由於不久之前開始改用較長的子彈，這個項目對許多射擊者來說太昂貴了，很少有人從事，因此我沒有能夠去練習。

飛靶射擊

不定向飛靶／雙不定向飛靶

向靶子射擊時目標不會動，做飛靶射擊時目標則飛向四面八方，有時急偏向左，有時低低向右，有時微微彎曲朝著地平線飛去。你還能怎麼辦呢，除了心平氣和地追隨著飛行曲線，緊緊盯著瞄準器，槍柄貼在臉頰上，但願以時機正確的一槍大聲宣告你不讓自己被命運擊倒。也可能還是被擊倒了。

就算你只是希望能夠想像自己掌握著命運，也得等到一段時間以後。起初我拿著槍倉皇地追著那些橙色的泥盤，動作很猛，搖擺不定，每次射擊都是在向巧合致敬。我的表情充滿問號，勉強把重量放在前腿上，微微向前傾，槍緊壓著肩膀。我應該要透過準星或透過槍管上緣來瞄準，但那些泥盤從我前方十五公尺的靶溝裡被彈射出來時，速度是那麼快，我根本沒有時間瞄準。獵槍的強烈後座力偷襲了我。「是啊，是啊，武器會咬人。」烏威這麼說，他是薩克森邦「奈登射擊訓練場」的專任教練。然後又加了一句：「在這裡我們讓你自己設法學習。」隔天早晨我的二頭肌上有塊瘀青。假如是在臉上的話就更慘了。

身為飛靶射擊者你一直在移動，從一個定點移到下一個定點（一共五個），對著一個麥克風喊著「呵」或「哈」，還是隨便哪個以ㄏ開頭的聲音呼叫泥盤，而拋靶機就會射出一個泥盤。射擊者必須迅速做出反應，盡可能在三十到五十公尺之內射中泥盤。在第一個小時裡，那數不清的泥盤我一個也沒射中。烏威替我打氣，仔細向我說明是哪裡射歪了。隔著這樣的距離他居然能看見彈道的影子，實在令人驚訝。他向我指出，我必須瞄準飛靶前方至少半公尺的地方，在兩個飛行物體預計將會交會之處，這個預言建立在數學的基礎上。我還是一個也沒射中。

烏威安慰我說，他會先讓年輕的射擊者去射躺在草地上的泥盤，好讓他們有一次成功的經驗，然後再讓他們去射直線飛走的泥盤。直到半年之後才讓他們面對漫天飛舞的泥盤。那支槍（一支 Beretta 686E）被稱為「獵槍」，而我好幾次差點心灰意冷到想把它扔了。參加幾十次求職面談都被拒絕想必就是這種感受。當我終於射中，那是在第一天裡唯一的一次，我們兩個都歡呼起來。

假如是在一百年前，我會因為自己沒有射中而感到高興。在一九〇〇年的巴黎奧運會上，充當飛靶的還是有血有肉的鴿子。一個名叫唐納．麥金塔（Donald Mackintosh）的澳洲人偕同妻子去參觀與奧運同時舉行的世界博覽會，他臨時起意拿起一把獵槍，用二十二發子彈從天空打下了二十二隻鴿子。他贏了，雖然他並不知道自己成了奧運冠軍。直到整整七十年後，國際奧委會才正式宣布他為金牌得主。他是唯一一個要把勝利歸功於二十二條動物生命的運動員。這項運動的英文名稱就源自那個時期：「Trap」是裝著鴿子的籠子，鴿子從裡面飛出來要比牠們的人工替代品來得從容不迫。

射擊在任何天氣下進行，在雨天也一樣，儘管射擊場很少有頂蓬。風會造成影響，光線的情況也一樣。這是我在第二天注意到的，那是個陽光燦爛的秋日，而我很難辨識自陰影中飛出來的泥盤。在這種情況下有專用的眼鏡，視個人的偏好和天氣狀況而有所不同。泥盤的顏色則經過標準化，是帶有警示意味的橙色。只有在沙漠裡的飛靶有時是黑色。

第二天我們把各種不同的射擊位置走了一遍作為練習。每次射擊過後會把槍打開，彈匣就會蹦出來，有一次差點打到我臉上。獵槍打開來用手臂持著，直到快要射擊之前才闔上。把槍舉在臉頰旁，直到頭和槍成為一體。有時我會把頭一偏，想看看自己射中了沒有。這是個典型的錯誤。我射出的許多發子彈都只差了一點而沒有射中，稍微偏向下方或前方。一個回合之後，我已經可以相當準確地看出自己哪裡射偏了，烏威認為這是個好兆頭。雙不定向飛靶是個十分相似的項目，他只很快地示範了一下：兩個泥盤以不同的角度從射擊者面前飛走。烏威說：「射不中一個飛靶的人也就射不中兩個。」這個邏輯令人心服口服。

不管是由於那新鮮的空氣，由於身體的活動，還是由於這不尋常的挑戰，用獵槍射擊就算什麼都沒打中，帶給我的愉悅還是勝過用氣槍射擊而獲得好成績。烏威也證實了，凡是嘗試過飛靶射擊的人就不會再回去從事靜止的射擊項目，所有其他形式的射擊就對他失去了吸引力。

奧運冠軍：二十五個泥盤中擊中二十四個。我擊中了兩個。

定向飛靶射擊（或稱「雙向飛碟」）

定向飛靶射擊與真實生活更為接近，如果把打獵視為生活的一種變體（或是不良變體）。定向飛靶射擊時有兩個朝相反方向飛去的靶子，一個從左邊的「高拋靶房」出來，另一個從右邊的「低拋靶房」出來。過了好一陣子我才看得見被拋出來的雙靶中的第二個泥盤。我坦然站著，微微轉向一側，讓身體繃緊。做射擊動作時則該讓身體放鬆下來。在定向飛靶射擊時，你把槍托持在臀部的高度，在泥盤出現時才把槍舉至肩膀的高度。然後把頭擱在槍托上，瞄準飛靶，在適當的時機扣下扳機。在這裡我想破例引用規則裡的一段話，讓各位能約略體會此事特有的詩意：「在發射之前，雙腳必須完全進入射擊位置邊界內，用雙手持槍，槍托接觸身體，槍托的尖端置於標示帶之間或之下，標示帶長二十五至三十公分，寬三公分，必須永久固定在射擊外衣上，標示帶的上緣必須與肘尖齊。」其實也可以換種方式說：射擊者把獵槍持在身前，如同在打獵時的一般作法，準備好在樹叢裡傳出最輕微的窸窣聲時把槍舉起……

忽然空中有鶴鳥飛過。我們——人類，射擊者，獵人——停下來，著迷地凝視著天空。那群鳥以兩種隊形列隊飛行，像個箭尖，有一側比較長。牠們在我們頭上很遠的地方遨翔，一個令人嚮往之地的使節，只要牠們還在我們視線之內，就完全抓住了我們的注意力。我不知道鳥威在這一刻的寧靜中想些什麼；一份魔力留了下來，直到被下一次的射擊打破。

就跟不定向飛靶射擊一樣，定向飛靶射擊也有許多個射擊位置，有七個平均分布在兩個靶房之間一個想像的半圓上面（按規定彼此之間距離八點一三公尺），第八個位置最輕鬆，位在兩個靶房中央。與飛靶射擊相反，做定向飛靶射擊時，飛靶始終以一個固定的角度飛出來，朝著一個方向（你可以漸漸習慣）。因此有些人認為這是個「簡單」的項目。獲得良好成績的頻率很高，在二〇一五年的世界盃中，奧運冠軍文森特・漢考克（Vincent Hancock）在資格賽中將一百二十五個泥盤全數擊中，在決賽中也擊中了全部二十五個。優秀的業餘愛好者就已經能擊中一百一十次。為了提高挑戰性，比賽中又添加了一個隨機計時器，把泥盤被擲出的時刻按照指令加以變化。有時候泥盤一下子就飛走了，有時候卻花了很久的時間。

比起不定向飛靶射擊，我還更喜歡定向飛靶。因此從烏威口中得知這項運動的現況堪憂，就格外令人惋惜。他說由於德國政府在不該節省的地方節省，因此要栽培有天分的年輕射擊新秀很困難。如果能晉升為國家主力隊員，情況就好一點。購置裝備很昂貴（在射擊運動中，定向飛靶所使用的武器是最花錢的），子彈也很貴，大部分必須由年輕射擊者的父母親來負擔，射擊協會只能補助一點點。很遺憾地，這使得那些有天分但來自弱勢家庭的孩子無法參與，而他們本該是這項運動吸收的對象。蓋一座射擊場（包括定向與不定向飛靶）至少需要十五萬歐元，射擊協會必須自行籌措維修費用。在自家沙發上玩線上射擊遊戲要容易得多，像是「終極標靶」（Let's Hunt）、「彈道」（Ballistic）、「戰鬥武器」（Combat Arms）、「特種部隊」（Special Force）、「新人正妹殺手」（Sniper Year One）和「終極刺客」（Ultimate Assassin）。

奧運冠軍擊中全數二十五個泥盤，我擊中了兩個。

拳擊和擊劍

我想要同時學習拳擊和擊劍，因為它們代表兩種截然不同的格鬥形式。選擇其中一種就幾乎等於放棄了另外一種。打個比方，就好比你吃飯要用手指還是刀叉。根本無法想像一個擊劍手會同時從事拳擊。拳擊是種天然狀態（在男性身上），拳頭簡直天生就是為了揮拳而存在。在格鬥類運動項目中，拳擊就好比移動類項目中的走路——是天生的、自然而然的，可以在任何地方發生，不管是在大門外還是在房門裡，在海岸邊還是酒吧裡，或是在寄宿學校中。假如當年在馬卡特斯坦的鄉村寄宿學校裡我能擊出有力的右拳，英戈就沒法拉倒我的腿；如今擔任德國基督教民主聯盟歐洲議會議員的克里斯提昂當時從他房間裡冷冷地說：「就讓他躺著，他活該。」

至於擊劍則是把致命的決鬥變得精緻，成為一種文化活動。儀式、用語和姿勢全都指向宮廷禮儀和貴族的榮譽。只有少數人從事擊劍，但是透過電影和電視，我們都

對擊劍場面很熟悉，那是古老時代裡維護自身榮譽的一種遊戲，鏗鏗鏘鏘的軍刀聲在一座古城的各個角落響起，或是在一座城堡的宴會廳裡，還是在一個主教的房間裡。男性早自遠古時代就會揮著拳頭撲向彼此，劍客則自有文明以來就揮舞著他們的武器。我熱切地想知道自己會比較喜歡赤手空拳地搏鬥，還是用刀劍格鬥。

在布魯克林練拳擊

「那是場好比賽嗎？」

——重量級拳王詹姆斯．布拉多克（James J. Braddock）於一九三七年與喬．路易斯（Joe Louis）對打的第一回合被擊倒後再度恢復意識時所說的話。

我這個半途加入的人站在那些不斷對空氣揮拳的人當中，是戰士國度裡唯一的弱者。前手拳、後手拳、前手拳、前手拳，左、右、左，前進、後退、前進，直到身體的協調功能中斷。我猜想我看起來就像印度教的杜爾迦女神，用八條手臂揮向四面八方，擊中自己的可能性要高於擊中對手。接下來的時刻某些男性在服兵役時曾體驗過，另一些人則從描述美國大兵生活的電影裡見識過：那個渾身肌肉的教練搖身一變成為出操士官長，一、二、三、四，跳躍，伏地挺身……跳躍，伏地挺身，不准喊停，直到我們全都筋疲力盡。不，和一群人一起訓練拳擊不適合我，雖然對於這種健身訓練我沒什麼好抱怨的。

經由別人輾轉介紹，我認識了庫爾特，一位七十八歲的輕重量級拳擊手，在他的拳擊生涯結束五十年後，他仍然記得所有對手的名字和體型，記得他們的腹肌有多硬，也清楚記得比賽的結果。庫爾特活躍在拳擊台上的時間在他二十五、六歲時就已結束，但他的動作至今依然敏捷。在他打過的一百四十八場拳賽當中，他從未被擊倒在地，對於這一點他很自豪，每次在強調防守的特殊重要性時他都會再說一次，「拳擊就是防守。」這使我想起那部令人心情沉重的電影《登峰造擊》，電影中雖然提出了同樣的原則——「什麼是最高準則？防守，永遠是防守！」——劇情卻質疑防守究竟能否對抗邪惡。庫爾特吹毛求疵地要求拳頭要維持正確的保護姿勢，有些職業拳擊手草率的風格在他看來是不及格的。要先做好安全的防禦，然後才是出拳，他讓我在牆邊訓練出拳，免得手臂向外跑。（「從前我會這樣練習幾個鐘頭，直到我臉色發青。」）在接下來那幾週裡，只要我有一點空閒，我就沿著住處的牆邊緩緩移動，盡可能筆直地擊出右拳。正確的出拳不單是用肩膀使力，而要用力扭轉臀部。問題只在於我住的地方沒有多少空曠的牆面，所以我在行進中打了兩、三拳之後就必須停下來，繞過一個非洲面具或是一套海明威作品集，才能繼續對著空氣精準地出拳。

前手拳是用來引誘對方，後手拳則是執行者。左手用來轉移對方注意，右手重擊對方（就左腳在前、右腳在後的「正架」準備姿勢而言）。你一方面刺探對方，破壞對手的防守，以求另一方面在適當的時機擊中對方。庫爾特說拳擊唯一不健康之處是略微彎腰的身體姿勢，像隻猜疑的烏龜把頭縮回來，肩膀微微聳起。在每次攻擊之後，我應該要把下巴壓在前胸上，以便在對方回擊時保護自己，因為下巴下方的神經特別脆弱。

初學者不需要太多裝備。當我在庫爾特陪同下走進一家拳擊用品店，看見那琳瑯滿目的商品，他表示：「你們有這麼多東西，當然就得要賣掉。」我買了護手綳帶、拳擊手套和一條跳繩，買跳繩是為了在拳擊訓練場之外也能進行訓練。頭盔和護齒可以等到我要上場對打的時候再買，庫爾特語帶鼓勵地承諾我在三個月後可以上場。

每一種運動都有一些儀式。就拳擊而言便是纏上那三點五公尺長的護手綳帶，這被視為訓練時煩人的準備工作，我卻驚訝地發現它是種迷人的預備練習，有如靜坐冥想：把繃帶纏上、拉緊、纏上、綁好，直到手指關節得到足夠的穩定和保護。

第二次訓練時我們就已經站上拳擊台。庫爾特帶了一個有霓紅數字顯示的時鐘，讓我及早習慣每一回合的時間。時鐘在三分鐘過後就會尖銳地嗶嗶作響，等一分鐘的休息時間結束後又會再響一次，接著在三分鐘後再度響起。這本來是個好主意，可是我們沒有一次能持續練習三分鐘，因為庫爾特一再打斷我，他仔細入微地糾正我的姿勢和出拳，一邊喃喃地說：「小錯誤會造成嚴重的後果。」不久之後，我就自覺像是在替一個追求完美的雕塑家充當模特兒。

步法在拳擊中極為重要，這一點最晚在見識過綽號「颶風」的魯賓．卡特（Rubin Carter）或是旋風般的拳王穆罕默德．阿里之後就人盡皆知。腳步靈活能讓人在拳擊台上一路過關斬將。十九世紀末，非裔美國人鮑伯．艾倫（Bob Allen）在波士頓一個馬戲團擔任「躲球非洲人」，意思是他必須閃躲顧客朝他扔過去的球。這件屈辱的工作後來被證明為有效的訓練。身手靈巧的艾倫之後轉而投入職業拳擊，身為防禦高手而叱吒拳壇多年，幾乎沒有對手能擊中他。由於我最後一次玩躲避球是在三十五年前，在學跳舞時又經歷了此生最大的挫敗，庫爾特建議我每天練習跳繩以增加靈活度。可是我發現跳繩既無聊又費力，這對於自我超越是個致命的組合。

庫爾特稱我為「教授」，懷疑我對拳擊僅擁有知識上的興趣，似乎在等待我回歸自己的生活圈。我說拳擊和文學有相近之處，而他不太願意相信。我拿了美國重出的新版荷馬《伊里亞德》給他看，封面上是一張拳王阿里的照片，他俯視著被擊倒的對手，氣勢洶洶地握緊拳頭。為了讓庫爾特相信沒有另一種運動和文學更為相近，我略微誇大其詞，聲稱拳擊手若非有著充滿詩意的綽號（「幽靈之錘」吉米．懷德，「鐵巷鐵漢」雷蒙．柯爾曼[1]），不然就是口無遮攔，偶爾會吐出詩意盎然的話語。我提起拳擊台就像舞台，還有兩人對戰這種戲劇化的文學主題。我提醒他現代拳擊所用的「昆斯伯里規則」是以昆斯伯里侯爵來命名，他給了文學殘忍的一擊，當他去騷擾他兒子的情人王爾德，直到王爾德未經三思地提出侮辱罪控告，結果被判處兩年苦役[2]。我的這番努力沒有什麼成果，庫爾特閃避了我提出的每一個論點。可是下一次訓練時，他出乎意料地提起一件趣聞，那可能是運動中最怪誕的一項規定：參加奧運的拳擊手不准留鬍子，哪怕只是留了三天的鬍渣都不行！

雖然名人喜歡在重要比賽舉行時站在拳擊台旁讓人拍照，但是在拳擊賽中你確實能感受到來自貧民階層的傳統。在維也納我去的那家拳擊俱樂部裡，外來移民所占的比例相當高。受過高等教育的人很少，身上有刺青的人很多。俱樂部裡瀰漫著一種粗獷的氣氛，而你會漸漸習慣。大家說話硬碰硬（言語總是會屈服於一種運動的魅力之下），一如在早年拳擊比賽還是以赤手空拳進行。最強悍的拳擊手來自工人階層，例如在英國往往是來自威爾斯的礦工，他們藉由表演賽來賺點外快。那些拳擊賽很殘忍，即便是以那個年代的標準而言。根據其中一種常見的比賽形式，對戰雙方自腰部以下被埋在土裡，讓他們用拳頭修理對方，直到其中一人被打昏。有時在比賽中會出人命，有些獲勝者會因殺人罪而入獄。

然而儘管我在技術上有了進步，卻總覺得在訓練中缺少了什麼。過了好幾個星期我才想到那可能是什麼：觀眾。我覺得拳擊得透過觀眾才能找到自己。不是因為拳擊手需要觀眾的支持或是需要觀眾來助長英雄的名聲，而是作為本質上的一種元素。

1 吉米・懷德（Jimmy Wilde，1892-1969）英國拳擊手，世上首位蠅量級拳王，被視為史上最偉大的蠅量級拳擊手。
雷蒙・柯爾曼（Redmond Coleman）出身英國威爾斯勞工階層的拳擊手，台上台下均以強悍出名，是令人又敬又畏的人物。

2 昆斯伯里侯爵（Marquess of Queensberry，1844-1900）為蘇格蘭貴族，由於氣憤兒子與作家王爾德（Oscar Wilde）之間的同性戀關係，公開指責王爾德為「雞姦者」，遭王爾德控告毀謗。他反告王爾德妨害風化，最後王爾德遭法庭定罪。

由於興奮、激動、無情的觀眾，拳擊才成為刺激我們想像力的那種轟動場面。我比較能夠想像兩個擊劍者在一處僻靜的林間空地決鬥，但難以想像拳擊手會在那種地方對打。在電影中，訓練拳擊的場面往往像是劇場的排練。舞台正等待著獲得自己存在的意義。在一九四九年《出賣皮肉的人》（*The Set-up*）那部偉大電影中，攝影機以近距離從那一張張臉上掃過：一個憔悴的男子不停地喊著「殺了他！」一對小市民夫妻享受著這種對禁忌的觸犯，一個盲人在汲取那份能量……那些觀眾都與拳擊手同聲一氣：你們實踐了我們已自生活中逐出的那種古老的野蠻，我們則沉醉於其中。

在維也納上的那幾堂課是為了在紐約布魯克林的「格里森拳擊訓練館」受訓做準備。這裡的規矩不同：一個時鐘為所有的人敲響，當尖銳的鐘聲響起，一道紅光會隨之亮起，一切都停下來。這一分鐘的休息時間是用來說話的。在「格里森拳擊訓練館」的訓練很激烈，說話速度也很快。「The gift of the jab and the gift of the gab.」（快速出拳的天賦和能言善道的天賦。）各種級別的說話冠軍是大衛：饒舌歌手、拳擊手、憤怒的白人。「我在六〇年代尋找自己女性的一面，在八〇年代則對自己男性的一面感興趣。」大衛展現出帶著俏皮與自嘲的虛榮。他在四十四歲時成為職業拳擊手，據說是有史以來年紀最大的。他的第一場比賽在丹佛市舉行，他被一個結實的波多黎各人打得倒地不起。他拿到的酬勞是四百美元，而當時他在華爾街所賺的錢是幾百萬美元。他的司機駕駛著勞斯萊斯送他去做拳擊訓練。那是很久以前的事了。後來大衛由於逃稅而坐過兩年牢（「我有繳稅，只不過沒全繳」），他太太把他趕出家門，六年之後又收容了他。如今他以誠實的方式掙錢，訓練像我這樣的人打拳。

「大衛，你對防守有什麼看法？」

「防守是給那些窩囊廢用的。你必須走過去，朝那傢伙打下去，必須把他打趴，把他打垮。」

大衛擅長近距離攻擊，他最強的拳路是一記勾拳，曾試圖打斷對手的肋骨。他佩服麥克·泰森（Mike Tyson），討厭拳王阿里的優雅。他教我新的拳擊技術。後手直拳，擺拳擊向對手的太陽穴。太陽穴比下巴還要敏感。我們練習出拳組合。刺拳、左拳、勾拳。刺拳、上勾拳、勾拳。由各種拳路構成的花束。一束束快速出拳，八次勾拳，二十次左右開弓。迅速執行整整三分鐘，直到我腦袋發暈，覺得自己的一雙手臂就要掉下來。大衛只在注意到我技術上有特別的缺陷時才會打斷我。他專注於讓我的出拳變得更有力道：要從臀部使力。把腳向內轉動。不訓練出拳的時候，我們就練習跳舞般的動作。低頭閃躲，向後閃避（不要站直，要彎腰），跳向旁邊。要靈活，並且保持平衡。

他用來誇獎我的話只有兩種：「你出拳力道很足」和「你移動得很好」。

在休息時間大衛就說話，用言語挑釁我。通常是因為這給他帶來樂趣，有時則帶有運動上的企圖，為了激起我的鬥志。當他對我的出拳頻率不滿意，他就熱情洋溢地讚美唐納．川普。那起了作用：我用力擊打沙袋，直到下一次休息。

「可是大衛，川普根本就是個白痴！」

「他當然是個白痴。來做這種白痴工作再適合不過。」

大衛聲稱被擊中頭部能激發創意。也許程度有限。每次他忘了什麼，就會提起他的「腦部受損」，說時充滿憐愛，彷彿是在提起一隻跑來投靠他的寵物。「我右腦的腦波速度很慢。」很難說這話有幾分真實。他假裝他記不住我的名字，卻從沒忘記我上一堂課的學費還沒給他。

每一次訓練都以打一回合吊球結束。過了好幾個星期，我才能穩穩擊中那個跳來跳去的球。我旁邊一個拉丁美洲人以自從鼓王巴迪．瑞奇（Buddy Rich）以來最快的節奏出拳。要擊中彈簧式吊球很難，對著空氣出拳令人疲倦，那個小沙袋老是飛來飛去，而失敗更令人發怒。

一個鐘頭之後，我想對自己的筋疲力盡投降，但在「格里森拳擊訓練館」這是辦不到的。我總覺得訓練時一直有人看著我，而偶爾會有其他的教練誇獎我。大衛常常觀察其他人在做什麼，然後快速吐出斬釘截鐵的評語。牆壁上掛著中量級拳王傑克．拉莫塔（Jack LaMotta）、重量級拳王喬．弗雷澤（Joe Frazier）和羅伯特．杜蘭（Roberto Durán）的照片，他們全都在這裡訓練過。一九六四年，穆罕穆德．阿里在第三十街和第八大道的轉角，為了和索尼．里斯頓（Sonny Liston）對戰而準備，那是在「格里森拳擊訓練館」由於曼哈頓的租金高漲而搬到布魯克林之前。我通常是在下午一點左右訓練。這是所謂的職業拳手訓練時段。幾天之後我就用大家慣用的碰拳方式來跟現任以及前任的世界冠軍打招呼。在這裡，示弱不在考慮之列。在某些日子裡，我由於全身痠痛在家裡幾乎連動都沒法動，但是在健身房裡卻用大搖大擺的步伐和粗話來掩飾自己的弱點。

大衛把我介紹給他的教練，那個傳奇人物赫克特，他曾經調教過影星希拉蕊．史旺，為了她在《登峰造擊》中所飾演的角色。她在獲頒奧斯卡金像獎致詞時曾感謝過他。她並非特例。從四十年前起，白人也到「格里森拳擊訓練館」來訓練，而從二十年前起就也有女性前來。如今在一千名會員當中有三百名女性。她們很賣力地訓練，辛苦地贏得那些大男人主義者的尊敬。

凡是在這裡訓練的人，不管是有心或無意，都以次文化的資本進行交易。那些姿態、話語、手勢和軼聞趣事，那些精心排演的場面，或是用一隻眨動的眼睛和一隻流血的眼睛。當職業拳擊手在激烈的練習賽中試圖讓對手喪膽，把拳擊當成休閒運動的人則藉由每天和那些「殺手」（大衛這樣稱呼有分量的拳擊手）稱兄道弟而掙得所謂的街頭信譽。

大衛所寫的回憶錄標題是《白領拳擊手之王》[3]，屬於這類書籍當中最早的一本。他身處「紳士拳擊手」的傳統之中。在十八世紀末的英文教科書裡，挑明了紳士相對於貧民階層在體能上的劣勢乃是學習拳擊的動機：「……在受到下層民眾侮辱時用來自衛。」一直到一九八〇年代，紐約幾乎沒有一個出身良好市民階層的拳擊手。直到「格里森拳擊訓練館」的老闆布魯斯看出時代的潮流，開始爭取收入優渥的顧客。「格里森拳擊訓練館」是唯一一個讓職業拳擊手、業餘拳擊手和休閒拳擊手一起練習的場所，而這個訓練館如今是靠著白領拳擊手出錢贊助。

這個地方具有出奇的融合效果：白人和黑人，年長的男士和年輕的女士，窮人和富人，布波族（Bobos，意指帶有波希米亞風格的中產階級）和坐過牢的人。有大把時間的人，還有樂意花錢買時間的人。如果去看看那些經過徹底鍛鍊的黑色身體，再看看旁邊那些有如落地果實一般軟趴趴的身體，就好像這些人所炫耀的男子氣概正是另一些對自身男子氣概缺乏信心者的榜樣。

「你是個膽小鬼嗎？」大衛在第一回合之後問我。那是我們第一次對打練習賽。他提醒我不要打他的頭，說這是醫生禁止的。我們用強硬的勾拳擊中彼此的上半身，那種感覺很好。我在拳擊台上移動，我是世界之王。我可以出拳，可以收拳。「只有當你能夠收拳，你才是個有心腸的人。」每回合三分鐘，在三回合之後，我身上的每一條纖維都感受到拳擊的魅力。

在出口處布魯斯和大衛站在一起。「你知道嗎，」布魯斯對我說，「當時大多數的小伙子來這兒是想靠拳擊賺錢，只有大衛原本是有錢人，後來失去了一切。可是不管是百萬富翁還是窮光蛋，他始終都是同一個人。」

這番讚美讓大衛神采飛揚。有時候對他來說要努力扮演一條硬漢太累了。

---

3 David Lawrence, *The King of White-Collar Boxing*.。

頭上那一擊是那麼重
灰色的遮雨篷化作
一場暴風雪

他寫的詩就像他說的話。

「你根本不是極右派分子。」我打斷了他的滔滔不絕。

「怎麼說？」他有點失望地問。

「因為你心裡沒有恨。」

「你知道嗎，就一個可惡的歐洲自由主義分子來說，你並沒有那麼糟。你本來可以成為一個挺像樣的拳擊手。」

在維也納練擊劍

在擊劍當中，一個令人折服的念頭從我腦中閃過：假如我那短小精悍、膝蓋受損、四十多歲的教練碰上大仲馬小說裡的三劍客，他在彈指之間就會把欠缺紀律的他們打得七零八落。他只要精準地刺出幾劍，這場實力懸殊的決鬥就結束了。擊劍講求精準，像三劍客阿拉米斯、波多斯和阿多斯那樣把劍耍得團團轉是不恰當的。沒有人會預期外科醫師拿著手術刀揮來揮去。電影裡的軍刀揮舞往往是胡鬧，比較寫實的是一位劍術大師只用高明的一劍就令一個血氣方剛的年輕劍客繳械。不過，電影場面這樣編排有其必要，以便讓觀眾看出用未經訓練的眼睛看不出的高超劍術。因此，觀眾愛看鬥劍電影，擊劍比賽的電視轉播卻很少見，就像格拉墨、諾統、巴爾蒙克這幾把傳說中的寶劍一樣[4]。

一切都從正確的姿勢開始（首先要行禮，擊劍者的行禮給人的感覺就像延續著一項古老的制度），手肘向內收，手心向外，膝蓋微屈，身體保持平衡，準備好以刺姿向前一步，跨越和對手之間的距離。針對每一刺都有精確的規定，一如芭蕾舞中的姿勢。再微小的偏差都會立刻受到懲罰，對手的劍尖輕輕刺中我（受到護胸保護）的上

4 格拉墨是北歐神話中的寶劍名，在德國中古史詩《尼伯龍根之歌》中被改稱為巴爾蒙克，在華格納的歌劇《尼伯龍根的指環》中被稱為諾統。

半身。「而你就已經沒命了。」教練說。我一再暴露出自己防守上的漏洞。

在雙方的劍刃第一次相交時，我感覺到一股孩子氣的狂喜，雖然戴著那沉重的面具讓我感到不自在，很不習慣隔著鋼絲網來看世界。令我驚訝的是我需要克服一些心理障礙才能把劍刺出去，雖然明知道我不會傷到對手。在拳擊時揮出拳頭對我來說比較容易。那把重約八百公克的劍，讓我想起對榮譽斤斤計較的時代用來決鬥的武器。在劍刃中央仍然還有所謂的「血溝」。擊劍者（不分男女）看起來之所以出人意料地好鬥，主要是由於這件沉甸甸的武器。再加上我的教練安德瑞亞斯在言語中略微玩弄著這項運動血腥的來歷。不過他看不起德國大學生兄弟會的鬥毆，看不起他們的比劍決鬥，依他的看法，那和擊劍沒有什麼共同點。

擊劍的軍事起源塑造了擊劍的歷史。在十九世紀的德國，藉由體操來鍛鍊戰鬥力也促進了對擊劍的推廣，而在納粹執政時更為加強。納粹高官萊恩哈德・海德里希（Reinhard Heydrich）本身就是個優秀的軍刀擊劍者，他親自支持這項運動。安德瑞亞斯向我說起德國和奧地利之間的一場國際比賽，奧地利擊劍選手在這場比賽中獲勝，而此一勝利卻釀成悲劇性的後果：為了懲罰他們的「放肆」，他們在戰爭爆發後全都被派去東方戰線作戰。

我們練習時只用銳劍（亦稱為「重劍」），這是最多人從事的項目。安德瑞亞斯說鈍劍（亦稱為「花劍」）非常複雜，只有少數受過高度栽培的專業擊劍者會去從事。鈍劍擊劍者則熱情地說起鈍劍的優雅，要比用來粗魯打鬥的銳劍更為優雅，動作也更為快速、靈活。而軍刀所發出的響聲雖然很美妙，但由於武器較輕並且允許使用「劈」的動作而更為快速，就初學者而言比較難學。

和對手之間的距離係藉由劍尖相交來確定。如果對方伸直手臂，你能夠擊中他的手，除此之外，你多半瞄準對方的上半身（還有一個刺向腳的陰險招式，總是讓我遭到偷襲）。「護手盤」很重要，用來保護自己的手並且把對手的劍壓開。擊劍由練熟的動作流程構成，比賽時要以迅速的反應將這些動作加以組合，沒有時間讓你做出經過深思熟慮的反應。每一個招式都有一個法文名稱，因為在一五七〇年一個名叫亨利・聖迪迪埃（Henri de Saint-Didier）的法國人，創造了至今大多仍被沿用的專業術語。我學到「Battuta」（壓劍還擊）係以手指的一個靈巧動作擊開對手劍刃的前三分之一，並且立刻貼著被引開的劍刃刺出去。「Cavation」（畫圓防守）係以轉圈的方式閃避對手的武器。挑戰在於做動作時要盡可能地緊挨著而且快速，使對手無法再擋開。

防禦很重要，但防禦本身稱不上戰略。「如果只想著要保護自己，就永遠也贏不了一場比賽。」安德瑞亞斯表示。你應該要時時留意在招架之後立刻回擊的機會，在反擊時利用對方由於攻擊而出現的防禦漏洞。

「擊劍是用雙腿下棋，」安德瑞亞斯說，並且用和他的撥擋還擊一樣精準的評注來加以證明。沒有別種運動在訓練時會如此頻繁地為了有關攻守的智慧以及對虛實的領悟而被打斷。安德瑞亞斯說：「擊劍是在說故事。」我不知道他是否為了取悅我才做了這個比喻，還是他本來就常用這個比喻。「真真假假的故事。」如果此言不虛，那麼「虛晃一招」（我們語言中另一個源自擊劍的用語）就是最重要的敘述手法。例如伸直的手臂會伴做攻擊，以挑起對手進行防禦，你則按照計畫閃開對方的防守，接著刺向對手暴露出來的破綻。特別不可靠的敘述者會使用「雙重虛招」或是「多重虛招」。

擊劍比賽是種認知練習。你必須找出對手的長處和短處，找出他個人的特點。你稍加刺探，好讓他露出本色。由於在鋭劍擊劍時，整個身體都算可擊中的部位，因此策略就尤其重要。一個人的性格在擊劍對戰中表露無遺，你只需要仔細觀察你的對手。安德瑞亞斯對我的分析是喜歡攻擊和冒險：「這是個勇敢的對手，他無所畏懼，甚至極為大膽，我喜歡這樣，這樣很好，在極為大膽和勇敢之間有著差別。在擊劍時碰上一個謹慎的對手會比較麻煩。」我每次都對著明擺在那兒的劍衝過去。可是我能怎麼做呢——一個人的天性是很難改變的。

在德黑蘭練摔角

> 第十三式：如果對方想用雙臂來襲擊你把你摔倒，你要維持住平衡，用雙臂把對方推開。如果接著他把你推開，你就用右手抓住他右耳邊的頸子往下扳，〔……〕並且提防他用腿絆倒你，同時留意不要鬆開他的頭。
>
> ——德國藝術大師杜勒《德國中古時期的摔角術》[5]

古老的摔角術讓人悟出的道理是，一個人可以出於熱情之外的原因而緊緊摟住另一個人。摔角是最親密的一種較量形式，而我在準備階段的最大疑慮在於，我要如何

5 杜勒（Albrecht Dürer，1471-1528）為德國文藝復興時期著名畫家、雕塑家及藝術理論家，曾接受神聖羅馬帝國皇帝委託撰寫一本關於擊劍的書。杜勒把擊劍和摔角合寫成一本書，在一百二十幅圖解旁加註了文字說明。

忍受一個汗涔涔的陌生人接近我。

「國際奧委會」做出過許多奇怪的決定，而最令人費解的一項決定就是計畫自二〇二〇年起，把摔角項目自奧運會中刪除。摔角在世界各地都留下了文明的痕跡，在埃及古王國貝尼哈桑陵墓的巴切特墓群壁畫中（共有兩百二十種不同的扭鬥姿勢）、在亞洲史詩與非洲神話中、在古希臘花瓶上永垂不朽。古希臘哲學家柏拉圖、數學家畢達哥拉斯和詩人提謨克勒翁都是摔角選手。柏拉圖甚至兩度在「伊斯特米亞競技大會」中獲勝。古希臘作家尤里比底斯也曾身為摔角選手而取得桂冠。根據古希臘人的想像，人類歷史的進展係決定於宙斯在天神爭奪世界統治權時，把泰坦巨神克羅諾斯壓倒在地。古代創設比賽的一個原因就在於紀念這第一場摔角比賽影響深遠的結局。然而這項自古受人敬重的運動成了傳統與利潤（也被稱為「借方」與「貸方」）之複式記帳的犧牲品。由於伊朗摔角選手與美國摔角選手罕見地聯合帶領各國強烈抗議，才使「國際奧委會」考慮暫緩執行刪除摔角項目的決定。

可惜摔角在德奧地區不是一項大眾運動，單是要購買摔角運動服就是一項挑戰。在維也納只有一家商店有存貨，而且給成年人穿的只有一種尺碼。「我們賣的摔角運動服有九成是給兒童穿的。」對方在電話裡告訴我。成年人大概很少想到要從事摔角。

幸好那個中等尺碼我能穿。包裝裡有一藍一紅兩件緊身衣。「我還需要買些什麼別的東西嗎？」我在店裡問。售貨小姐露出意味深長的笑容說：「護耳！有些人來我們店裡的時候耳朵都被扯裂了。」那個護耳的模樣笨拙而醜陋。售貨小姐察覺了我的猶豫。「如果你耳朵受傷的話，一定要讓水流出來。」我不太明白她的意思，但立刻買了一對護耳（後來我一次也沒戴過）。此外還有我得勉強把腳擠進去的鞋子，雖然平常穿四十四號鞋的我拿的是四十五號鞋。店員指導我：「鞋子必須要緊。」摔角選手痛苦地把腳塞進鞋子裡，因為腳在鞋子裡不能有一絲滑動，摔角所穿的鞋子就是要緊得令你作痛。於是我帶著緊身衣和過緊的鞋子飛往德黑蘭。

摔角在伊朗被稱為「Kushti」，在伊朗受歡迎的程度就有如足球在德國。我在德黑蘭的第一天是在市郊一個名為「自由」的體育園區裡度過，以觀賞選拔國家隊的淘汰賽，那個體育園區是在國王時代建造的。一名工作人員自豪地對我說，幾星期前，在最大的場館中與八千名觀眾的參與下，由兩千多名摔角手在十五個摔角墊上創下了一項世界紀錄。我在尚未聽到翻譯之前就微感訝異地聽見了「金氏紀錄」這個字眼。我的教練阿米爾曾是世界頂尖的摔角高手，如今是青年好手的教練，他親切地向我打過招呼之後就帶我到貴賓席去，我可以從一個位在中央的瞭望台上觀看在那些摔角墊上的賽況。當播音員宣布有一位來自德國的貴賓在場，並且唸出我的名字時，觀眾向我投來好奇的目光。當這段播音在幾分鐘後又重複了一次，我開始擔心他們會要我這個行家當中的門外漢去致詞或對談。男性的目光也投向莎敏，一位迷人的女記者兼翻譯，她坐在我旁邊，雖然女性本來不准進入摔角會場，這是個古老的傳統，而且不僅是在伊朗（在古代奧運比賽中，摔角選手光著身子，已婚婦女禁止觀看，違者會被處以死刑）。莎敏非常興奮，只有一生中頭一次體驗到一向被禁止之事的人才會如此興奮。雖然她聲稱自己對摔角一無所知，她卻幾乎不敢相信自己居然有幸坐在拉蘇爾・哈德姆（Rasoul Khadem）後面，他是一九九六年奧運自由式摔角的冠軍，在伊朗是個國民英雄。莎敏告訴我，哈德姆從小就是跛腳，必須要習慣別讓右膝負擔太重，並且學會了彌補這個缺陷。儘管他的身體有此障礙，卻仍舊獲得勝利。所有來向我們自我介紹的男子都有被打扁的耳殼，彷彿曾經遭人用榔頭給修理過似的，在每個人耳朵上敲出的形狀略有不同。藉此很快就能看出誰曾經從事過這項運動。「他們不用護耳嗎？」我問阿米爾，他偶爾會過來我們這兒，然後又去加入其他的教練。「不值得，」他說，「反正耳朵遲早都會受損，耳骨愈早折斷愈好，這樣就不必再去煩惱。再說這也不會影響健康。」

一個前摔角選手看出了我的姓氏來自哪裡，向我說起在保加利亞塞夫利耶沃的一場比賽，當時他贏得銀牌。我問他誰贏得金牌，他說：「是個保加利亞人。」我就加了一句：「這證明了保加利亞人要比伊朗人強壯。」但這個笑話沒有收到效果。

由於我看不出技術上的種種訣竅（畢竟「德國摔角協會」的正式手冊上記錄著八十九種「立摔」技巧和四十七種「撐摔」技巧），就把注意力放在那些戲劇化的姿態上：看見落敗者的失望，他們蜷縮著坐在那裡，雙手抱住頭，或是在地板上躺平，名符其實地被擊倒在地。主辦單位用一杯難喝的雀巢咖啡來招待我們，這是一種特別的敬意，因為他們認為這會令我開心，雖然我寧願喝大家都喝的茶。比賽繼續進行了好幾個鐘頭。那些年輕男子把身體重心盡可能往下移，繞著對手移動，閃電般地出手。一個高大的小伙子來自伊朗北方的摔角重鎮瑪贊達蘭，在各方面都鶴立雞群，主要是由於他那種具有催眠力量的沉穩。他似乎掌控了摔角墊的中心，即使是在他被擠到旁邊去的時候也一樣，他以令人生畏的冷靜等待適當的時機。他撲向對手的動作是那麼流暢、迅速，有如慢動作般清晰。這群摔角新秀展現出這項運動能夠多麼充滿活力、令人興奮，完全沒有出現我在一場電視轉播上看見的那種長達數分鐘的試探和窺伺。一如其他項目的格鬥比賽，偏偏是頂尖高手之間的較量最為無趣。

我去接受訓練的場所是個經過擴建、加了頂棚的內院，有點冷，但很寬敞。入口旁掛著什葉派聖人伊瑪目阿里以及傳奇摔角選手吳拉姆禮薩．塔赫季（Gholamreza Takhti）的照片，他因為禮讓的行為而備受尊重。據我教練說，塔赫季曾在一場重要比賽中故意輸掉決賽，因為他知道對手急需要那筆獎金。那是一個露出友善笑容的男子被理想化的照片，雖然莎敏告訴我他本人其實又矮又醜。莎敏被特准以翻譯的身分陪我進入這個展現男子氣概而汗水淋漓的世界。接下來那幾天裡，非自願的滑稽場景一再出現，當我躺在地上不知所措，被我的訓練夥伴緊緊摟住，而她蹲在我們旁邊，對著我嗡嗡作響的耳朵用英文說出我所需要的說明。如果在場上練習的那些男子對於有女性在場而感到惱怒，他們一點也沒有流露出來。在伊朗，人際之間的往來係建立在一種極其講究的禮貌上。

在接下來那十天裡，我不僅要記住複雜的新技巧，還得要記住複雜的新名詞（用波斯文）。透過一種陌生的語言來學習另一種語言也許不是理想的作法，不過在摔角運動上，有些東西你可以用雙手和雙腳來說明。摔角的兩種基本方式在德國被稱為「古典式」和「自由式」，在伊朗則稱為「Azad」和「Farangi」（這是用來稱呼歐洲人的字眼，在南亞也通用，源自「Franken」，意為法蘭克人）。亦即依照摔角者的人種來命名。這兩種方式之間的差別在於攻擊時能否用上雙腿。我們決定訓練可以使用全身的「自由式摔角」。

教練很快地介紹了一下基本姿勢，我就和對手展開接觸。我們一抓住彼此，我就感覺到他的力量，無法想像自己能使他失去平衡。每一摔都由手抓、轉身及腿部動作構成，示範要比描述來得容易。做「Barandaz」時我要用雙臂抓住對手，把他舉起來摔在地上。做「Fan Kamar」時雙臂交纏，頭往下低，抓住對手的臀部，把重心移到外面那條腿上，把他往旁邊摔。做「Kulandaz」時我要把對手扔過肩膀，抓住他的下臂，把我的頭像個攻城槌一樣低下來，把對手的手臂往下壓，使得他也必須低頭，讓我能用膝蓋圈住他的腿。做「Zir Yek Kham」時，我必須把前膝擺在對手的足踝旁邊，用肩膀把他的後腿推回去。

在喝水休息時，阿米爾告訴我從前他在訓練當中不准喝水，不管訓練的時間有多長，因為他的教練認為喝水對胃不好。從前的運動員當中有些人的健康因此受損。如今的作法則正好相反，大家知道身體脫水有多麼危險。一切智慧都是相對的，阿米爾常常點頭，彷彿想讓這份領悟慢慢滲透。

沒多久我就掌握不了狀況了。當我晚上筋疲力盡地躺在旅館房間的床上（摔角非常費力，因為你是在全然緊繃的情況下用全身肌肉去抵住對手的身體重量，以我的對手而言是九十公斤），各種技巧全都混在一起變得模糊，對手的臀部、由上而下壓住的手、抵住肩膀的頭、抵住肩膀的肩膀、抵住頭部的頭、壓在肩上的手、抵住身體的身體。我閉著眼睛用右手拉扯對手的手臂，用左手把對手的脖子拉向前，拉過我身邊。我聽見阿米爾唯一會說的幾個英文字「one, two, three, four, five」，還有他學會的幾句俄文中他最喜歡的一個字：「Kolova」（頭）——我蹲跪下來，抓住對手的腿，夾緊，站起來，同時用右手把他的另一個膝蓋拐倒。摔角是槓桿作用的形象化說明。在適當的時刻壓住對方的膝蓋，甚至不需要太用力，就能讓我面前這個伊朗壯漢撲倒在墊子上。我又一次深深佩服物理學的不二真理。

阿米爾表示摔角就像下棋。有許多種運動都自比為下棋，我沒有去數一共有幾種。一切都取決於對手之前所走的一步，一切都有關聯，那些動作就像齒輪一樣彼此相嵌。有時你會故意倒在對手身上以消除他的威脅，然後再進行反擊。

阿米爾要求我伸手穿過對手腋下，而對方當然會試圖阻止。這是個不尋常的練習，你必須輪流用兩條手臂迅速從對方貼著身體的手臂下穿過去。幾分鐘之後我就筋疲力盡。「這是超級重量訓練。」阿米爾滿意地說。

我雖然把和我一起練習的那個年輕人稱為對手，但他更像是我的夥伴。他對我的關心令人感動。當他撲在我身上，他會用與他的身材看似矛盾的輕柔聲音問我有沒有不舒服。儘管我們本來應該是在對抗，卻產生了一種近乎溫柔的兄弟情誼。沒有另一種運動會讓你與對手如此接近。感覺上我們就像是「汗水交融」。在摔角時，你不能對肉體的用力糾纏感到噁心。醫師、護理師和摔角手對於任何與身體有關的東西都不陌生。這一點不僅能從那些運動員身上看出來，也能從美國小說家兼摔角好手約翰・厄文（John Irving）的作品中看出來：許多年前我曾經在英國威爾斯的「黑鎮文學藝術節」上見過他本人，他當時六十歲，有著五十歲的身體，穿著二十歲的人穿的衣服，一件青綠色的萊卡布料緊身運動服。他朗誦了他小說中的一段，描述一個赤裸的跳傘女子掉進一個豬窩裡的泥坑。他以婦科醫學般的點描畫法來描述那具在汙泥中的女性身體。我尋思一個從事擊劍的作家有沒有可能想像出這種場面，更別提以這等興致鉅細靡遺地加以描述。

第一步在於把對手摔倒（「把他像條鞭子一樣扔出去」），第二步也是比較困難的一步，用肩膀把對手壓在地上，儘管對方會抵抗。阿米爾說：「把你的全身重量壓在對手身上，像座帳篷。」我說：「像座倒塌的房屋。」我們都笑了。「撐摔」我們練習得很少，因為就阿米爾的說法，撐摔不僅需要用到另一種策略（例如著名的「橋式」，那是種緊急自衛措施，優秀的摔角手絕對不會自願採用），而且也比較危險，尤其是對後頸和背部。在摔角中容易受傷的部位不僅是背部，還有膝蓋、鼻子和顴骨。在練習某幾種摔法時會使用一個填充人偶，伊朗文稱為「Adamak」，比較容易抬起來，而且不像人類那麼脆弱。要想進入伊朗國家隊，你必須在一分鐘內接連把對手摔到背後五十次，這是項有如雜技運動般的挑戰，幾乎像是後空翻。體操能力很重要。有些運動員會用倒立、後空翻和地板體操項目的其他基本動作來暖身。

當我在一個軟弱時刻拿自己的年齡來當藉口，阿米爾跟我說了一個故事，令我驚訝地想起《暗黑冠軍路》這部電影。一個百萬富翁花了三十萬歐元，在屬於他的購物中心裡建造了自己的摔角訓練場，請了一位私人教練在那裡做密集訓練。訓練了一年之後，這個百萬富翁在希臘舉辦的高齡組世界錦標賽中獲得第三名。

在德黑蘭的那幾天我感到非常自在愉快，是我一生中罕見的。原因主要在於摔角手彼此之間的尊重以及他們對我的尊重，這份尊重也許源自對一項被熱情傳承的傳統的敬意。摔角手奉行著一種比當前之意識型態更古老的習俗。如今只差把這種兄弟情誼也擴大到姊妹情誼上。我認為這只是時間問題，這個國家儘管是神權政體，卻比回教世界中的多數國家都更世俗化，也比其他國家更具有文明上的深度，我相信把女性排除在外的這個缺陷也將被消除。

在東京練柔道

若對手預期山，則以海攻之，
若對手預期海，則以山攻之。

——宮本武藏（1584-1645，日本江戶時期的劍術家及兵法家）

一切都從摔倒開始，而且是自己的摔倒，只有懂得摔倒的人才能夠讓別人摔倒。身體翻滾，頭部微微抬起，免得撞到地板，雙腿張開，一條手臂用力拍在墊子上，聲音大到就連下意識都能聽見。

誰要是想讓另一人摔跤，必須要把此人攔住。一隻手永遠不鬆開對手，緊緊抓住他的衣袖或衣領。

我學習「受身」（保護身體的跌倒方式）：

以跪姿摔倒。
以站姿摔倒。
在靜止狀態摔倒。
在動作中摔倒。
向前摔，向後摔，向兩側摔。
在前進中摔倒，在後退中摔倒。
又一次摔倒，再度摔倒，摔得更好一點。
單獨摔倒。兩人一起摔倒。
在預告之後摔倒。
出奇不意地摔倒。

「一切都從摔倒開始」，這句話與事實並不完全相符。在那之前我還要先學習正確地坐下：左腿彎進來，然後是右腿，最後把臀部擱在腳跟上，雙手放在大腿上。這也是茶道儀式中的坐姿和能劇舞台上的坐姿。在坐下之前，進入道場，尚未踏上榻榻米之前先鞠躬；坐著時向柔道創始人嘉納治五郎（一八六〇至一九三八）的肖像鞠躬，向老師鞠躬（我的女老師名叫麻由子），也要向練習對打的夥伴鞠躬。這種被稱為「禮」的恭敬不僅是禮貌的感謝，還表達出想讓身心都更為強壯的意圖，自願為改善社會做出貢獻。

在日本學習柔道的人從一開始就用心於此一革新運動的道德準則。其道德原則是：自他共榮——互相幫助，使雙方都好。幾星期後，我在維也納一個屬於勞工階層的城區裡訓練時，一個強悍的小伙子把我的手臂扭得太厲害，使我不太確定「自他共榮」這個原則是否在世界各地同樣適用。「道場」（練習「道」的地方）係佛教用語，是找到自我的地方。在某些道場的正面也立著神道的神龕。這兩種宗教的混合是一種在日本常見的宗教融合。我們從「禪坐」練習開始，在二十秒鐘的時間裡從東京那種大城市的忙碌裡暫時蒸發。

練柔道時要揪住對方的衣領。你試圖用雙手抓住對方的白色柔道服（被稱為柔道衣，但是大家都簡稱為「衣」）。重點在於怎麼去抓，才能控制住對方：扭轉對手服裝的布料、盡量勒緊，目的在於限制對方活動的自由。由於抓住對手就已經造成根本的優勢，柔道好手會努力讓對方的雙手根本碰不到自己。這就是為什麼水準最高的柔道比賽往往無啥可觀。那份謹慎使得令人讚嘆的摔倒動作無從發生。柔道選手會擋開對手試圖抓住自己衣服的任何嘗試。

老師教給我的第一種「投技」成了我最喜歡用的一種：「大外割」，單是聽起來就很厲害。我踏出一步，右腿在對手身旁，把他從側面拉向我，使他失去平衡，再用左腿像擺錘一樣由高處向下掃，把他用來支撐身體重心的那條腿掃開。我不知道那是巧合呢，還是老師有預感這種技巧最適合我，但我從此樂此不疲地成功執行這個「大外割」。可是要做「大內割」我就遠遠沒有那麼成功，這時我要把對手的腿由內向外「割」，把對手往旁邊摔。

柔道訓練有兩種預備練習，在沒有外力作用的情況下練習摔的技巧。「單獨練習」是獨自練習，就像打太極拳一樣專注於動作流程的和諧，例如掃腿的動作。「基本打擊」則是和一個夥伴一起練習，但沒有把對方摔倒，重點在於執行動作的準確度。其餘的訓練由兩類練習構成，一類是練習夥伴讓自己被對手摔倒，在另一類中他則設法避免自己被摔倒。這是權力與抵抗之間的兩種極端關係。做「投摔練習」時，練習夥伴是個順從的屬下，不加反抗也不加協助地任由一切發生。練習「亂取」（實戰練習）時，情況就正好相反。扮演被動一方的「受方」可以任意抵抗，扮演主動的「取方」

則試圖運用各種技巧。不過這個印象也有點騙人，因為「亂取」也不在於勝負。兩位柔道手以相抗的能量形成一個完整的步法動作。就這樣，在幾年的時間裡逐一練熟嘉納治五郎嚴格的教學體系中所規定的六十七種投技、七種抑技、十二種絞技和十種關節技。投技最為重要，因為打和踢是被禁止的。

我運氣很好，奧地利國家代表隊當時正好在東京停留，而其中一名女性選手希蒂．德瑞斯勒（Hilde Drexler）是個稀有人物：一個也從事寫作的頂尖運動員。她既參加過奧運比賽，也參加過詩文朗誦比賽，一種罕見的雙項組合。我們約好在「講道館」練習，係由嘉納治五郎於一八八二年所創設的柔道中心，自一九五八年起就被安置在東京文京區。以此地為中心，監督著柔道的純淨戒律。位在八樓的訓練場很大，一個回字型的看台在天花板下方延伸。地上鋪著有好幾座籃球場那麼大的墊子，上面散布著幾百名男子，其中有幾位出奇硬朗的長者和幾個外國人，但只有一位女性：希蒂，和唯一一個真正的初學者：我。所有的人都先大聲練習「受身」。我把自己已經學過的那一點技巧秀給希蒂看。她向我說明柔道的翻滾練習。我用腦袋頂立——像隻鼴鼠翻筋斗。她教我「固技」（將對手摔倒之後在地面制服對方的動作）的要領。扁平地以全身重量壓住對手，讓對手沒有機會掙脫，用雙腿靈巧地解除對方的反抗。我試著把這些建議轉換為行動，而我頓時意識到自己壓在一位女性身上，立刻以為有幾個柔道手正把目光投向我們。但是日本人太有禮貌，不會用指責的目光盯著我們看。就連已有黑帶段數的希蒂在這座神聖的殿堂裡都微微有點缺乏自信，一再確認我們在大堂的邊緣有沒有做錯什麼，這情景很動人。有一次當我坐在地上把雙腳向前伸，像個在沙坑裡的小孩，一位老先生指示我坐姿要正確。在「講道館」裡必須嚴格遵守規定。

休息時希蒂跟我說練習柔道時不能用太多頭腦，還說這是她的一個弱點。當她進入忘我的「心流」狀態，她會仰賴已經內化的流程，無意識地做出動作。然後在有些時刻她會不知道自己是摔了對手還是被對手摔了。我則不知道我是摔倒了還是摔出了興趣。

下一次上課時，我的女老師帶來一本素描簿和一支粗粗的黑色簽字筆，比較適合用來寫龍飛鳳舞的漢字而非英文，她用兩種文字把最重要的術語寫下來。當我在家裡端詳這些頁面，有些圖形看起來就像在模仿那些摔的動作。

我和三個男子練習，友資、大伊和勝間。在近身搏鬥時，你能在很短的時間內就對練習夥伴的性格略知一二。經驗比較豐富的大伊不需要再向任何人證明什麼。他要我放鬆，當我過於執著的時候，他會說「亂取」不是扭打，不是格鬥，沒有贏家，也沒有輸家。當我手指受傷，讓友資的衣領沾了血。他沒說什麼，直到我自己注意到。我說了很多話向他道歉，但是他要我放心，說那不是什麼問題，只不過我手指上的傷口得馬上用OK繃包起來。他給人的印象是他時間多得很，雖然在那之後他匆匆趕去咖啡廳，身為大學生的他在那裡打工。

兩天後，希蒂看到我包紮起來的無名指，她很高興地說這是我成為柔道手的第一個標記。這令我心中充滿自豪，感覺上有點自鳴得意。

在大學裡，那些大學生用幾個柔道翻滾來暖身。我勇敢地朝著地板摔下去，但願不要一開始就暴露出自己的弱點。做了第三次翻滾之後，我開始頭暈，撞上了一片百葉簾。接下來的動作令我完全癱瘓：從柔道翻滾接著做劈腿，從劈腿接著做倒立。他們倒立著沿著整座場館走來走去。這一幕令我驚嘆，我則自動暫停。

練習「亂取」時他們派了一個大學生來當我的夥伴，他的身材和我相當，力氣則比我大得多。他由著我用雙手抓住他，但是不管我怎麼努力用我熟悉的那四種技巧想把他摔倒，他都一直把雙腿穩穩地扎在墊子上，不讓我使他失去平衡。如同一句日本俗諺：根深的樹很難連根拔起（至少應該要有這句俗諺）。

稍晚抵達的教練用毫無口音的德文向我打招呼，我以為他會說德文，立刻劈哩啪啦地說了一大串，讓他無法招架。他從口袋裡掏出飾有德國國旗的皮夾，但遺憾的是除了幾句簡單的客套話之外我們無法交談。他是個胖嘟嘟的男子，年齡和我相當，模樣比較像個廚具代理商，親切隨和地站在墊子邊緣。可是當他向那群大學生示範一種技巧時，他就化身為一道閃電，用肉眼幾乎無法看清楚他的動作。

訓練結束之前，那些大學生請我向他們談談我的寫作計畫以及我對柔道的看法。在為了寫作此書而蒐集資料的過程中，這是我第一次、也是唯一一次接到這種邀請。我們蹲坐在自己的腳跟上，我做報告，他們沉默地聆聽，不願意用提問大膽地走出掩體，就跟我在日本所做的另外幾場演講中的大學生一樣。不過看起來他們聆聽得十分專注。

回到維也納，希蒂邀我去一家名稱古怪的柔道訓練館練習，名叫「武士咖啡館」，教練是傳奇人物胡伯特，學生都喊他胡伯。他今年六十歲，來自上奧地利邦，他經驗豐富，個性熱情，顯然偶爾會扯他學生的耳朵（當然是用其引申義，意為責備），至少這個說法是他教我的，在他用日文講起詞尾變化驚人清楚的各種柔道技巧之前。胡伯特能夠簡單明瞭地說明複雜的關聯，傳授柔道的文法。他向我說明許多種投技都建立在一個基本投技之上，逐一解釋其變化。按照他的說明，柔道是一種有著邏輯因果關係的語言，包括幾個不規則的變化，他興味盎然地向我講解這些變化：如何站立，預期對手會有掃腿的動作，而讓對方掃空，因為你以一個快速的小動作把腳縮回來，再以弧形迅速伸出，讓對方站立不穩。有一次他示範給我看，如何以幾近未卜先知的快速腿部動作把一具壓住他的身體（在這次示範中是我的身體）鎖住，但只花很少的力氣。不管我怎麼嘗試，我都逃不出他用一雙腿構成的囚籠。在兩小時的訓練之後我筋疲力盡。就跟摔角一樣，柔道也比外行人所以為的要費力得多。我的左肩上部和右腳的小腳趾都在作痛，然而在那當中也獲得了許多新的樂趣。我有希望拿到我的第一條腰帶。

在蘇黎世練跆拳道

跆拳道的意思是「腳」──「拳頭」──「道」。由於我無法把腳高高舉向天空，於是我專注於「道」，專注於跆拳道的基本精神：禮儀、廉恥、忍耐、克己、百折不屈。這些原則掛在蘇黎世一間道場的牆上，以韓文和德文寫成，作為書寫出來的榜樣。在入口要脫鞋、洗腳，在踏進訓練場之前要先鞠躬，就跟練習柔道時一樣。我的教練帕斯卡年紀和我相當，體態挺直得令人欽佩，他說：「鞠躬並非表示屈服，而是表示尊重，尊重傳統、尊重形式，同時也表示願意完全獻身於此道。」

如今的跆拳道是在一九五五年才由韓國的崔泓熙將軍正式加以定名，但建立在有兩千年歷史的古老武術上，尤其是「踢」的技術。掌擊和臂擊有部分係受到日本空手道的影響，這是一九〇五年至一九四五年間韓國被日本占領的結果。跆拳道的創始人投身於獨立運動，吸收了他們所憎恨之敵人的文化技藝。

帕斯卡一開始就向我說明，「格鬥運動」這個名稱會誤導一般人，跆拳道其實更像是人的態度與動作的一種形式學。對另一個人使用暴力只是最後的手段，其實應該要加以避免。就這一點而言，奧運中的跆拳道只涉及「競技」，亦即戰鬥的全面接觸，這其中有種無解的特殊嘲諷。也就是說，在奧運中只看得見這項運動的一個面向，而且還不是其中心面向。這雖然是可以理解的——內在與外在的姿態很難衡量——但還是令人遺憾，因為這項運動的豐富文化內涵無法從中展現出來。

我們從「基礎訓練」開始，先介紹不需要對手而是對著鏡子練習的技巧（鏡子更不留情）。拳擊由肩膀使力，在快碰到想像中的擊中點時轉動下臂，就跟空手道一樣。對我最不構成困難的是「氣合」（簡稱為「氣」），伴隨著每一擊或每一踢的喊叫。那個聲音必須要從腹部深處爆發出來，細聲細氣的叫聲就不適當。帕斯卡對我的原始呼喊非常滿意，至少在這一點上我勝過了大多數的初學者。在腿法上有驚人多樣的變化——有前踢、後踢、側踢，用腳掌或腳背，由內向外踢，或是由外向內踢——在理論上很迷人，實際上對我來說卻無法企及，因為令我遺憾的是我連把腿舉高九十度都做不到，而帕斯卡卻幾乎能站著劈腿。沒多久，臀部就開始作痛。帕斯卡說我的不靈活是正常的，我們的臀部由於長年久坐而變得僵硬。有一些專門的伸展練習，我應該要每天做。目標是將那種平滑流暢且速度驚人的動作，以一種我不熟悉的舞蹈呈現。當天稍晚我得以看見一組進階學員做出這些動作，看起來就彷彿他們在鋪著墊子的地板上飄浮，轉身動作有如芭蕾舞中的趾尖旋轉。「運動就像下棋」是我和眾家教練談話中最常出現的比喻，而位居第二位的比喻就是芭蕾舞。

為了要抵擋對手的拳打腳踢，跆拳道有著十分豐富的阻擋技巧。身體被分為幾個部分：頭與頸、上半身與下半身，而攻擊下半身是不被允許的。擊中胸部和腹部的得分沒有擊中頭部來得多，因為要擊中頭部比較困難。阻擋時用的是膝蓋、下臂或掌緣。

首先要自我防衛，尤其是要保護自己的頭部，然後才展開反擊。好鬥本來是不被允許的。當我在一份考試文件上看見對「正當防衛」的定義，不禁讓我回想起自己在大學裡讀法律的時光。不過，在比賽中選手若是「逃避戰鬥」或是表現得過於被動就會遭到警告，這又是跆拳道比賽的另一個矛盾之處。

「品勢」是進一步的練習，把技巧和步法串在一起練熟，仍然是和想像中的對手練習。在團體練習中（我在道場的那些日子裡有一天曾見識過），一位年輕女教練喊出要練習的拳法或腳法的韓文名稱，而學員就做出動作。在直接比較下，就連像我這樣的初學者都能看出精準度上的差異以及動作中的美學魅力。「品勢」的目標在於把順序、行動與反應加以內化。帕斯卡說：「如果你還得要思考，那你就已經輸了。」重點在於用經過訓練的直覺看出對手的弱點，本能地發展出針對對手攻擊計畫的預警系統，自動地找出正確的回應方式。

「擊破」是傳統跆拳道不可缺少的核心部分。我原本以為擊破木板或磚瓦是一種功夫馬戲表演，但是帕斯卡糾正了我的看法。要用最高的速度進行那一擊需要極高的專注力與決斷力，就此而言，自身的本領面臨著考驗。他說：「哪怕你只有一絲懷疑，你的手或腳在快要撞擊之前就會慢下來。那你才真的會把自己弄痛。」最初的想法大概是在展現拳打和腳踢的力道。從動作的優雅和靈活中不太能看出那背後集結的力量。儘管有頭盔，在對手抓準時機的一踢之後你還是會有一陣昏沉。因此「擊破」不僅是一種測驗（就連取得最初階的白色腰帶都必須要通過），也是一種展示。一種成功的展示——在一九五〇年代，韓國總統在擊破三塊磚瓦之後下令把跆拳道納入軍事訓練。帕斯卡向我說起，他老師在參加一次黑帶好手進修時想擊破一塊卵石。他試了一次又一次，集中精神，專心致志，把一切都投入那一擊當中，直到那隻手瘀血腫脹。而他沒有放棄，直到結結實實地試了第四十次才成功。「那隻手呢？」我問。帕斯卡說他老師的手雖然受傷了，但是並沒有留下永久性的傷害。跆拳道中的榮譽感也包括對堅強的一種概念，尤其是針對自己。帕斯卡批評許多選手在被對手成功擊中之後會舉起手來要求暫停，好讓自己能在暫停時間裡接受治療。這不是一個鬥士該做的事。

在帕斯卡身上，我能察覺終身練習跆拳道是一趟每天都要受到考驗的長途旅程，不容許安逸和自滿。根據帕斯卡所說，在那許多開始學習跆拳道的年輕人當中，只有少數人會繼續從事這項運動。心智訓練、忍耐、克己以及所經歷的許多失望和失敗是沉重的考驗，只有極少數人能夠長期承受。許多人在真正走上這條路之前就放棄了。

在鞍上

腳踏車和馬是運動員最好的朋友。腳踏車可以說是符合現代生活的馬匹。我們不該蔑稱它為「鐵馬」，而該稱頌它為「碳纖神駒」。自然和文化在中間相遇。馬和自行車都有鞍，但兩者的共同點還不僅止於此。一匹用於運動的馬，其價格大約和一輛好的競賽用自行車相當。兩者都需要定期擦拭。而且雖然你是坐著，卻要費相當的力氣。只不過你能對其中一種坐騎好言相勸。

騎自行車

追求忘我的境界，以克服那份單調。

——佚名

騎車的那一年始於倫敦「瑪麗王后大學」健身中心的一具肌力測量器。在我周圍都是二十歲的年輕人，汗水從他們額頭滴下，他們一邊聊著羅蘭・巴特和「兵工廠足球俱樂部」。我盡量用力踩著腳踏車，踩了整整一小時。下來時兩腿都站不直了，於是我緊緊抓住把手。真令人自慚形穢。就像幾年前踩室內飛輪健身車時一樣。所謂的測試訓練被證明是虐待狂替受虐狂發明出來的新玩意兒（spinning 健身車是 Mad Dogg Athletics 公司的註冊商品），是對體力的一番考驗，在那之後我既走不動，也無法思考。然而第二天我又坐上那部健身車的堅硬坐墊，踩到筋疲力盡，而不曾前進一步。

假如沒有坐墊，騎自行車會是種很棒的運動。我對自行車坐墊沒什麼不滿，正好相反，那是件美麗的物體，假如人類是用臀部來思考的話，它可以被拿來崇拜。自行車坐墊比任何一種運動器材更適合量身打造，只要看看英國公司 B1866 所提供的商品就知道了。第一次訓練時，儘管我穿著自行車褲，臀部在半小時後就開始作痛。第二次訓練時，我多穿了一件加了襯墊的內褲，疼痛感大發慈悲地在四十五分鐘後才出現。當時我無法想像自己幾星期後將能在自行車坐墊上堅持好幾個鐘頭。

由於我渴望能迅速進步，在第二週就開始做「高強度間歇訓練」：以幾近百分之百的強度（大約是三百五十瓦）做每次間歇一分鐘的訓練，休息一分鐘，重複八至

十二次。據說每週做三次這樣的訓練要比做五次一般訓練更為有效，對那些時間有限的人特別適合（我還得去參觀「大英博物館」）。由於所費的力氣增加，會製造出更多粒腺體，那種微小的能量提供者，使得肌肉能把氧氣轉化成能量，在心臟細胞裡的數量特別多。

打從一開始，我比較需要訓練的就不是體能，而是對抗無聊之道。由於當代的健身腳踏車所顯示的量測數據與一架巨無霸噴射機相差無幾，我就盯著眼前那許多數字，宛如凝視著自己體內那隻豬玀的五臟六腑，不時把目光投向此刻的速度、已經騎完的里程、瓦數、脈搏、平均速度、所消耗的卡路里、已經過去多少時間、還剩下多少時間，在一再重複同樣的動作時給自己找點消遣。每一個整數都激發了我的動力。我在心裡計算等我騎完二十公里、二十五公里、三十公里還要多久，把今日的速度和歷史紀錄中的迄今表現拿來比較。我每隔一分鐘就改變握住把手的姿勢，一會兒向前，一會兒向旁邊，彎下上半身，再挺起上半身。但我卻驅逐不了那份無聊。模擬的情境使人對自己的動作感到疏離。脈搏測量計雖然宣稱你的心臟跳得愈來愈快，但由於我沒有離開原地，感覺不到騎車時帶起的風，也只看得見跑步機上一個印度大學生表情豐富的臀部，我很難相信這個數字。我覺得肌肉和臀部的抗議更具有說服力。

在極端的無聊中，音樂提供了解救之道。所有做耐力訓練的運動員從中得到安慰。我把 iPod 設定為隨機播放。在一個訓練單元快結束時，響起了莫札特歌劇《女人皆如此》第一幕中的六重唱「歡迎美麗的黛絲比娜小姐」（alla bella despinetta）。頓時我踩著一輛時髦誘人的腳踏車騎進了一座賽車場地，看台上全是身穿古裝戲服的男男女女，有如威尼斯的嘉年華會。他們揮動的手彷彿花朵綻放，整個看台上繁花似錦。他們不是在對我歡呼，而是本身就欣喜若狂。我抬頭挺胸，騎完最後一圈，最令人快樂的一圈，沒有義務和責任，有如獲勝者般繞場一圈。

在自行車場館

要前往位於倫敦斯特拉特福的自行車賽場，要先經過一個名叫「西田」的大型購物商場，要找到通往運動場的出口很容易就會在商場裡迷路。重點在於以音響和視覺效果刺激訪客消費，運動和交通則是次要的。在倫敦奧運會結束將近三年後，這個場地仍有一部分還在施工，根據一面黃色廣告旗幟的說明，這裡將會形成一個國際性的城區，倫敦最健康的商業區即將落成。從購物商場一走出來，迎面就是一座鷹架，遠遠就能看見上面的發光字體：A PLACE BEYOND BELIEF（一個超乎你想像的地方）。

看來是件有雙重含意的藝術品。在購物商場中，由於那許多野心勃勃的購物者，你幾乎寸步難行，但街道上卻幾乎不見人影。而夜裡由於只有少數窗戶亮起燈光，這一帶還要更顯荒涼。

然而接下來，在一道工地圍籬後面，是世上最美麗的建築之一，有如天啟。一個弧形的引誘，一片未來主義風光，由木頭這種所有建材當中最天然的材料建造，說得更確切一點是由北美紅檜的樹幹所製成的木板場地（紅棕色，紋路很直）。在這裡，自行車場地賽的精髓——優美、疾速——向外展現，成為一種令人難以抗拒的形式。在接待處我先簽名同意我將自行承擔可能摔斷脖子的風險。

場地賽的原則很簡單：盡可能緊跟著你前面的自行車手，雖然你的自行車沒有煞車，雖然在這個又快又陡的跑道上騎在你前後的自行車也都沒有煞車，也就是說你只能往上或往下避開，同時必須匆匆回頭瞄一眼，看看緊跟在你後面的人是否也正好要超車或閃避，偶爾也會有人騎在你旁邊，甚至是兩邊都有人，這使得事情變得更加困難。假如跑道上所有的自行車手都維持恆定的速度，那麼在跑道上騎自行車就很簡單。假如車手之間的溝通一直都運作良好，在跑道上騎自行車就是小事一樁。你需要眼觀四面，嗓門也要夠大。身為初學者，你不斷和前面、後面與旁邊的自行車手交談。而且你是騎在全世界速度最快的跑道上，教練不厭其煩地一再重複這一點。

一開始時，教練帶著英國式幽默說，最困難的一點是坐上車。果然，要騎上場地賽自行車是件不穩當的事。出發也一樣。靈動的場地賽用自行車感覺上就像平穩的道路用自行車的嘲弄版。起初我懷疑自己到底會不會騎腳踏車，過了好一會兒才習慣了騎在沒有煞車、也不能換檔的自行車上。由於檔是固定的，你必須不停地去踩踏板。在一次練習中，一個血氣方剛的車手從他所騎自行車的把手上方飛了出去。教練半是促黠、半是擔心地提醒，抵達終點時不要像我們在馬路上騎車時所習慣地那樣停止踩踏，而要讓踏板繼續轉動。他稱之為「輕踩踏板」，亦即不要用力，就彷彿是雙腳跟著踏板在動。

我和大約二十個好奇者一起練習維持行列和速度，他們之中大多數顯然是經過鍛鍊的公路自行車手。我們被要求一離開安全範圍就手握下把，騎向名叫「蔚藍海岸」的天藍色平坦場地，接著我們騎向黑線（那條測量線，在這個跑道上沿著黑線騎完一圈就剛好是兩百五十公尺），最後騎上紅線。直到半小時之後，我們才敢騎上藍線，就在斜坡中央，比起在電視上看起來還要更陡一點。我很緊張，過了好一會兒才聽見嗡嗡的車輪和嘎吱嘎吱的木板合成的迷人音響。

在第一個訓練回合快要結束之前，我們大膽地騎上跑道的最上緣。教練說：「用力踩踏，並且保持放鬆。在必要的情況下可以稍微向斜坡傾斜。」

騎上去。

心臟喊道：情況不妙。

大腦反駁：如果別人辦得到，我也辦得到。

往下看不是明智之舉，那就像是從一座吊橋向下望進深淵。我簡直不敢相信自己沒有摔下去。能夠再騎下斜坡讓我鬆了一口氣。也許我已經提過那斜坡比我預期中要陡得多。視彎道的情況而定，坡度介於三十度和六十度之間。在速度較快時，自行車手必須要抵銷把人車向外甩的離心力，而把自己向內傾斜。

結束前我們練習輪流帶頭。騎在最前面的人必須以一條直線向上騎，在騎完整個彎道的時間裡都留在上方，好讓其餘的車手超越他，然後他才跟在隊伍後面。我的第一次嘗試失敗了，因為我只騎上了斜坡的一半，幾乎所有的人第一次嘗試時也都失敗了。在整個直道上我都騎在其他人旁邊，像是被逐出某個教派的成員，直到在下一個彎道我才得以歸隊，接在車隊末尾。

由一群初學者結隊騎在跑道上，是種在提高的速度下自我調整的迷人練習。教練的指示很少，理論框架只約略帶過，我們被迫去熟悉這陌生的地形，互相溝通，顧及我們明顯不足之處，把學習的過程集體化。這件事大部分發展自團體的動力中。如果你是唯一一個在跑道上騎得又直又穩的人，對你來說有什麼用？在奧運自行車場地上，我們全都跟騎在一種特殊的群眾智慧後面。

在倫敦，騎乘場地賽自行車的技術分成好幾個階段，必須逐一通過。任務的複雜度迅速增加，尤其是從第二階段到第三階段。此外，在兩階段之間練習的機會很少，而且昂貴。在第二階段，我們練習繞過障礙，騎成一條直線，彼此之間相隔兩至三個車身的距離，而殿後的人必須蛇行穿過那些缺口。那就像是一隻大猩猩在拉手風琴，把我們任意拉開又壓緊。我穿過第一個缺口時速度太快，一下子就把第二個缺口撂在後方，我慢下來，失去了節奏。在原因不明的情況下，後面那幾個車手之間的距離縮短了。我絕望地喊道：「請讓出間距」。有兩次我差點就跟後面的一輛自行車擦撞。有如在道路交通中的古怪波動。教練的口頭禪在我腦中響起——「觀察，溝通」——我想先進來，再出去，於是喊聲「往上」，再喊聲「往下」。辦到了。教練搖搖頭，把我們數落了一頓。這個場地的氣氛似乎喚起了很高的期望。

一個小時後，當我們獲准休息五分鐘，我們全都放鬆下來，昂首闊步地走向那些圓背座椅。我不讓別人看出我是多麼筋疲力盡。兩個鐘頭後，大家全都擠進了電梯，沒有人去爬通往更衣室的寥寥幾個台階。一個渾身肌肉的壯漢坦白承認：「第一個小時結束後我以為自己會撐不下去。」另一個好漢應道：「是那當中的喘息時間救了你，當你緊跟在另一個人的後輪後面。」

在短距離衝刺時我們經驗到下風處的拉力。你只需要在後面緊緊跟住，其餘的一切幾乎就會自行發生。你以賒帳的方式騎行，節省著力氣，可是當前面那人為了再度排在隊伍後端而往上騎，你就突然收到了帳單。一個稅務員忽然緊緊抓住你的後輪，要求你補稅。如果先前沒有省下一點，你就倒楣了。要扮演火車頭的角色很吃力。如果你輪退到後面，而你失去了和前面那人的接觸，你就很難再跟上。而你若還是跟上了，你很快就會察覺自己花了太多力氣，沒多久就彎到藍線上方（在訓練時的一種緩衝區），只能當個氣喘吁吁的觀眾。

短距離衝刺是種銷魂狀態，繼之而來的是自己的筋疲力盡。教練吹著發出顫音的哨子，我們全力向前飛奔，加快到時速五十公里。那條黑線逐漸變得模糊，速度帶來的快感湧現，持續了半分鐘後，直到身體發出警訊，那份享受也就戛然而止。

在第三階段我一下子就敗下陣來。我們要五人一組並排騎行，彼此的手肘之間只相隔十公分。變換位置。當我失去控制地脫離隊伍，我差點把旁邊那人從車上拽了下來。我頓時察覺其他人和我之間保持的距離要大過他們彼此之間的距離。我成了他們避之唯恐不及的痲瘋病患。辛苦培養出的安全感消失無蹤。但是當天發生的唯一一次摔車與我無關。那個少年雖然摔得雙腿破皮流血還是繼續騎。事後我們圍成半圓形坐著，聆聽關於他那壯觀的一摔的第一個版本，版本肯定有許多個。那個年輕人用他的小小意外來妝點自己。摔車——在自行車場館摔車的次數太多了——未必都是缺點，它讓運動員有機會自我成長。那個摔車的自行車手獲准升級，我則受到教練的勸告，要我先多多練習，再重新報名參加第三階段的訓練。

每一個自行車場地都有自己的特性，在維也納的那一座和倫敦那一座就明顯不同。在「費瑞杜西卡體育館」的木板跑道已經磨舊，有幾處已經損毀。此地用的不是珍貴的西伯利亞雲杉那種細長木條，而是本國產的梨木。彎道較長，直道較短。那幾條黑線、紅線和藍線是漆上去的，因此會滑。如果直接騎在線上，前輪會不均勻地滾轉。不過，這座體育館要比倫敦那座冷漠的自行車場來得熱鬧，就像一個活潑好動大家庭的客廳（體操和田徑運動員在內部空間活動，自二〇一五年夏天起在走道和小隔間裡則安置了難民。）

指導我的是奧地利國家隊教練羅朗德，以前負責成人組，如今負責青少年組，他屬於那種神奇的教練，能吸進壞空氣而吐出熱情，因此在他領導下，獲得從事此項運動許可的青少年從唯一一個增加到三十幾個。

我們通常兩人一組騎行，一前一後，或一左一右。我的信心又回來了，再加上羅朗德常常稱讚我。在暖身時我問他為什麼我們總是向左騎行（伊斯蘭教的朝聖者以逆時針方向繞行麥加的卡巴天房，印度教徒和佛教徒則以順時針方向繞行聖地）。羅朗德說起他自己的經驗，說小孩子要向左轉彎比較容易，這也許和心臟在身體裡稍微偏左的位置有關。在公路上，在繞場競賽或圓形路段競賽中也是以逆時針方向騎行。他自己偶爾會帶著運動員以順時針方向騎行，那是種困難的練習，即使是對於像他這種在跑道上已經騎行過幾十萬圈的人來說也一樣。

比賽

從前有多項奧運競賽在自行車場地上進行，如今在單人項目則只剩下爭先賽、競輪賽和個人六項全能。全能賽要接連進行兩天，包括六項考驗，在這項競賽上我的機會有限，因為有幾個項目的魅力就在於和其他車手之間的競爭。而羅朗德淘氣地表示，跑道上沒有哪個自行車手和我水準相當。

爭先賽

爭先賽是場一對一的決鬥。起初兩人互相窺伺，等待對方可能會大意的一刻，直到其中一人向前衝，希望能保持領先直到終點。另一人故意讓兩人之間拉開一個幾公尺長的間隔，使勁把自己吸附在上面，藉由避風跟車的加速效果而超越對手。由於我對羅朗德不構成威脅，我雖然可以和他模擬兩人之間那種窺伺，但無法真正體驗；尤其是體驗不到在每場比賽中都有所不同的那種策略上的小花招。羅朗德提議我像在奧運資格賽裡一樣衝刺，沒有對手，而只計時，所謂的「單圈助跑計時」。他示範給我看。我們在第一圈開始加速，往上騎，在第二圈抵達跑道上緣，在彎道加速，在直道時站起來騎，再度加速，往下衝，盡量用力踩踏板，騎上整整一圈。要騎到最上方，我需要自我超越；到了上面要站起來騎，我也需要自我超越；要陡直地往下衝，我仍然需要自我超越。這種自我超越只成功了一部分。儘管如此，我還是感覺到一絲飄飄然：在速度帶來的快感中，我在孟買一列火車上把身體從開著的車門探出去，還有在紐西蘭的福克斯冰川上方跳傘。把頭向前俯低，使力，急促呼吸。車輪在晃動，前方那條黑線閃閃發亮。下臂抽筋，大腿覺得時間像以慢動作一秒一秒過去。到了終點，我感覺自己並未使盡全力，雖然我一點力氣也沒有了。

在有些日子裡，「捷克國家代表隊」會和我們共用體育館。那些自行車手的體型偏向矮壯，大腿就像大貨車的活塞，速度也幾乎和大貨車一樣快，畢竟他們的時速能達到七十公里。你不會想擁有這種大腿，很難想像血液要怎麼流通？我觀察著一個捷克自行車手試著「定桿」（平衡單車至幾乎定點不動）。自行車和斜坡橫交，車手像隻猛獸，繃緊了全身肌肉。偶爾他會把車把歪向一側，以維持平衡。當我也去嘗試，我連十秒鐘都撐不住。那樣做非常吃力，令人難以置信。羅朗德向我說明：「你在定桿時耗掉太多力氣，到最後就沒有力氣衝刺了。你要好好考慮，較佳的出發位置（後面的位置較佳，由於可以避風跟車，同時也能綜觀全局）對你究竟有多少價值。」那個捷克人維持定桿姿勢好幾分鐘。還有人能維持得更久，久得多。兩名義大利選手在一九六八年義大利錦標賽的準決賽中創下了傳奇般的紀錄：畢揚切特（Sergio Bianchetto）和佩特內拉（Giovanni Pettenella）都不願意先騎出去。那場比賽結束於畢揚切特從自行車上倒下，筋疲力盡而且身體脫水。那是在一個多鐘頭之後！我真想在收音機裡替這個定桿動作做實況轉播。

奧運冠軍的成績是十秒三一，我的成績是十六秒五三。（所計算的是最後兩百公尺的時間。）

個人六項全能

第一天：

1單圈助跑計時賽，行進間出發

如上文所述。

奧運冠軍的成績是十三秒二四，我的成績是二十秒九四。（所計算的是最後兩百五十公尺的時間。）

2三十公里領先計分賽

這個項目我無法照做，因為缺少對手。規則令人迷惑，很難掌握全貌，全部十圈都蓄積成為一次會被評分的衝刺，能夠領先一圈以上的人還能加分。

3 落後淘汰賽

羅朗德提議：「由我來扮演車隊的角色。我會騎得很快，幾乎達到你的極限。每兩圈你就得要加速追過我。如果你辦不到，那你就被淘汰了。」我們兩人一圈圈地騎著。該我衝刺時羅朗德會大聲宣布。在頭幾圈我輕鬆地在非終點直道上脫離他的下風處，在彎道就已經領先，在通過終點線時遙遙領先。羅朗德對我喊道：「分配一下你的力氣。」每次衝刺都是從我體內的能量水瓶裡喝掉一大口。沒多久我就要到了彎道上才能追過羅朗德，儘管有摔車的危險還是盡量貼近他騎，以免多騎一公分。他立刻就又追過了我，並且加快了速度。我必須咬緊牙關才能緊跟在他的後輪後面。他的自行車變得模糊，和那條黑線融合成一幅印象派畫作。我的大腿感覺就像一團優酪乳。我在快到終點線之前加速，剛好還算及時。「只剩下一次衝刺了。」羅朗德鼓勵我。他的後輪既是我的朋友也是我的敵人。我沒法追過他，我辦不到。最後一個彎道。最後一次衝刺的疼痛，我大聲喊叫，本能地把車把向前推，我花了半圈才再度控制住自己和車子。羅朗德的評語是：「就腦袋來說你很強，所以只還需要強壯的雙腿。而且你得是十八歲，那就有可能辦得到。」我把這番話當成恭維。我們再慢慢騎了一會兒，要恢復體力，比較好的作法是在脈搏略微提高的情況下慢慢地動。據羅朗德說，落後淘汰賽是最危險的項目，由於在那般狹窄的空間裡衝刺時會推擠得很厲害。運氣也扮演著重要的角色，視你前面有多少空間而定。如果其他車手把你包圍，你就毫無辦法，只能被淘汰。

奧運冠軍的成績是十一分零一秒。我的成績是十四分三十二秒（三十四圈）。

第二天：

1 四千公尺個人追逐賽

根據羅朗德的說法，個人追逐賽是最吃力的比賽。我們仔細地討論我騎每一圈的時間。他幫不了我什麼，除了在預定的騎行計畫中正確估算我的機會。採靜態出發。他從後面抓住我的自行車，我搖搖晃晃。使用48／14的高齒比，我很難騎起來。第一圈的速度比計畫中要慢一點，第二圈是我騎得最快的一圈。羅朗德把我騎每一圈的時間喊給我聽。在前面三公里我還能一邊處理這個資訊一邊加快速度，到後來就只傾聽自己內心不服輸的聲音。每一圈的時間驚人地穩定（始終都在二十六秒上下），踏板每分鐘轉動八十一點五次。羅朗德滿意地點點頭。穩定性在這個項目顯然是美德。

奧運冠軍的成績是四分二十秒六七，我的成績是六分五十七秒八一。

2十五公里集體出發賽

所有的車手同時位在跑道上。最先抵達終點的人就贏得比賽。在這項比賽中以最高的齒比騎行。攻擊很早便展開，因為每個人都試圖領先車隊一圈；比賽很少是在群體衝刺中分出勝負。我在沒有對手的情況下騎行，跟騎在羅朗德後面，他告訴我要騎出二十五分鐘以內的成績。忽然之間，在十圈之後，也可能是在十五圈之後，我進入了忘我的「心流」狀態。羅朗德的後輪就是我的生命之輪，我體內湧動的力氣在一條紅線和一條藍線之間奔流。我就只剩下轉動和呼吸。筋疲力盡地抵達終點時，我很遺憾比賽結束了。

奧運冠軍的成績是十六分三十八秒，我的成績是二十四分二十三秒（平均時速為

三十六點九公里）。

3 個人計時賽一千公尺

仍舊是靜態出發。迅速加速非常重要，和行進出發之間的差異可以造成四、五秒鐘的差別。也就是說，第一圈相對而言比較慢，在那之後你應該要愈來愈快。至少按照計畫是這樣。我開始騎時緩慢一如預期，而在最後一圈完全倒地。

奧運冠軍的成績是一分零二秒三一，我的成績是一分三十四秒三七。

P.S.在倫敦奧運會之後改變了自行車比賽的順序：第一天：集體出發賽、個人追逐賽、落後淘汰賽；第二天：個人計時賽（一千公尺）、單圈助跑計時賽、最後是領先計分賽。

競輪（凱林賽）

進行競輪賽需要六個自行車手和一輛電動摩托車。摩托車會加速到時速五十公里，然後就向內騎離賽道。如果有人納悶這項有點怪異的比賽何以會被納入奧運項目，可以在日本找到答案（或是在ＢＢＣ的網站上）。競輪賽的一種好鬥變化版在日本大受歡迎，自行車場地在日本有幾十座。自行車手穿戴著護身裝備，像是騎在兩個輪子上的古代騎士，在決鬥中可以伸出手肘，也允許出拳，樂見於摔倒。日本的「競輪基金會」在一九九〇年代大概付給了「國際自行車聯盟」（ＵＣＩ）三百萬美元（相當於該聯盟年度預算的五分之一）。競輪賽在這筆錢易手之間就成了奧運項目。比賽要進行八圈。要跟上摩托車的速度我已經感到困難，最後那兩圈半的衝刺拖得很長，在沒有競爭對手的情況下，我的最後一圈要比倒數第二圈騎得慢。不，除非我能夠在東京的「京王閣競輪場」出賽，否則我將放棄競輪賽這個項目。

在公路上

每次看見一個成年人騎在腳踏車上，我就不再擔憂人類的未來。

——英國科幻小說家赫伯特．喬治．威爾斯（H. G. Wells）

出了維也納，很快就來到森林，真是令人驚訝。經驗豐富的自行車手建議我必須花很多時間騎車。那些村鎮的名字預示著地處偏僻：衛德陵溪、石栓、帥布陵石。他們要我相信我必須一次騎上幾公里才行。飄著肥料氣味的村莊，村莊之間是森林，那麼濃密幽暗，你能察覺童話故事何以會通往森林，去到人類心理的林間空地。你可以騎上幾個小時，騎一整天，他們這樣勸說懶惰的我。一陣細雨已經下了好一會兒，而你會慢慢習慣。他們跟我說成功之道很簡單：多練習，成績就會比較好。一輛貨車轟隆隆地從我身旁呼嘯而去，濺了我一身水。汽車族：自行車騎士的天敵。打從一開始就是。隨著腳踏車的發明，騎腳踏車的人就被視為妖魔。早在一百多年前，當腳踏車作為交通工具和運動器材首度大受歡迎，一份英國報紙抱怨那些所謂的「野蠻二輪騎士」：「有些團體占據了整條街道的寬度，亂按喇叭亂按鈴，就像一群阿帕契族或蘇族印第安人，以會摔斷脖子的速度騎過來，願上天保佑那些擋住他們去路的人。」被拿來和印第安人相提並論，我覺得這是種恭維。汽車則讓我想起攻擊戰中的裝甲車。

才騎著自行車出去，它就實現了在公寓走道上承諾我的自由。在第一次緊急煞車之後，我對汽車族的怒氣爆發了。一張嘴在深色玻璃後面做出咒罵的醜陋嘴型。我們交換了各地通用的輕蔑手勢。戰線就此拉開，剩下的就是互不諒解。在我於洛杉磯聖塔莫尼卡買下競賽用自行車之後的那一天，一部大卡車就奪走了我的寬容。擦破皮的傷口在流血，我怒氣衝天地騎回家。不管是在加州還是在下奧地利邦，騎在自行車上的我從來都得不到路權。這一點早在維多利亞時期就由諷刺漫畫雜誌《噴趣》（*Punch*）看出來了：「所有的訴訟程序都從一個前提出發，亦即自行車騎士通常是個肆無忌憚的白痴，而且還逆向行駛，除非他能夠有效證明事情並非如此。」我沒有別的辦法，只能汗涔涔、濕漉漉地懷疑那些把自己關在鐵皮籠子裡的人的生存權。我的憲法勝過他們的憲法。誰能否認自行車是比汽車更偉大的發明？

下一個上坡把我從我的慷慨激昂中拽了出來。每一次爬坡都是壓力測試和自我超越，每上升一公尺都讓人懷疑自己高估了自己。登山的練習讓人學習謙卑，但這也是練習的問題：什麼是正確的齒比？什麼時候我該站起來騎？我該如何分配路段？上坡很吃力，下坡很嚇人。不只是由於速度——計速表忽然顯示出時速六十公里——也由於那股寒意以冰冷的惡魔之手攫住我的上半身。

在平地上，我試圖騎在一位結實的白髮老先生後面避風，他在逆風中以超過三十公里的時速騎行。他轉過頭朝我投來不悅的目光，我很有風度地視而不見。在一段小小的上坡路上，殘存的一點互助之情就蕩然無存，他加快了速度，而我太慢換檔，我們之間頓時就相隔了十公尺，他把我甩掉了。像我這種人被稱為「吸吮後輪的人」，那些經驗豐富的自行車手告訴我，一邊內行地點頭。針對跟車雖然並沒有明確的自行車禮儀，但我應該要問一下對方是否樂意。有時候你和陌生的自行車騎士之間會自動形成競賽狀態，每個人都加快速度來測試對方。

自行車騎士所穿戴的一切和所有承載著他的東西都位於高科技發展的中心。坐墊、頭盔、眼鏡、水瓶、運動衣材質（要顧及空氣動力學和通風、舒適、呼吸和重量）。至於裝備，你想保持某種程度的無知幾乎不可能。商品目錄裡對於所售坐墊的描述已提升至科技詩文的境界，自行車就更不必說了。我的自行車是一輛 SCOTT Speditеurs 10，碳纖維前叉，車架由雙抽鋁管製成，換檔裝置是 Shimano Ultegra RD-6800 GS，重量剛好是九公斤。把它賣給我的是個很有銷售天分的售貨員，其實應該說他是用激將法使我買下的，他花了很多時間試圖讓我相信，像我這麼吝嗇的人不會捨得買一部這麼漂亮的自行車，於是我買下自己這一輩子買過最昂貴的東西來報復他。

一切都很順利，沿著多瑙河騎行，穿過森林區，在維也納山一帶，直到有一天我差點出事：在赫爾納瑟大街上，電車軌道旁邊忽然不再是柏油路面。我必須要穿越街道，而我滑倒了，勉強把自行車扶住，重新回到軌道上，卻又朝著對向車道的方向摔倒，汽車迎面駛來，我看見刺眼的車頭燈光，對方得以及時煞車，我聽得見身後那輛汽車猛然停住。我趕緊站起來，把自行車拖到人行道上。那位女性駕駛搖下車窗，詢問我的情況。我心中湧起一陣少見的傷感。在撿回了性命的情況下，我樂意和解，甚至是和汽車駕駛人和解。

在騎自行車時我愈來愈明白大多數人判斷風險是多麼隨意，有安全意識的舉止又是多麼偶然。我每一次騎行幾乎都是靠著緊急煞車或是閃躲而勉強避免與人相撞：一個騎自行車的女子停在右邊，忽然看也不看地就穿越了車道；一個溜直排輪的女生失去了平衡，一個小孩在路上蛇行（他名叫伊利亞斯），一位老先生太晚回頭看，為了閃避我而騎下了邊坡……

我常騎的訓練路段通往圖爾恩，來回足足有八十公里。不僅是因為圖爾恩位在多瑙河畔，沿著一條直達的自行車道去那兒很方便，也因為那是我所崇拜的藝術家埃貢・席勒（Egon Schiele）的出生地。我騎在「埃貢・席勒街」上，那是「埃貢・席勒紀念步道」的一部分，在「埃貢・席勒紀念碑」前停下一分鐘來向他致敬，在「埃貢・席勒博物館」前在心裡向他鞠躬，然後頂著逆風踏上歸途。

人生很艱辛，而死後的名聲在所有的補償當中最成疑問。

公路賽

在大自然中，自行車手所面對最嚴格的考驗是山嶺。山嶺意味著重力。因為要克服斜坡和事物的重量意味著去決定人類能否占取整個自然宇宙。

——羅蘭．巴特〈運動是什麼〉

轟轟的雷聲喚醒了我，啁啾的鳥聲使我維持清醒。先前我夢見了一場自行車比賽，在非洲某處。一件意外事故發生了，在聽取賽前簡報時，一位年輕小姐請我們去一條河裡汲水，把水送去給一列出事火車上的乘客。兩個我在肯亞時的同學從我旁邊超車，克里斯多夫和班內特。我敲敲他們的肩膀。他們咧開嘴巴笑了，一直笑著，他們的自行車是紙做的。

清晨五點半，鄰桌那個男子狼吞虎嚥地吃下一公斤義大利麵。他把這場比賽視為參加「歐茨谷地自行車馬拉松賽」的訓練。他說去年他參加了「薩爾茨卡默谷特盃」自行車賽，騎了十二個小時。六十公里陡峭的上坡路，溝槽十五公分寬，斜坡深達十公尺，有一人死亡，直昇機一直在他頭上飛來飛去……有一個人坐在一張有凹痕的木桌旁，他說起在國外某處經歷過的考驗，說著說著連他自己都不禁打起寒顫……最後那人道出他免不了要說的話：「那是我這一生最大的一次冒險，」戲劇化的停頓，「我從沒做過這麼危險的事。」一個疑問從我腦中閃過，不知道他是否也在臀部塗上了瑞士出品的乳霜。

「五湖自行車馬拉松賽」沿著沃夫岡湖到巴德伊舍，經過埃本湖沿著特勞恩湖抵達舊明斯特，往上騎到葛羅斯阿姆，再繞過半個阿特湖，穿過努斯多夫，往下騎往位在月湖畔的終點。別人來此地度假，我則必須強迫自己把周圍的風景看進眼裡，更別提去享受那片風景了。

下雨了，豆大的雨滴啪啪地打在我臉上。騎完第一個坡道時下起了冰雹，不久就減弱為濛濛細雨。太陽像個害羞的客人，風則是罕見的麻煩，而在比賽快結束時落下針刺般的大雨，剛好碰上最艱難的上坡路段，宛如從天而降的針灸。在阿爾卑斯山區所舉行的自行車馬拉松賽中氣候多變是常有的事，山隘和平地之間的溫差往往很極端。克勞斯輕鬆地騎在旁邊充當我的私人收音機，他跟我說在「歐茨谷地自行車馬拉松賽」中，一開始的氣溫就只有四度，在第一個山口略低於零度，而在下面的山谷裡，當地人則愉快地在露天泳池享受日光浴。自行車手用可以伸縮的袖套和腿套勉強禦寒。在運動衣底下塞一份報紙是最古老的伎倆。從前教練會站在山口，分幾頁法國體育報《隊報》或是義大利的《米蘭體育報》給自行車手（在「和平國際公路賽」則多半是《新德國報》和俄國的《消息報》）。但是就算穿著最先進的發熱衣、全身塗上乳霜，你還是一樣會受凍。

我的自行車發出嗚嗚的聲音，像隻心滿意足的貓咪。比賽前的那個星期五我把車子交給在慕尼黑的克勞斯。他老練的眼睛立刻看出前輪裝反了。由於計速器壞了，他急忙從辦公室趕到最近的一家專業車行（名叫 Extreme Bike），把自行車交給他們。午夜過後四分鐘，他收到車行技師的簡訊，說車子剛剛修好。更換計速器、替脈搏測量計換裝新電池都很快，而這個好心人接著看了一眼車鏈。克勞斯說車鏈根本不堪用了，從他的轉述中我能感覺到那個技師的氣憤。他說我難道不知道車鏈在騎了大約兩千公里之後就必須更換嗎？更糟的是，車頭碗組鬆了，踏板的中軸不對勁，煞車裝得不好，必須要壓緊把手才能達到煞車的效果。自行車每年要送去保養一次，這個期限被我超過了四倍。假如是輛汽車，所有的警示燈就會都閃起紅光。

風景很美，交通流量很小。這種比賽很少能夠封路進行，要指揮車輛改道費時費力又昂貴。主辦單位盡量使用小型道路。在半途中我們被那些「職業選手」超越，他們所騎的距離比我們更長。克勞斯緊跟著那支小隊的後輪而去。十五分鐘之後我又追上他。他笑著說：「我只是想看看自己是否還跟得上。」那份很棒的感覺我將無緣體會，以一支小隊參賽，身為一個合作無間團隊的一分子，一個短期結盟的共同體。克勞斯說起在「維斯特巴赫自行車賽」時的一次經驗：兩百三十公里，高度兩千一百公尺，而他騎在一支社團隊伍當中。起初他必須努力不要掉隊。騎了一百公里之後，他發現其他人漸漸慢了下來。他分毫不差地跟在前面車手的後面，脈搏往往跳到一百八十，平均時速三十四公里，腎上腺素分泌旺盛。他撐了下來，是最後剩下的五名車手之一，他們完美地交替位置，輪流帶頭。他的回憶聽起來是那麼興奮，讓我為了我們這種慵懶的速度而感到良心不安。

將留在我記憶中的主要是那些上坡路。最後一段最陡。爬坡時避風跟車也沒有幫助，每個人都得自求多福。其他的自行車手對我反而是種干擾，我需要自由活動的空間，才能專注於自己的節奏。爬坡就是節奏，就只是節奏，踩踏的節奏一亂，事情就變得困難。坡度是那麼陡，有幾個人推著自行車走。我心中頓時湧起對山嶺的憎恨。你無法強迫我下車，我「繃緊下頷」（克琳希德這樣形容我偶爾出現的怨怒表情）咒罵著。這是在考驗我的力量，而我不會退卻。當我歪歪扭扭地往上騎時，我對自己的強悍感到驚訝。在下坡時，歡欣之情摻雜著逐漸感到的體力透支。騎進終點的喜悅嚐起來有點乾澀。

倫敦奧運會中的自行車公路賽全長兩百五十公里。冠軍的成績是五小時四十五分五十七秒（平均時速大約四十三公里）。

我在二〇一五年六月二十八日騎了相對而言短短的一百三十四公里，高度一千一百八十公尺，時間是五小時二十八分鐘（平均時速約為二十五公里）。

登山車

有些運動種類的起源可以一直追溯至古希臘時代，另一些運動則是不久之前才發明的，當那些嬉皮因為不願意剪掉頭髮而放棄公路。由於他們被阻止參加公路賽，便帶著拼湊而成的自行車前往加州山區，他們是新時代的先鋒。最早期的宗師是約翰·史考特（John Finley Scott），他年輕時受到安瑟·亞當斯（Ansel Adams）攝影作品的啟發而發現了大自然。二十三歲時，一場意外使得他的登山活動戛然而止。他在尋

找其他可以從事的活動時發明了登山車。早在一九五三年，他就製造出第一個原型。一九六〇年他發展出 Woodsie 自行車，一種重量輕、有變速裝置和懸臂式煞車的越野自行車。他用一輛倫敦雙層巴士聚集那些尋找快樂的長髮嬉皮，載著他們前往山區。沒什麼組織，有很多自由。樂趣就跟對生態的重視一樣重要。一九七〇年代中期，舊金山有幾個俱樂部提供穿過附近馬林峽角的自行車行程，他們宣稱的目標是加強環保意識。

當然，要長程穿越荒野，早期的器材堪用的程度有限。另一個先驅喬．布里茲（Joe Breeze）製造出第一部車架特別打造的登山車（從那時起這個車款就被稱為 Breezer），他回想起那段辛苦的時光：「要爬坡，庫比蒂諾單車俱樂部的那群小伙子沒有適當的換檔裝置。我卻有，我有適當的齒比和大型踏板曲柄。起初當我和峽谷幫那夥人一起騎行，我們有百分之二十的時間騎在車上，其餘的時間就推著車走，但我們一點也不在乎！不管是步行還是搭便車，我們都有充裕的時間。我以前常常跑步，覺得推車很蠢，因為假如用比較低的齒比，我們肯定能騎得動。於是我發展出自己的構想。一九七四年我終於有了一部具有強力煞車的自行車，能克服任何上坡和下坡路段。」

一九七六年十月二十一日舉行了第一場比賽，全程都是下坡，長兩英里。運動員的競爭不如科技上的創新來得重要。喬・布里茲集兩者於一身：在這些早期的比賽中他贏了十次，同時成立了MountainBikes公司。那個時期也有一些比賽允許各路好漢參賽，包括越野單車手、特技單車手和公路自行車手，每個人都深信自己會贏得勝利！比賽路段有四英里在公路上，八英里穿越荒野，包括坡度不一的上坡與下坡，最後又是三英里公路。蓋瑞・費雪（Gary Fischer）是第一個獲勝者：「我當時處於顛峰狀態。兩星期前我和葛瑞格・勒孟德（Greg LeMond）從舊金山騎到洛杉磯，再加上我有參加這場比賽的最佳自行車。一開始我就用我的粗輪胎超越了他們。有些人騎的車沒有換檔裝置，只好下來推車，那很荒唐。」登山車證明了自己是最優異的全能自行車。

自一九八二年起才有了第一批大量生產的登山車，名叫Stumpjumper；一九九〇年在科羅拉多州的杜蘭戈舉辦了第一場正式的世界錦標賽；一九九六年自行車越野賽成為奧運項目。自行車越野賽屬於成長最快的運動。一九八〇年在美國售出的登山車才只有三百輛，在十年之內這個數字就竄升到七百萬！最初以手工製造的登山車售價為一千三百美元，早期的Breezer登山車售價為八百美元；如今一部好的登山車售價可達一萬歐元，而且一個售貨員向我透露，一萬歐元的自行車要比三千歐元的自行車好賣。這些時尚的高科技運動器材成為一種地位象徵。看著專業車行裡過量供應的時髦商品，讓人很難不去緬懷加州的嬉皮年代。

我們站在下奧地利邦的一座高塔上俯瞰那片風景。赤松林、混合林，其間有光禿的地表，是從前開採礫石的地方，後來用回收材料回填，重新種植林木。克里斯多夫說：「這裡再也無法恢復原貌，那些疤痕會留下來。」他是奧地利國家代表隊教練，仔細地向我描述綿延在我們下方的這片林地，像塊打了補釘的地毯。他說起那些丘陵和山谷、大自然和居民，在伯恩朵夫的「克魯普學校」、附近的工廠以及那一座座圓頂。對於這裡每一平方公尺的土地和家鄉的小徑，他似乎比對自己手掌上的生命線還要熟悉。他花了半天的時間帶我走過樹梢下、跨過樹根。到最後我真捨不得離開這片森林。

登山車的煞車——一邊管前輪，另一邊管後輪——是「有毒的」，這一點我騎在公路上時就已經察覺。就跟比賽用自行車一樣有股強大的壓力，而且會把人摔下來。我也學會了強度適中地煞車，例如在避開一條爬行在小徑上的遊蛇時。

其次我習慣去適應這地區的斜坡，在上坡時把身體向前傾，俯身在車把上，在下坡時則挺直身子，把上半身向後靠，用手臂來減少震動。因為我立刻察覺那會影響背部，那是登山車騎士容易出毛病的部位。

隨著登山車的發明，摔車也成了家常便飯。一部能夠克服難以通行之地形的自行車偶爾也會脫離自行車手的控制。騎登山車是騎在可行任務的邊緣。那些頂尖運動員說：我們若是辦不到，就會落得進醫院。克里斯多夫提起發生在一場世界錦標賽中的一樁死亡事故。要求變成了苛求。那些要求如今已超出運動員和自行車的能力。奧運的越野賽這些年來在技術上的要求變得愈來愈高。克里斯多夫說：「最優秀的登山車手能掌控他們的自行車，這一點馬上就看得出來，其他人全都只能對加速做出反應，他們是被自行車所掌控。」

下坡路顯示出我能力的限度。克里斯多夫又再次提醒我把身體向後靠，而自行車隨即往下衝過一段陡峭的下坡路，這是第一個警告。有一陣子很順利，而我沒有多想，直到我在一個狹窄的彎道緊急煞車，因為那些階梯和樹根在我看來很嚇人。我又一次動身，而在第一道階梯前再度煞車。我心中湧起一股始料未及的恐懼，一種內心的障礙。二度嘗試失敗後，克里斯多夫建議我下車，這一段路用走的。那些階梯很可笑，頂多二十公分高，有幾塊石頭的位置很不友善，幾條樹根十分粗壯，我不需要太多想像力就能想像它們會纏住自行車，把我拽進不幸之中。再加上那條小徑相當狹窄（克里斯多夫說寬度足以讓兩名自行車手通過），而那整段路都非常危險（克里斯多夫淡淡地說危險程度若分五級，這裡頂多是三級）。在審視時我替自己找出一條可騎的路，深信自己在第三度嘗試時可以克服這段路。然而信心是無法模擬的，我遲疑地騎出去，速度太低，自行車在第一個台階上就打滑，而我直接衝向那塊我應該要避開的石頭，摔落在斜坡上。克里斯多夫勸我：「我們就別管這一小段路了。如果辦不到，就不該勉強。」連職業選手也必須要設法掌握困難的路段，因此碰到重要的比賽他們會提前一週抵達，以熟悉途中那些大石頭和陡峭的坡道，把克服的過程內化：唯有當你在腦袋裡克服了那段路，你才能實際上加以克服。我對騎登山車的敬意遠遠超出對自身勇氣的敬意。我的膽怯總是一再令我驚訝。

「越陡越帶勁。」克里斯多夫幸災樂禍地說。優秀的自行車手以高速往下衝，帶著飄飄然的感覺，距離災難始終只有一線之隔。他必須要制止那些缺乏經驗和想像力的小孩，因為他們會不經考慮地往下衝。

後來在一家披薩店吃午餐時，克里斯多夫說起一件一再發生的衝突。獵人的遊說團體促成了某些森林區域禁止騎登山車的人進入。他們的說法是這些騎士打擾了野生動物。自從一九八三年起，勢力龐大的「山嶽協會」終於成功地禁止在美國自然保護區的小徑上騎登山車。環境保護一向都是對大自然的干預，只不過究竟什麼樣的干預是被允許的，大家對此意見不同。

比賽

一群有啤酒肚的男人，
小腿肚獻身給運動，
把我留在山上。

——來自奧地利史泰爾馬克邦的俳句

驅車前往珀勞。才只是六月十三號，「奧地利第一廣播電台」就已經在慶祝紀念愛爾蘭作家喬伊斯的「布魯姆日」，接連二十四小時播放完整的《尤里西斯》有聲書。喬伊斯令人著迷，即便是在高速公路上也一樣。當我把車停在市集廣場上，我不忍心關掉收音機，截斷布魯姆的想法，於是在車上等到播報整點新聞。要關掉新聞比較容易。暖身時我注意到一張大幅海報：「珀勞的居民早該接受他們在一九四五年被美國人解救的事實。」藝術家約瑟夫・舒岑侯佛（Josef Schutzenhöfer）多年來都在爭取設置一件藝術品，來紀念二次大戰中解救了此地居民的同盟國軍隊，並對抗當地心胸狹隘之人的反對。在這個阿爾卑斯山國家此一偏遠地區，昔日的戰役還在延續。

我曾經大膽地考慮去參加七十公里長的「經典賽」，但是有經驗的自行車手力勸我別這麼做。我想報名參加中等長度的路段，可是克里斯多夫委婉地表示二十三公里的短距離就已經是一大挑戰。他說我應該要考慮到這種比賽很少會有一輩子只騎過三次登山車的人來報名參加。第一個小時就只有一段上坡路，起初在柏油路面，相當吃力，然而卻只不過是初步嚐到接下來要面臨的挑戰。柏油路面之後是卵石路面，自行車打滑，撞上石頭，我一再亂了節奏。在這種坡度上騎障礙賽幾乎非我能力所及。坡度是那麼陡，以蝸速前進的我從車上摔下來。我前面一個比我年輕許多的男子也遭到同樣的命運，這對我是個小小的安慰，尤其是在這一截路段上有幾個自行車手下來推車。在出發時，心情愉快的播報員預告我們將面臨一場辛苦的比賽，不僅是因為天氣炎熱，也因為天氣乾燥，石子路地面比較滑。騎在每一種路面上的感覺都不一樣，騎在碎石和礫石路面上與騎在枯枝上不同，騎在森林裡（柔軟有如天鵝絨，輪子幾乎會陷下去）和騎在堅實的草地上也不同。這些差異更加重了疲勞。

那段上坡路似乎沒完沒了（後來才知道其高度將近八百公尺）。我心中漸漸起了疑問，懷疑自己在起點時弄錯了組別。揮舞著雙臂的賽事工作人員證實了我的猜測。我該騎的路段位在別處，沒有小路能通到那裡。我沒有別的辦法，只好至少和那些人一起騎上一圈，他們很快就會超前我整整一圈。

上山時你能夠欣賞大自然，尤其是坡度不太陡的時候，你能享受那些草地、森林和樹影，偶爾甚至能俯瞰「珀勞自然公園」（有一次我忍不住停下來欣賞那片風光）；而在下山時你就完全無暇顧及大自然，必須專注於一小截多變的路段，專注於樹根、階梯、坑洞和石頭。騎在狹窄的小徑上必須全神貫注，才不會摔斷骨頭，尤其是在光線明暗不定的情況下。我漏看了一個洞，騎了進去，顛簸得很厲害，感覺上就像要摔車了，我的頭飛往一個方向，身體飛往另一個方向，再加上自行車，三樣東西各行其是，但我還是勉強留在車上，設法把自己穩下來，從此以後煞車時要更加小心。這時忽然傳來一陣狂野的叫聲（既不是阿帕契族，也不是蘇族，比較像是日耳曼蠻族哥特人或汪達爾人）：遙遙領先的那組參賽者對準了這些落後者衝過來，我躍離小徑，站在兩根樹幹中間，剛好及時看見那群職業選手飛馳而去。他們的安康似乎就只掌握在偶然之神顫抖的手中。

我雙手作痛，背也在痛，大概是在下山時抽筋了。當我終於再度抵達山谷，我鬆了一口氣，讓自行車緩緩滑行。一名工作人員幾度用我幾乎聽不懂的方言替我指路，我放棄了，最後騎上經過公路的那條捷徑抵達終點。

當晚的餐桌上端來了煎肉排。

奧運冠軍的成績是以一小時二十九分零七秒騎完三十三點六公里（平均時速超過二十二公里）。

我的成績是以一小時四十七分零六秒騎完二十五點一四公里（平均時速略高於十四公里）。

小輪車

「國際奧委會」這個老男人俱樂部偶爾會試圖討好年輕的時代精神。結果就有了小輪車比賽。不是風格自由的雜技運動，而是一種比賽類型。人人均可報名參加去倫敦奧運圓形場地騎上一段，跳躍的路段被弄得比較平緩，好讓一般人也能夠騎行。不過這項活動不值得推薦。

首先你得要耗時費力地裹住身體。凡是人體上可能會摔斷的地方都加上襯墊保護：護脛、護肘、長褲、頭盔。在那之後我們看起來宛如想要對抗兇暴警察的示威者。所騎的車子很小，非常小，有如所有自行車當中的盆景。我覺得自己就像一本古老童書中在馬戲團裡騎腳踏車的熊。

由於齒比很低，你必須把踏板踩得很快才能騎出速度。沒有換檔裝置，騎彎道時就把一邊的膝蓋伸直。關鍵在於正確地進行跳躍動作，藉由把重量向前移來加快速度。「抓對時間最為重要」——如果在不該減速的時刻失去速度，要再重新加速就很吃力。一開始時的恐懼很快就消逝無蹤。也許是因為我的速度沒有快到足以令我膽怯。要從事這項活動我顯然太老了，這個念頭從我腦中閃過，當我看著自己周圍這些小朋友，頓時覺得置身於一場電動遊戲之中。

這個項目是個無益的折衷之舉，花費極大（必須額外建造一條跑道），裹住身體的防護裝備很不舒適，尤其是在熱天裡。那個圓形跑道是那麼短，其彎道以一種陌生的文字形成了代表「多餘」的符號。

騎馬

馴馬之目的在於讓馬培養出最高的表現能力，並且使馬馴服。唯有當馬匹的自然天賦得到維持與栽培，使其達到能施展全力的狀況與態度，才能達成此一目標。馬匹的訓練無法在不受痛苦的情況下完成，這種訓練因此而有了一種道德層面，因為它符合人類一種人為的、故而也可以放棄的心願。

——德國獸醫蓋爾德．侯伊許曼（Gerd Heuschmann）《戳到痛處》（*Finger in der Wunde*）

細節我幾乎已經不記得了，但我還記得彼得和我一整天都在找一扇後門，能讓我們進去看奧運比賽。我們住在諾伊豪森，寧芬堡宮奧林匹克公園就在附近，在那兒正在進行一項與馬匹有關的比賽，我們就只知道這麼多，於是我們趁著收票員不注意的時候，穿過柵欄溜進運動場。我們對自己的勇氣很自豪，也好奇即將見到的熱鬧場面。一匹馬慢吞吞地走進方陣，轉著圈，走斜橫步。有時牠會停下來，有時牠會轉身，有時牠舉起一條腿，有時揚起頭。我們迅速逃離比賽場地，溜進漫畫店，花了幾芬尼買下破舊的小本漫畫：《牧野風雲》、《夏安小子》、《藍莓上尉》（我們有五馬克，是彼得的爸爸塞給我的，要我顧好他兒子）。天底下就有這麼倒楣的事：你好不容易溜進一場奧運決賽會場，碰上的卻是花式騎術比賽。

本章的主角名叫尼歐，配角名叫茱莉。尼歐是人類的朋友，至於茱莉嘛，我就不是很確定。我有點愛上了尼歐，而茱莉原本就是我的朋友，所以她把我安頓在布蘭登堡邦一個村莊裡一星期，教我騎馬的基礎重點。要想學更多是不可能的，因為按照茱莉的說法，就連要進行最簡單的花式騎術都必須要投入好幾年的時間。尼歐和我都沒有這麼多時間。

在我登上馬鞍之前，我們藉由地面訓練來澄清權力問題。我拿著練馬索在牧場上走來走去。如果我稍微踏向前，里歐就慢慢走向左邊；如果我稍微向後退，牠就會慢慢走向右邊。如果我突然轉身，牠就會停下腳步。茱莉向我說明：「我們這樣做是要讓尼歐和你彼此確認誰是老大。你們已經澄清了這一點，只不過你還沒有察覺。牠明白並且接受了這件事。在騎馬時這有所幫助，牠知道坐在自己背上的人懂得牠的語言。牠不需要做決定，而會等待你做出決定。自己做主的馬匹對牠自己和人類都是種危險。牠們的決定缺乏理性而且驚慌失措，牠們會跳向某個地方，或是停下不動。」

現在我獲准坐上馬背進行第一堂騎馬課。天候不佳，下著小雨，天光漸漸消逝。

尼歐先是踱步。我要先習慣這個高度，保持放鬆，跟隨著馬的動作。茱莉問我怕不怕，而我感到很興奮。她要我鬆開一隻手，然後鬆開兩隻手，用手去碰觸腳尖。結束前是小跑步，茱莉的手抓著轡頭。一隻蚊子棲息在我的手臂上，我不假思索地用右手往左臂上一拍，想把蚊子趕走。尼歐受驚了，我緊緊抓住馬鞍，第一次感到有點膽怯。馬是敏感的動物，任何不尋常的動作、任何突如其來的聲響都會令牠們不安。運動用的馬匹尤其敏感，表現出牠們身為逃遁型動物的天性。許多學習騎馬的人無須面對馬的這種天性。茱莉說：「一匹馬如果在騎馬學校裡待了一輩子，被騎得麻木不仁，牠就不會再時時警戒。在騎馬學校這是常態，好處在於牠們很可靠，你甚至可以用鞭子去抽牠們，牠們也不會拔腿狂奔，牠們失去了天生的反射動作，心理上不健康。」在接下來那幾天裡我和尼歐培養出一份特殊的融洽，是在一匹騎馬學校的馬身上體會不到的。尼歐和我對彼此幾乎不覺陌生。在第一天之後，我每次騎馬之前就期待著與牠再見。而我覺得牠也並不討厭我的到來。後來我察覺教我騎馬的其實並非只有茱莉，而是還有尼歐。牠表現出耐心與諒解。

隔天早晨，我們進行了一小時典型的練馬索練習。茱莉站在中央，用練馬索拉著尼歐。她下達命令，我就只是坐在馬背上，練習慢步、快步、跑步時的正確姿勢，正確的與馬同行。在馬鞍上轉身（夢想著自己是印第安人），張開雙臂，轉動雙臂（馬戲團的表演節目），動作要慢，顧及尼歐生性敏感。閉上眼睛，因為視覺會妨礙你專注於根本的事物，這種練習我在其他運動中也曾做過。骨盆在騎馬時十分重要，必須盡量在節奏上配合馬兒的動作。茱莉要求我在慢步時膝蓋要往外壓。這樣做對我來說不僅很難，而且會痛。不管是由於髖部神經阻滯還是由於肌腱變短，總之我太不靈活。茱莉提議：「我們可以做些特定的體操動作。不過，騎馬的人很少這麼做。他們很少會先暖身，雖然骨盆的靈活度如此重要。」在一場比賽中，如果有人做起伸展體操，多半會招來嘲笑或是輕蔑的目光。沒有輔助運動，沒有體能訓練——就只是騎馬。

原因也許在於從騎士的角度來看，馬才是運動員。馬兒接受身體上的嚴格訓練，定期去看物理治療師，並且按規定飲食。這就夠了。針對馬的禁藥名單要比針對騎士的禁藥名單更長，這就證明了馬才是運動員。有些馬被注射了大量藥物，因此即使在小型比賽中都有禁藥檢測。

也有另類的騎馬學說，例如體育學家埃卡爾特．麥納斯（Eckart Meyners）的主張，他替人類發展出一種騎馬特有的運動學，藉由精細入微的分析能發現馬兒感覺到的緊繃，哪怕是再小的緊繃都會對練習產生不利的影響。

接下來是小快步。我要把臀部稍微從馬鞍上抬起來，腳踩在馬蹬上吸收一次小快步，然後才再坐下。如果能做到，感覺上就像四四拍一樣自然。茱莉對我表示：尼歐很放鬆，因為我維持著平衡。問我要不要大膽地試試跑步？我怎麼能拒絕朝著墓碑騎去呢？那陣動盪令我驚訝，在馬背上的感覺要比在旁觀者眼中更為戲劇化。臀部應該要緊貼著馬鞍，雙腿則必須要放鬆地垂在兩側，在膝蓋和馬鞍之間應該要留有一道看得見的縫隙。骨盆要以均勻的節奏隨著馬兒一上一下、往前和往後推移。

下一個學習步驟要歸功於一個玩笑。我鬆開雙手，模仿在全速奔馳中以雙槍射擊的獨行俠。就在這一刻，我的目光投向遠處，不自覺地放鬆了肩膀，我的身體和尼歐的身體在一個共同的動作中合而為一。這是由於把注意力從緊張的專注上轉移開來而得到的成功！

我們練習快步的技巧。當我的肩膀內側向後移，我必須在馬鞍上坐直，以保持節奏。相形之下，相反的姿勢感覺上的確比較不順暢，比較沒有節奏。初學者在騎小快步時會坐得太直，隨著信心逐漸增強，你就會讓自己隨著節奏從馬鞍上被抬起來，幾乎不需要費力，允許那股擺動把你往上拋，坐下時則需要肌肉使力加以控制，因為你不該跌坐在馬背上。在另一個練習中，我必須在節奏中空下兩拍，再按照節奏彈上彈下，這是訓練正確坐姿的有效練習，有經驗的騎士也會使用，如果他們自己或是馬兒不夠放鬆。

隔天早晨我的肌肉沒有痠痛，這令茱莉感到驚訝，她說這是個好兆頭。「緊緊抓著的人就會肌肉痠痛，隔天就得用雙輪推車載著他走，這是因為用來壓緊膝蓋的肌肉平常幾乎沒被用到。」

第三天在馴馬場我經歷了運動生涯中最驚人的頓悟時刻。我的任務乍聽之下像是要變魔術：我要駕馭著尼歐向左或向右，單單只是藉由望向我希望牠走的那個方向。這種心電感應起初沒發生作用。直到我試圖更強烈地表達出我的願望。看哪，尼歐乖乖地邁向右邊（往左就沒那麼成功）。我簡直不敢相信。茱莉向我說明：「這被稱為透過重量轉移來轉向，是騎馬的最高目標，這一點很多人都忘了。身體姿勢會隨著目光的方向而改變，讓馬兒了解你想往哪裡去。這是馴馬的關鍵。」

我心滿意足，明白了韁繩的功能只是附帶的。駕馭的工作絕大部分是透過身體姿勢來進行，透過骨盆的溫和動作。據茱莉說，只有極少數的騎士學到了這一點。她說人類習慣用手。「大多數人學騎馬時會聽見別人說：如果你把韁繩向右拉，馬兒就會向右走。這是錯誤的，以這種方式永遠無法達到正確的溝通，因為馬兒只是屈服於疼痛。讓馬兒試著移到你的重心下方是比較好的作法，畢竟穩定對牠也有好處。」

因此，仰賴韁繩的人在運動上未能完全發揮。甚至可以斷言：使用韁繩意味著自己是個失敗的騎士。韁繩應該是在其他辦法都起不了作用時才用的，是種校正的協助，如此而已。

騎士有種種不同的方法讓馬兒得知自己的願望，那些所謂的輔助手段：重量轉移、大腿施壓和韁繩，還有聲音（在比賽時不准使用），以及馬鞭和馬刺。韁繩其實只有在左右馬的頭頸位置時必須使用，因為你很難用大腿或坐姿來傳達脖頸的姿勢。有的轡頭有銜鐵，有的沒有，不過在花式馬術比賽中只允許使用有銜鐵的轡頭。在等級比較高的比賽中甚至會使用一種有四條韁繩的銜鐵，整個馬嘴全是金屬，這源自於軍隊，而且十分複雜，不是業餘運動員所能駕馭。銜鐵就如同字面給人的想像：一根具有增強疼痛效果的棍子，由於它對馬嘴施加極大的壓力。藉此比較容易讓馬去做被迫採取的姿勢。

隔天尼歐和我的關係又加深了一些。我用小腿內側的輕輕驅動來鼓勵牠轉向。尼歐很快就懂得了我的意思，真是令人讚嘆。不久之後我們就也能成功地向左轉。駕馭順利進行，幾乎無可挑剔。尼歐的反應愈來愈靈敏，我察覺我們是一個團隊。在練習花式騎術時，必須有兩個運動員一起成長：騎士和馬。根據常見的原則，理想的情況是騎士或馬兒其中之一已經受過訓練。但在實際情況中，往往是都缺少經驗的雙方必須適應彼此，因為一個初學者很少會騎上一匹已經受過訓練的馬，就如同一個參賽的騎士很少會騎上一匹未經訓練的年輕馬匹。因此，雙方會一起經歷一段成長的過程，這段過程把他們緊緊相繫。

挫折當然也會有。在成功地訓練三個月之後有可能會忽然忘了一切。這時你必須要能夠倒退幾步，而有些騎士很難做到。別抱太多期望，一小步一小步來，這考驗著耐心。在重新成功之後不要吝於稱讚，更不要吝惜獎賞。能對尼歐產生獎勵效果的不是胡蘿蔔，而是小熊軟糖（「哈瑞寶軟糖」應該要成為茱莉的贊助廠商）。在這份不尋常的關係中，馬兒反抗騎士的那一剎那不知何時就會到來，而只想仰賴暴力和權威的人多半會是輸家。茱莉說：「你必須要更聰明，而不是更強壯。」

不同於我們在電影中所見，馬刺也應該要少用。馬刺本來應該是輕刺馬腹的一種輔助工具，用來更精確地傳達特定的指示。有些騎士過度使用馬刺，而且還向馬兒下達互相矛盾的命令，例如在前面拉緊了韁繩，後面又重重地用馬刺去踢。結果把馬嚇壞了，牠會流汗，感受到壓力，尾巴僵直，背部僵硬。

我注意到尼歐喜歡把鼻子往前面下方推。這能減輕脊椎的負擔。牠自動自發去做的是一種伸展練習，也是花式馬術跳躍動作的先決條件。這幾十年來的審美觀有了改變。從前的人讚賞「緊張的騎術」，馬兒受到驅策把身體高度緊繃，做出過度亢奮的動作。這種亢奮如今已被捨棄，改為一種較放鬆的動作。就像一艘賽艇一樣，一匹受過良好訓練的馬兒在騎士勒馬時把身體的軸心向後降低，重量落在後腿上，前腿則沒有負擔。茱莉認為這是負載騎士最健康的方式。以身體構造而言是正確的，就審美而言也賞心悅目。花式騎術的整套動作都在大自然中可以看見，大多數是求偶時的行為。就連看起來很奇怪的倒退走也一樣，這是在一匹母馬面前表示服從的姿態（馬的世界是母權社會）。

小看花式騎術的人應該去翻閱一下「德國馬術協會」的比賽科目表，從前是鮮黃色，如今是深藍色，其中列出馬術比賽的各種要求和規範。那是種活頁裝訂的手冊，就像德國每個法律系學生都見過的活頁法律彙編一樣。那些科目係依照難度來排列。隨便翻開一冊，例如Ｌ４（Ｌ代表「容易」），裡面詳細地規定了每一個動作，以此例而言是十九種不同的科目，一種高度複雜的步法設計，要熟記並不容易，因此負責評分的裁判往往會透過擴音器逐一喊出那些科目。

茱莉有滿腹令人驚訝的知識。一天晚上我從她口中得知馬兒並非天生就適合給人騎。馬的背部沒有足以負載一個人的肌肉群，那些肌肉得要先被訓練出來，就像一個勤奮的運動員訓練自己身上的肌肉一樣。而那些肌肉隨著時間發展得很快，因此必須一再配合已改變的身體構造而調整馬鞍。等到一匹馬培養出必要的肌肉群，要花五年時間。順帶一提，如今透過育種可以省去一部分的訓練。

那麼騎兵呢？千百年來騎士與馬之間那種人馬合一的默契？茱莉認為從前的馬比較重，是體格粗壯的戰馬，能夠負載戰士和盔甲。如今所飼養的則是苗條、優雅的馬，比較不能負重。此外，騎兵對馬匹的訓練更適合馬的天性，更謹慎、也更徹底。沒有如今競賽運動的倉促和過高的好勝心。在軍隊裡會花四到五年的時間來對馬兒進行基礎訓練。如今這個過程在一年之內就執行完畢，昂貴的育種壓縮了飼養的時間，好讓牠們能盡快被賣掉。運動用馬匹被太早送去參加比賽，以便藉由得到好成績來抬高價格。牠們身上除了頸部以外的肌肉都還沒有長好，就像一個練健身的人由於訓練失當而在錯誤的部位長出訓練過度的肌肉。

在替尼歐刷洗時，我注意到牠左大腿上有個烙印：兩個寫意的馬頭。這種標記幾乎已經不合時宜，因為如今的馬身上被植入一個晶片，含有一個十五位數的代號，註記著馬兒身分證明上的一些資料，例如出生日期。就像我們人類一樣分配到了一個身分證字號，問題只在於我們何時會把這個號碼植入皮膚下。

要買一匹馬大約要花一、兩千歐元，這個價位可以買到有點問題需要糾正的馬或是可以屠宰的馬。如果是一匹受過訓練、正當盛年、又有比賽經驗的馬，就得要花上一萬五千歐元。而這還只是最基本的投資，另外還有小額的附帶支出：

馬鞍：三千歐元。
馬廄的小隔間：每個月四百歐元。
請人代騎：每個月四百歐元（一個教練負責在馬主人出外旅行時去遛馬）。
鐵匠：每六週一次，至少一百歐元。
牙醫：每年兩百歐元。
飼料：每個月一百歐元。
物理治療／骨科治療／脊椎按摩：每次一、兩百歐元（一年多次）。
拖車：五千歐元（其實只有越野汽車才被允許附加拖車，一輛福斯 Polo 若是拖著兩匹馬走在路上將會危害公共安全——由兩匹馬拖著一輛福斯 Polo 還比較可行）。

獸醫：注射疫苗、醫治腫塊和咳嗽等小毛病每年大約要花一千歐元。如果碰上絞痛或是較嚴重的傷勢，就必須把馬送去醫院接受昂貴的治療。

所有這些費用都得由馬主人負擔，而且這是單單一匹馬的費用。然而單是為了參加區域性的比賽，大多數人就會擁有兩匹馬，更為投入的騎士甚至擁有四匹，分屬不同的年齡層，好讓騎士在任何時候都能從事這項運動。這些花費可以被視為騎馬這項運動的一個缺點。

傍晚時分，我坐在牧場上，望向鄰居的牧場。只有一匹孤伶伶的馬站在那兒。牠的驕傲顯而易見。威尼是一匹教學用馬，快四十歲了，這二十年來在此地頤養天年。人類是那麼令牠失望，因此牠不讓任何人靠近牠。牠的姿勢遠遠就清楚表明：我受夠你們了。

馬術比賽

在為此書蒐集資料的過程中，我有幾次報名參加了比賽，雖然明知道比賽要求超出我的能力，而我將會大出洋相。但我無法報名參加馬術比賽，因此我以觀察者的身分陪同茱莉前去參加一場比賽。

準備工作所花的時間要多過騎馬的時間。馬兒必須要刷洗乾淨、毛皮刷亮，馬鬃綁起來編成辮子，這種美容工作具有實際的作用，能讓評分裁判清楚看見馬頸兩側的肌肉。這種工作沒耐心的人做不來，對於像茱莉這樣把馬匹以適合動物的方式養在開放式馬廄裡的人來說尤其辛苦，因為馬兒會在泥漿裡打滾，弄得濕漉漉的，馬鬃也變得蓬亂。大多數的馬兒被飼養在馬廄裡，很少出來，這能讓人省下很多精力，包括保養在內。那些規則尚未完全脫離舊日軍隊對士兵的刁難。從前，士官長會從一匹馬走向另一匹馬，用手指去摸馬背，如果看得出一絲骯髒，那匹馬就得重新擦洗過。比賽的規定林林總總，沒有什麼是聽其自然的，這是昔日嚴格軍事制度留下的影響。騎馬運動之所以在一次大戰後發展起來並非偶然，在某種程度上它用比較和平的手段延續了騎兵的工作。

該場比賽於「帕亨狩獵小屋」騎馬練習場上舉行，位在哈維爾蘭縣某處，就在一座樺樹林中。當我們開車進去時，一輛救護車迎面駛來。茱莉淡淡地說：「嗯，第一樁騎馬意外已經發生了嗎？」那個停車場本來很大，可是對這麼多輛掛著拖車的吉普車和貨車來說就嫌小了。一個障礙賽騎士停在我們旁邊（茱莉朝騎士和馬看了一眼就看出了他們的參賽項目）。他說他前一天和十五名女性一起參加了一場障礙賽。他贏了，得到的獎品是一罐除皺紋夜霜。第二名的獎品是一把樺條掃帚，但他不敢提議和第二名交換獎品，因為別人可能會將此舉解釋為性別歧視。

就連我都能察覺那些馬兒非常緊張：五百匹同類擠在狹窄的空間裡，而彼此間的地位高下不明。有些馬兒學到了對這片混亂置之不理，但是每一場比賽中幾乎都會有一匹馬衝出去，像被黃蜂螫了似地飛奔而去。主辦者沒有留意別去刺激那些馬。比賽場地裝飾著旗幟或是贊助商的廣告，在風中飄揚（這種時候尼歐就不願走進賽場）。擴音器以一百五十分貝對著馬和騎士的耳朵轟炸。旁邊有個賣啤酒的攤位，吵鬧得很。茱莉說：「有一次旁邊有小孩在踢足球，結果尼歐從比賽場地跳了出去，測驗馬上就結束了。那是項挑戰，你的馬必須要個性穩定，並且非常信賴你，才不會由於這種事而失去冷靜。尼歐不夠沉穩，個性沒有成熟到讓自己不會因為這些事而感到不安。」

馬兒打扮得比騎士漂亮。燕尾服和禮帽、領夾和髮網連同一套僵化的禮節結合而成一種帶著樟腦丸氣味的美學。穿著白長褲、白襯衫，戴著白手套來從事地球上最骯髒的運動是貴族時代的餘緒，當馬僮和女僕負責讓一切都乾淨閃亮。我未經訓練的眼睛比較能看出馬兒之間的差異，卻看不出騎士之間的差別。雖然有些騎士擺出的姿勢比其他人優雅，但整體說來我看不出他們表現如何。因此當我看見一位女騎士在評分結束後下馬，而她的襯衫就跟她的馬一樣全汗濕了，我格外感到驚訝。

那個女子臉色難看，大聲向她丈夫抱怨：「在那之後牠就跑個不停，總是這樣，然後牠根本就什麼都不願意做了。」她恣意發洩她的失望，說起那匹馬就像說起一個沒教養的小孩。茱莉說：「會發生這種事向來都是騎士的錯。以為馬兒是由於愚蠢或不情願而做錯事，這種想法是不對的。」那個女子散發出的氣場實在很糟，讓我無法想像誰能與她和睦相處；而如果就連從旁經過的我都已經感覺到這一點，一匹每天被她騎著的馬又會是什麼感覺呢？

在某些運動中運動員會受到折磨，但他們大多是自願的，就算鑑於某些國家（例如中國）的實際情況你也許會懷疑這一點。在騎馬運動中，許多年來就一直有人高聲指責這是虐待動物。經驗豐富的參賽者說起有騎士用馬刺把馬兒折磨到流血，用韁繩抽打馬的頭部。茱莉說：「我一再看見過度緊繃的人騎著過度緊繃的馬，用強迫和力氣勉強做完一次高難度動作。那些馬兒全都張著嘴在韁繩後面跑，因為馬勒弄痛了牠們。」

那場比賽還在繼續。我湊巧站在一個男孩子氣的女生旁邊（男孩子氣的女生在馬場上並不罕見），和她聊了起來。聊了兩句之後，她問：「你來這裡幹嘛？」一個人的無知是隱瞞不了多久的。我的寫作計畫激起了她的興致，她向我說明：「最壞的騎士往往能贏得比賽。他們用毆打的方式使馬兒獲勝，尤其是在障礙賽。因為這能讓馬跑得最快。這種作法蔚為風氣，評分裁判也不會說什麼。」

有些騎士似乎已經忘了這項運動最初的理念。他們為了馴馬術而利用馬，而非為了馬而使用馴馬術。和尼歐相處了一星期之後，我能體會人要如何和馬建立起親密關係，卻更加無法理解有人會為了像一座獎盃這樣無足輕重的東西而去折磨馬。

障礙賽

在障礙賽中以馬和騎士之間的對抗為主，至少身為觀察者的我得到這個印象。在有些騎士和他們的馬兒身上幾乎完全看不見馴馬術中人馬之間所發展出的默契。如果直接站在障礙賽跑道旁邊，你會察覺馬的前腿多麼大力地敲打在那些橫木上。單是那個聲響聽起來就很痛。有些障礙賽騎士會擊打馬腿，讓牠們習慣疼痛（馬的中央神經系統和人類相似）。我注意到有些騎士粗暴地扯著轡頭。有一些馬兒十分不情願聽從命令，牠們拒絕跳躍，驟然停住，幾乎立定躍起。茱莉花了一星期傳授給我的那些微妙信號在此地顯然不太適用。我所看見的與我所學到的大相逕庭。跳過超過一百六十公分高的障礙不屬於馬的天生動作，這一點應該沒有爭議。尤其是當牠們年紀還小，尚未訓練出前文中所提及的必要肌群就被迫去參加比賽。

我很能夠想像馬兒高高躍起所帶來的刺激，也很能體會馬兒所受到的痛苦。有些馬的空間感比較好，騎士只需要稍微給牠們打個信號。技巧在於正確的起跳，先以多次快跑跳躍作為準備，這些快跑跳躍必須有相當的長度，因為如果馬腳對著障礙物的角度不對，跳躍就不會成功。這時馬兒和騎士就必須縮短或延長在那之前的快跑跳躍，而真正優秀的馬會自己做出決定。

我自己沒有騎馬跳躍過障礙，因為按照茱莉的估計，儘管我的平衡感很好，就算只是要跳過一個低矮的障礙物，我也得要練習半年。而且即使是在半年後，這樣做也還是帶有很大的風險，同時我還得要有一匹有能力做此跳躍的好馬。可是除非用偷的，我們要上哪兒去弄來這樣一匹馬？茱莉說，由於那股極大的推力，跳躍的動作在馬鞍上感覺起來「很驚人」，你必須要跟著動，以特定的方式直起身子，否則你就會從馬鞍上被甩下去。此外還有另一個問題，就是馬兒常常拒跳。如果發生這種情況，你就會飛出去，摔在那些橫木上，即使是在最好的情況下，這也會是種痛苦的經驗。

全能馬術賽

全能馬術賽（從前被稱為軍事馬術賽）結合了花式騎術（也被稱為「盛裝舞步」）、障礙賽和越野賽。這項比賽我更是無法藉由親身參與來得到印象。光是因為很難找到能勝任這些差異很大要求的馬，我就無法參與。由於發生過許多意外事故，越野賽的難度這幾年來逐漸降低了。

現代五項

由於前文中已經描述過的限制，我也無法參加包括了擊劍、射擊、跑步、游泳和騎馬障礙賽的現代五項比賽。

蹲下來

舉重

想像一下你把你最大的皮箱裝滿你最重的書本，然後蹲下來，低到臀部幾乎要碰到地面，再用力把身體抬起來，同時把手臂向上伸直，讓那個滿腹經綸的皮箱在你直立的身體上方搖晃。如果你真的能夠想像，那你就做好了「抓舉」的準備。

在所有的運動種類中，我覺得舉重最缺乏吸引力。因為它所促進的能力在生活中很少能發揮作用（其實只有當你要搬家時才用得到），其次是因為它並不能使人類變得高貴。可是偏偏造化弄人，我的故國恰好在這項運動上有著輝煌的歷史：保加利亞的舉重選手在奧運中贏得過十二面金牌。有這種文化上的遺傳因子，我必須欣然接受舉重。

在童年的一份早期記憶中，我站在保加利亞北部大城普列文的一個公車站。我在爺爺奶奶家過暑假，被養得胖胖的，像個超重量級運動員。我們看見一個等車的人蹲下來，把一雙手臂舉到胸前，然後伸直手臂，從蹲姿一躍而起。這樣扭動身體很奇怪，我心想。爺爺有點生硬而正式地向我解釋，說那是一種名叫舉重的運動的標準動作。我卻覺得那個陌生人彷彿想把空氣變成沉重的物質。許多年後，我讀到日本有些西裝筆挺的男士在東京地鐵月台上練習高爾夫球的揮桿動作（不過我在東京時一次也沒見過）。有些運動很適合做模擬練習。在寄宿學校裡，我們在下課時空手練習板球的投球動作，而柔道手能在沒有對手的情況下練熟某些摔倒對手的技巧。但我從未在公園裡見過哪個人手持想像中的劍跨出一個箭步。

我幾乎已經忘了公車站那個矮壯的男子，直到一九八八年的一個夏日，我得以親眼見到奧運史上最傑出的表現。當年的蠅量級比賽充滿了政治氣息。一九八〇年代末期，保加利亞的共黨政權對國內的土耳其少數民族進行了文化上的種族滅絕。他們的姓名被改成斯拉夫文，語言被禁止，墓園被毀壞。抗議行動遭到血腥鎮壓，史達林時代位於多瑙河中貝勒尼小島上的勞改營被重新「啟用」。小個子的諾姆．沙拉曼諾夫（Naum Sulejmanow）很早就已經是個傳奇人物，十六歲就成為世界冠軍，不久之後舉起了三倍於他體重的重量。從那以後別人就只稱呼他為「袖珍力士」。他在一趟國外旅行途中偷偷溜到土耳其，在那裡恢復了自己的土耳其姓名納伊姆·蘇萊曼諾古（Naim Süleymano lu）。保加利亞和土耳其之間針對他個人身分的爭執後來以一百萬美元解決。

納伊姆的六次試舉都各自打破了一項奧運紀錄或世界紀錄。比賽結束時，他創下了三項新的世界紀錄，第二名舉起的重量比他少了三十公斤，第三名甚至少了五十五公斤。納伊姆假使去參加下一個重量等級也一樣會奪冠。

對我來說，舉重這項運動我理所當然要在保加利亞練習。我迅速與當地的舉重協會取得聯繫，一張邀請函也隨即送達。可是等我搭機抵達索非亞，保加利亞國家舉重協會的主席告訴我，那些運動員不想和記者打交道，自從當年三月有十一名運動員在禁藥檢測中被測出陽性反應，使得整個協會都被禁止參加國際比賽。我昔日的故鄉又一次棄我於不顧。

不過，不幸中有幸：在施托克勞，維也納附近一個不起眼的小鎮，一家「漢堡王」就是當地的建築地標，米藍在一家健身房附屬的小房間裡訓練少數幾位奧地利頂尖舉重選手，那個場地會讓人產生幽閉恐懼症，顯露出舉重運動的邊緣地位。米藍來自斯洛伐克，口音溫和。他有耐心地把我收入門下，先教我抓舉。我們用沒有槓鈴的橫槓一步步學習抓舉的技巧（男子用的橫槓重二十公斤，女子用的橫槓重十五公斤）。雙手分得很開抓住橫槓，四根手指包住拇指，背部維持挺直，伸直的手臂把橫槓舉到膝上，身體站直。膝蓋迅速地短暫向後縮，然後以微微仰起的姿勢把重量向上拉，手肘向外。在這個「拉的階段」之後是「下蹲」：低低蹲下的身體在橫槓的重量下盡量準確地就位，以便用全副力量站起來。

在我試了幾次之後，米藍不太樂觀地表示：「噢，我們有點問題。」問題在於我，或者說是在於我沒辦法在舉著重量時蹲在腳後跟上。就跟大多數的問題一樣，這個問題以前也已經出現過，也已經有一個針對「年長者」的實用辦法，他們可以用弓箭步來代替蹲下。

我們練習舉起二十五公斤、三十公斤、四十公斤。重量愈重，我就愈清楚地感覺到技術上的每一點偏差。起初我常常用手臂去拉那個槓鈴，而不是把整個身體當成槓桿來用。米藍提醒我在舉起較重的槓鈴時，這樣做很容易會導致二頭肌的肌肉纖維撕裂。他一再灌輸我舉重的基本概念：精湛技巧的目的在於讓最強壯的身體部位承擔最大的負擔，因為肩膀要比二頭肌有力，軀幹又比肩膀有力。而大腿是極有潛力的活塞，這就是為什麼舉重選手的下半身肌肉要比上半身更發達。

薩吉斯．馬提若斯揚（Sargis Martirosyan）在我旁邊訓練，他是亞美尼亞人，希望能代表奧地利參加奧運。要入籍奧地利他必須等待多年，現在他「只」需要取得參加奧運的資格。每個星期二的午餐時間他就坐在電腦前面，希望能得到正面的消息。他有許多年不被允許參加國際比賽，也得不到政府的贊助。薩吉斯都撐過來了。他練習試舉時引人注目之處在於動作的流暢，那股動力使那巨大的重量化為烏有。在拉舉時加入了一股爆發力，對槓鈴展開奇襲，也令觀眾大吃一驚。在轉眼之間就將重力擊敗。薩吉斯慢慢進行拉舉階段。我問他為何慢條斯理地開始，他答道：「你必須要慢慢開始，之後才能夠加快速度。一開始動作太快的人後來就只能變慢。」所有的年長者可以把這句話奉為箴言。

挺舉對我來說則比較容易。我想像自己能夠分配工作、彌補錯誤、糾正缺點。挺舉把舉重以一齣兩幕劇呈現，兩幕之間有短暫的休息：首先你把橫槓舉高，直到它停在上半身，然後吸一口氣，集中注意力，再以一個大箭步把槓鈴高高舉起。這個挺舉必須要力道十足，幾乎是微微跳躍。根據橫槓所發出的聲音就能得知我是否以足夠的動力舉起槓鈴（「橫槓必須要發出響聲」）。

第二次訓練時我們就已經像職業選手一樣做準備，在手上沾粉（其實只有在拇指和食指之間），集中注意力。米藍示範給我看要怎麼啟動背部肌肉：藉由一次短暫、強烈的摩擦。按摩一分鐘。有一次，為了徹底模擬比賽的情況，他帶來一個裝著阿摩尼亞的小瓶子，讓我嗅一嗅，以使呼吸道暢通。米藍必須提醒我要注意的幾點：背要挺直；雙腿分開，讓膝蓋碰到手臂；挺舉時用上全身的力量；跨出箭步；舉起時分開雙臂。雙腳併攏，停下來，固定不動，直到裁判亮出白燈表示試舉成功，以我們的情況來說是米藍會用舌頭發出「答」的一聲。我常常在結束時會搖晃，因為我把槓鈴舉得太前面，就物理學而言這個姿勢不太有利，使得力量較弱的肌群必須要設法彌補，假如舉的是比較重的槓鈴就沒辦法這麼做了。

練習一再重複。舉重需要的毅力勝過天分，這使得你很容易入門，但也很容易放棄。我感覺到自己心智上的疲乏。其他的舉重選手用謾罵來忍耐這種單調。他們的訓練由熱烈的嘲弄構成，間或被有力的屈膝動作打斷。引人注意的是，舉重選手除非必要從不舉起任何東西。放置橫槓時用的是腳，槓鈴在成功試舉之後就被摔在地上。

米藍說：「舉重選手時時在節省自己的力氣。」我答道：「我了解。他們是用腦工作的人。」

有一天，米藍塞給我一本小冊子：貝比槓鈴，適合幼兒的舉重，以強化脊椎。這是一種預防措施，能避免常見的姿勢錯誤。在折頁上，一個小孩用一隻手臂舉起了槓鈴。「這有益於技巧。」米藍解釋。我們隨即練起單臂舉重，曾經也是奧運中的一個項目。舉重屬於最古老的運動，早在中國的周朝（西元前十世紀至西元前三世紀）就已經有人從事。要想從軍，新兵必須要先能舉重。在古埃及文物上可以看見運動員高高舉起沙袋，在古希臘的花瓶上描繪著運動員舉起大石。古希臘人也使用啞鈴，由石頭或鉛製成。古羅馬人則加以仿效，就跟在許多事情上一樣。但是「肌肉」這個德文字「Muskel」我們卻得要感謝羅馬人：「musculus」這個拉丁字本來的意思是「小老鼠」，要在健美先生鼓起有如小老鼠的肌肉時，我們才會明白這個獨特的比喻。我們當然可以把肌肉形容為調教良好的寵物；肥肉就不聽從任何命令，而是自主自決地晃來晃去。舉重的火花從古希臘羅馬時期傳至文藝復興時期，人體結構的知識從古希臘醫學家蓋倫（Aelius Galenus）接續至義大利醫師梅庫里亞（Girolamo Mercuriale），他可說是重量訓練史上的達文西。梅庫里亞撰寫過《體操的藝術》（一五六九年），書中插圖畫出舉重者用沉重的石板練習，就像沒有起重機可用的建築工人。

「貝比槓鈴」就是舉重的悠久歷史中的最新發明。這個六公斤重的塑膠啞鈴是米藍自己研發出來的。他熱情地說起在家鄉幾所學校裡發起的一項計畫，在學校裡訓練那些幼童，校長則坐在辦公室裡，透過無處不在的攝影機好奇地觀察那些小孩的反應。「孩子從中得到很多樂趣，」米藍說，臉上綻放出自豪和自信的笑容。他向我解釋，人類本能地會採取正確的姿勢。兩歲大的孩子如果要去鏟沙灘上的沙子來堆城堡，他會以挺直的脊柱蹲下。成年人才會彎腰駝背。生活的重擔把人往地面壓。如果有人駝著背走進健身中心，你就能推斷出他的心理狀態和他的人生。

米藍說：「人類生下來時有健康的脊柱，是生活把它弄壞了。」

當米藍帶著薩吉斯前往德州休士頓參加世界錦標賽，我們不得不中斷訓練。薩吉斯在比賽前受了傷，俄國一個名叫亞歷克斯．洛夫裘夫（Alexei Lowtschew）的超重量級舉重選手創下了驚人的世界紀錄。四週之後世人得知他在禁藥檢測中被測出對生長荷爾蒙伊帕瑞林（Ipamorelin）呈陽性反應。他和另外二十三名運動員都暫時遭到禁賽。

米藍會說：「一切都是態度問題。」

奧運冠軍的成績是三百八十五公斤（抓舉與挺舉的總和）。我的成績是一百公斤。

空翻

體操

我的心靈曾經受過創傷。當我們在一九七七年從肯亞移居至德國，我既不懂德文，也不會做體操。我融入德國生活的過程有高潮（語言），也有低潮（體操）。德文老師要我別讓隔壁的同學抄我的作業，體育老師卻在輪到我上場時生氣得拉長了臉，一臉輕蔑地盯著我，當我又一次沒能做好槓上盤旋動作。在體操課上我的詞彙有限，發音不標準，會在最簡單的文法規則上絆倒。體育老師把我視為窩囊廢，對我不再抱有期望（後來我得知他酗酒），從此對我視而不見。當其他同學試圖擺脫重力的限制時，我只能站在攀爬架前面。我深感委屈，固執地待在體操的一個平行世界裡。當我想像體操是德國的「共通語言」，我就是一個有口難言的異鄉人。

我對體操的反感在知性上也有正當性，由於體操乃是源自鍛鍊士兵體魄的精神教育。在德國體操之父楊恩（Friedrich Ludwig Jahn）的基礎著作《德國體操》之後是教育家顧茲姆斯（Johann Christoph Friedrich GutsMuths）的《給祖國子弟的體操教材》。把體操視為條頓民族的義務，把單槓上的三百六十度迴旋當成對祖國的禮讚。教育目的沒有戰鬥能力重要。顧茲姆斯在他的第一篇文章〈青年體操〉裡還意欲阻止社會中身體的衰敗（這顯然不是什麼新鮮事）。古希臘羅馬時期對身心平衡的理想才剛獲振興，就得替「德國的目標」效命。顧茲姆斯從一個全面的啟蒙者變成一個德國教育家。他向普魯士大臣建議，藉由體操來鍛鍊下層民眾以「為國效力」。愛國主義的二頭肌不純粹只是德國的理想，其他國家也在鞍馬上重新贏回自尊。彼赫·亨利克·林（Per Henrik Ling）是瑞典健康體操的創始人（他的肖像被鐫刻在一九一二年斯德哥爾摩「陽光奧運會」的獎牌上），其動力來自於瑞典失去了芬蘭以及波羅的海國家，這個損失讓他覺得無法接受。英國小說家查爾斯·金斯萊（Charles Kingsley）提倡一種「肌肉發達的基督教信仰」（「所有美德中最重要的就是自制。」）另一方面，在我為此書收集資料的過程中，一再遇見深受尊重的當代人士把體操視為各種運動的顛峰，是對身體最完美的考驗。我默默地按捺住自己的深深不解。

平衡感在許多運動中都很重要，而在體操中則是基本的先決條件。你可以做一個測驗：把一條腿放在另一條腿前面，讓兩隻腳成一直線，雙臂放在身體兩側。請你保持這個姿勢。你可以移動重心，但不准伸出雙臂。現在請你稍微偏向一側，你就會摔倒。不過，你若是蹲下來，或是伸出雙臂，就比較容易保持平衡。因此當選手跳躍之後落地時你能看見他們蹲下並且伸出雙臂。也許有人會以為這純粹是出於美感上的原因，但並非如此，其目的是為了控制住落地時的搖晃。體操係由必須加以平衡的身體扭動構成。

吊環

常被人引用的套語多半詩意有餘，準確不足，可是用「精力球」這個說法用來形容保加利亞體操傳奇選手約爾丹・約夫喬夫（Jordan Jowtschew）再準確不過。他給人的感覺就像一顆灌滿精力的球，雖然這兩年來他已經不再參賽。他的精力表現於強而有力的握手和要求紀律的嚴肅眼神。他彷彿想要證實我對他的印象，當我問起一條隆起的長長跑道有何用途，他用兩個後翻筋斗和一個後空翻來回答，翻完後輕鬆站立。他做此動作的輕鬆令我肅然起敬。我頓時從一個潛在的參與者被降級成為滿心欽佩的觀眾。半吊子和行家之間的鴻溝在體操運動中特別大。奧運比賽中的自由體操彷彿推翻了自然法則。不管那些雜技動作多麼令人讚嘆，你並不會受到鼓勵去加以模仿。我在其他運動種類中都不曾如此清楚地預見自己的失敗。

我們順利地約在索非亞的一座體操館見面，讓約爾丹指導我基本的吊環動作，這是他的拿手項目，曾贏得多次世界冠軍和好幾面奧運獎牌。令我錯愕的第一件事是：吊環懸掛的位置很高（距離地面二點六公尺），我必須利用梯子爬上去，就像跳水時得先爬上跳板一樣。鑑於這個高度，也許應該把吊環稱為「救生環」比較合適。第一個練習是要把雙腿水平舉起，我勉強能辦到。接著我得保持這個姿勢，而我也做到了一會兒，雖然在顫抖。可是當我要在一次弧形擺動之後以水平的姿勢保持靜止，我的肌肉經歷了一次正面衝擊。巨大的力量作用在我身上，而我摔在厚厚的墊子上。約爾丹不帶同情地指示我抓緊吊環。幾分鐘之後，我就見識了這件體操器材的兩個中心面向：力量與擺動。而要煞住擺動，以一個特定的姿勢按照規定維持兩秒鐘不動，這需要用上很多力氣。接下來約爾丹要求我做向前擺動用手倒立。我驚慌失措地看著他。這等於是在建議我去「太陽劇團」表演。約爾丹不接受我操之過急的認輸。我們走向懸掛得比較低的吊環，他適時地把我的下半身往上一推，而我忽然就頭下腳上地懸在那裡，用伸直的雙臂支撐我的重量（約爾丹保持住我的平衡）。這真令人興奮。我甚至受到偉大體操選手的稱讚！我頓時能夠想像讓所有針對體操運動的成見都隨風而去。這股興奮持續到下一個練習。

半小時後，我粗糙發紅的雙手開始作痛。我問約爾丹：「我想這雙手會漸漸習慣吧？」

他答道：「你會漸漸習慣疼痛。」這話沒有一絲諷刺的意味。

然後他簡述了他的苦難史和受傷史：一段自我折磨的運動生涯。「吃苦」這話在我看來簡直太過含蓄。二〇一二年奧運預賽時他第五度（！）獲得進入決賽的資格，當一名記者問他是否預計自己有贏得金牌的機會，這是他唯一還缺少的一面獎牌。約爾丹回答：「我的二頭肌有撕裂傷，腕關節有部分骨折，而我快四十歲了。我參加比賽已經太久了。」

我急需要休息一下，我的肩膀、二頭肌和三頭肌都在作痛，在我休息時他和一個年輕體操選手聊天，那個年輕人一頭長髮，在吊環上做大迴旋時頭髮飛向四面八方。約爾丹殷勤地問起他的學業、經濟狀況和訓練課程，並因為他會抽菸而且偶爾喝杯啤酒而加以斥責，建議他去訓練年紀很小的孩子。當時約爾丹的聲調和肢體語言都流露出關心，因此他事後斬釘截鐵做出的評價令我驚訝：「那個小伙子不夠認真。」

約爾丹體現出一份信念：你必須要求自己全力以赴，而且你能做到的永遠比你以為能做到的更多。

單槓

在索非亞時，我問約爾丹我大概要花多久的時間才能學會單槓上的大車輪動作。他答道：「一年。」當我在斯圖加特用三百六十度的槓上盤旋來折磨自己，我覺得他的估計過於樂觀。熱心訓練我跳蹦床的米歇爾接下了這份吃力不討好的任務，讓我了解體操的入門知識。我才握住那三公分粗的鋼製單槓，就又變成了當年埃森市黑姆霍茲中學體操館裡那個被嚇壞的孩子。我無法想像那個動作，不知該從何開始。若要做心理分析個案研究，我會是最合適的對象。佛洛伊德理論中提及的各種恐懼都在我心中齊聚一堂，「原始恐懼」和「次級恐懼」糾纏不清。我虛應故事地試了一下，露出請求原諒的眼神，米歇爾的眼神則表達出遺憾。這時我聽見旁邊一個尖細的聲音在說：「這個我會，這個我會。」那是個被母親擱在體操館一角的小女孩。她跳起來，抓住單槓，一躍而上。願眾神原諒我，可是在這一刻我對這個八成還不識字的小不點兒感到一股恨意。我也恨當年那個體育老師和他右眼的玻璃眼球。

為了安慰自己，我爬上真正的單槓，高出地面二點六公尺，讓自己在單槓上來回擺動。我們必須想像泰山是快樂的，而原因就在於此。我的身體擺過來擺過去，愉快地任由外力支配，然後讓自己摔落在放著泡沫塑膠的坑裡。要從坑裡爬出來幾乎就像從自己心理創傷的陷阱中爬出來一樣吃力。

地板動作

我們從地板體操的基本項目開始。前滾翻我沉穩地完成，因為我想像自己是在練柔道。至少我學到了能以一氣呵成的動作再站起來。做倒立時我總是做不出挺直的姿勢，角度總是差了三十度。這是米歇爾的診斷，並且用智慧型手機拍下來加以證明。倒立讓我深感不適，做瑜珈時我總是跳過倒立。我的腦袋只能從內部承受壓力。由於我無法完成倒立（除非是米歇爾扶住我的腿，但是這不算數），我也就無法接著做前滾翻。地板體操很快就觸到了我的極限。

雙槓

從現在起，我的敘述會變得比較短，而這不是巧合。雖然失敗在文學上是個很好發揮的主題，但前提是要有切合實際的成功機會。讀者會感興趣的是高高飛上天空、直到被太陽燒毀的人，而不是在一張躺椅上被陽光曬傷的人。當我們開始練習雙槓，米歇爾過於擔心我的自尊心會受損，所以就開始稱讚我所做的一切：不管是平凡無奇的支撐躍起、幼稚的槓上支撐擺動、至少嘗試過的後向擺盪，還有我能用雙腿站立並且坦然接受真相。不同於接下來練習的體操器材，我能夠想像下一輩子也許能在雙槓上得到樂趣。

鞍馬

這件體操器材的發明想必要歸功於某個退休騎兵軍官的幻肢痛。他幻想著在他的愛馬背上到處移動，只需要替這份渴望再加上兩個把手，一具鞍馬就完成了。出於難以理解的原因，人類得用這兩個把手撐起身體或是直接撐在鞍馬上，得做分腿全旋，做正撐和側撐移位，亦即用雙手在整個鞍馬的寬度上移動。我一個動作也沒做成，由於身體的協調性不足，也因為我實在不明白自己為何要在一匹馬身上做體操。

跳躍

我雖然能夠明白跳板的原理（作為比喻也一樣），但我的身體卻無法執行。我們首先跳過跳箱，再從另一邊下來，這在學校體育課中被稱為「勇氣跳」。米歇爾很有信心「我們」也能做到「屈腿橫越」。他錯了。恐懼對動作造成的抑制結果以典型的方式出現，我以膝蓋落在跳箱上。我環顧四周，在到處都有人在練習的體操館裡，我是一群精靈中的矮人。米歇爾給了我最好的安慰，他說：「體操是運動機能的所有挑戰中最為複雜的。」

蹦床

紐約有個女孩
自稱是人形蹦床
有時當我在墜落，飛翔

或是在混亂中打滾，我說
呵，這就是她的意思。

——歌手保羅·賽門（Paul Simon），《恩賜之地》（*Graceland*）

兒時我在一個初夏的日子認識了蹦床和擬鱷龜。我去下薩克森邦的一個村莊拜訪朋友，村子裡有六十棟房屋和數不清的馬鈴薯田。院子裡種著蕃茄、包心菜，還擺著一張蹦床。我興奮而笨拙地跳了幾下，就感到身體不舒服，難過得要命，就像搭乘「韓森號」橫渡德雷克海峽一樣。我從「床面」上爬下來，躺在地上。一輛腳踏車發出尖銳刺耳的聲音接近，艾彌兒和瑪蒂妲跟在後面跑，興奮地大叫。不久之後，大人也被喊來。那些小孩發現的東西令人驚訝：一隻縮小版的恐龍破壞了週日的寧靜。有人認為這隻迷你怪物是擬鱷龜，但是這種爬蟲類根本不住在歐洲。由於責任歸屬在德國分工極細，他們通知了位在索爾陶（位於呂訥堡草原）的擬鱷龜收容站，一個專業的擬鱷龜捕捉者來把這隻動物接走了（這段話絕無虛構之處）。原來我們發現的那隻擬鱷龜並不是在德國北部自然獵區裡發現的第一隻。我們得知這種外來動物（價格只要二十馬克）在一九八〇年代被大量贈送。當這些憨態可掬的小動物長大成為兇惡的鬥龜，牠們往往就被棄置在本地河川的岸邊。那些小孩發現的擬鱷龜被證明是那個擬鱷龜收容站有史以來最老也最大的一隻。從那以後，我的記憶裡就出現這個等式：擬鱷龜＝蹦床。

在體操館裡，我首先和教練一起爬上蹦床。米歇爾緊緊抓住我的雙手，我們同步跳躍。我又開始感到不舒服。他沒有預先警告就把我拋向空中，我的五臟六腑都抽緊在一起，我第一次飛起來。等他鬆開我，他建議我把目光固定在體操館末端的一個點上，而那種暈船的感覺很快就消失了。在那之後我的身體就恢復了正常，從此只感覺到腦袋發麻，而不是肚子發麻。隨著每次跳躍，我就愈發著迷。蹦床運動是奧運會中被保守得最好的祕密，尤其是由於那種飛行的感覺。克琳希德在我右邊的蹦床上跳躍，出神而快樂，像個在遊戲中渾然忘我的小孩。我們一左一右地一起飛翔。

米歇爾首先向我說明這個項目的正確名稱是「蹦床體操」。這聽在我耳中有點可怕。米歇爾自己就是練體操出身的，他的父母都是奧運體操選手，而他和他的孿生兄弟則是世界頂尖的蹦床體操選手，曾在二〇〇一年世界錦標賽中獲得亞軍。此外他還是個溝通高手。在延長了的暖身過程中——米歇爾逐一問候每一條相關肌肉——他就已經在修辭學上大展身手。

起初的恐懼迅速消失，取而代之的是一種新的興味。我把自己彈向高處，起初揮動著手臂，後來則用比較自制的動作試圖保持平衡，就算我藉由稍微屈膝產生更大的動力，在起跳點把自己向上拋，雙腿併攏，伸直，腹部繃緊，挺胸，頭和肩膀保持挺直。我看見腳下有一個紅色十字。完美的情況是每次都落在這個十字上，而不是在床面上「漫遊」。如果我起跳時歪了，就會被拋向前或拋向後，很快就發現自己危險地落在床面邊緣。跳躍的面積是兩百一十三公分乘以四百二十六公分，比我料想中要小，如果考慮到最優秀的體操選手能跳到九公尺高，這個面積小得令人害怕，天花板也因此必須具有相對的高度。

「起跳點」是能最有效地讓你向上躍起的那個位置和時刻。如果你在錯誤的瞬間起跳，「錯過」了床面，那一跳雖然還在容許範圍內，但你會損失躍起的高度。如果你太早碰到床面，感覺上就像踩上一級缺少的台階，亦即踩空了。而你若是太晚碰到床面，你就會雙膝顫抖地往下沉。只有當跳躍者的振幅和床面的自然頻率相符時，你才能跳得高。練習時我跳向前，跳向後，然後跳斜線，以「培養出對床面的感覺」，這是米歇爾的說法。要煞住時不是用上半身或手臂，而是蹲下來並且用力減震。藉由這種方式，即使在跳得很高之後，一個熟練的體操手還是能夠穩穩站立。

這個蹦床係由市占率最高的德國廠商 Eurotramp 所製造，價值八千歐元。這種於二〇一〇年採用的新器材能使成績提高百分之十至百分之十五，讓力氣較弱的體操手能跳得更高，做出更複雜的跳躍動作。超過某一個很高的水準之後，身體必須要適應更大的負擔。在倫敦奧運會的決賽中，獲勝的運動員是跳得最高的那一個。不僅是由於隨之而來的那份優雅，也是因為飛在空中的時間由電腦加以量測，並且併入評分。最優秀的男女選手似乎有十分充裕的時間來做那些複雜的空翻和轉體動作。

那些跳躍有著獨特的名稱。Adolf 是前空翻一周加上轉體三周半；Triffis 是空翻三周加上轉體半周；Fliffis-Rudi 是空翻兩周加上轉體一周半；Rudolf（簡稱 Rudi）是屈體空翻一周加上轉體一周半。

米歐爾表示技術上的發展容許選手犯的錯誤很少。如今男子選手會嘗試做危險的空翻三周。幾年前，德國一名頂尖的蹦床體操選手在一次「跳壞了」的跳躍之後，後頸著地，造成下半身癱瘓。米歐爾說起他摔得最嚴重的一次，那個故事令我震驚，他說摔下來之後他第一眼沒看見自己的右腳，因為他的右腳卡在小腿的另一側。不過，據米歐爾說，這種重傷很少見。「如果你要跳兩個前空翻，第一次前空翻加上轉體一周，第二次前空翻加上轉體半周，在那之前你會把這個跳躍動作拆解至最小的細節，每一部分都會練習幾十次。你先從預先練習開始，例如先練一次前空翻加轉體半周。在這種被稱為Barani的跳躍之後，你落下時與起跳時面對的方向相反。複雜度隨著每次轉動而增加。你會像這樣一再重複練習所有的動作，直到你能夠掌握，並且能夠綜觀全局。」

我的水準距離這種危險當然是十分遙遠，但偶爾我也會被甩出床面，就像一隻被射中的鴨子一樣墜落在床面邊上的藍色保護墊上。我學的第一個跳躍動作是屈膝跳，是所有挑戰當中最小的一種。屈體跳之後是分腿跳。由於這種跳躍動作已經比較複雜，我落下時偏離了中央的十字。接下來的「坐彈」或「背彈」需要用到進一步的運動機能，也需要我鼓起勇氣。精準度愈來愈重要。如果我歪歪斜斜地落下，就只能無助地聽任床面擺佈。我腳下的地面任性地震動。

米歇爾常說的一句話是：「保持柔軟！」由於我不太明白這究竟是什麼意思，他向我說明：「柔軟不是放鬆，但也不是僵硬。」這樣就一清二楚了，從那以後我就只柔軟地跳躍。但遠遠比不上我周圍那些小朋友那麼柔軟。那些小精靈和床面建立起了親密關係，以陡直的學習曲線飛行。我說：「你看看他們。」米歇爾說：「那是運動機能的黃金年代。」

蹦床和跳水或體操之間最關鍵的差異在於動作組合。你必須在做完一個複雜的跳躍動作之後立刻去做下一個複雜的跳躍動作，接連做十次跳躍，中間沒有休息。米歇爾說明：「在單槓上你雖然也會做兩次後空翻加轉體，但是做完之後你就站在地上了。跳蹦床的選手則必須把所有的動作一口氣接著做完。在體操項目，你有機會在另一件器材上彌補你犯的錯。蹦床選手卻沒有第二次機會。」那些組合動作非常複雜，在他的整個運動生涯中，只有三次做出完美的練習。

由於只有極少數的跳躍動作能合乎理想地完成，管理錯誤就變得極其重要。你要有能力自覺而精準地解讀自己的身體，才能及時加以糾正，在接近「起跳點」之前的幾分之一秒發現：噢，我彈力不足（這是最主要的錯誤）；或者是：我偏離十字太遠了。校正錯誤的方法主要是在躍起之後以較佳的位置落在床面上，免得上一次跳躍時所犯的錯誤影響到下一次跳躍。錯誤要比資本更容易累積。蹦床選手會刻意去練習對錯誤的反應，因為就算是小錯誤也可能造成大影響。「因為那些跳躍是連續的，無法分開，因此錯誤也就無法分開。」

克琳希德非常訝異這項如此吸引人的運動在馬戲團之外居然沒有更受歡迎。蹦床的自選動作是充滿動能的藝術品，非常賞心悅目。對於蹦床選手的冷門地位，「德國體操協會」對待此一項目的冷淡顯然不無責任。當克琳希德和我考慮將來也繼續練習蹦床時，我們被告知沒有供成年人參加的訓練團體。只有兒童、青少年和競賽運動員可以跳蹦床。

我的蹦床生涯由一個指定動作劃下圓滿的句點，這個專家稱為P4的動作是兒童和大學生應該要會做的。這個指定動作也由十個連續的跳躍構成，從最困難的部分開始：轉體半周後坐著網，接著再做一次轉體半周坐著網，然後是轉體一周後站立。接下去就比較簡單：分腿跳、後空翻、站立、直體彈跳轉體半周、屈膝跳、直體彈跳轉體一周、屈體跳。完成。站立三秒鐘。米歇爾和我像職業選手一樣擬定這套動作，將之拆解成兩個一組和三個一組的組合動作。令我驚訝的是，在單獨跳躍時帶給我困難的轉體一周，在組合動作中順著節奏卻毫無瑕疵地成功了。米歇爾說這種現象很常見，因為你比較沒有時間去思考。（思考會妨礙你在某些運動上成功。我不禁一再想起美國作家馮內果〔Kurt Vonnegut〕的那句話：人類的問題在於他的大腦。）

米歇爾對我所做指定動作的分析聽起來也很專業：「勇敢而專注。當中也有挫折。錯誤在於太早起跳。你要慢慢來，首先要跳得高，然後冷靜地去做下一次跳躍。順著床面而跳，而非跳離床面。臀部的角度太早也太多。記著，要一再重新跳起來，而不是跌進下一個跳躍動作裡。把各個跳躍動作分開來。」還有：要保持柔軟。不過這一點他不必再說出來了。

最後一天我們專注於體操，末了我爬上蹦床，感覺就像解脫了。我的整個身體都在微笑，放鬆地跳脫了因練習更接近地面的體操所產生的勞累。轉體一周的動作就像用螺絲起子旋出來的一樣成功，而我甚至完成整套動作中最困難的部分，坐彈轉身跳再接一個坐彈轉身跳。有幾分鐘的時間，我心中充滿了無所不能的感覺。

跳水

跳水首先是心理問題，在那之後才轉而成為身體問題。

——美國作家傑克·倫敦

凡是兒時曾在名叫露天泳池的公共設施度過夏日午後的人，肯定曾經問過自己這個問題：我敢嗎？還是不敢？從十公尺高的跳台上往下跳是我們共同經歷過最小的勇氣考驗。成年男子在幾十年後都還記得自己當年是怎麼往下跳的。膽怯地，肚子裡一陣糾結。或是他們多麼英勇地踩空，撞擊水面是多麼猛。我們把一次墜落視為非凡的成就，這很耐人尋味。

跳台跳水是優雅墜落的藝術。如果動作時身體以必要的方式繃緊，單是簡單的燕式跳水就已經十分優雅。奧運會中的跳水動作，由肉眼幾乎無法辨識的一連串旋轉和轉體動作構成，技術上高度複雜，美感上幾乎過度講究。矛盾的是，在柏林「歐洲運動公園」的游泳池和跳水池裡，那些運動員做出比較簡單的跳水動作，反而更能讓我感受到這項運動之美。

「一次不算數，」馬克希說，他曾是奧運選手和前東德的國家隊教練，他要求我再跳一次。剛剛我生平第一次敢於從三公尺高的跳板以頭朝下的姿勢往下跳。我們一步一步地緩慢進行。首先從一公尺跳板上做最簡單的跳水動作，就像露天浴場的小孩一樣，腳先下去，直直地，身體緊繃，尤其是軀幹和雙腿，肩膀則保持放鬆。很快我就得知挑戰在於不要向前跳，而要向上跳，因為不管你願不願意，跳板（其震動程度可以藉由一個大齒輪來加以調整）都會把你甩向前方。由於我的雙腳從不曾正確地伸直，馬克希讓我在池邊練習腳部的必要緊繃。等我的姿勢勉強正確了（雙臂向上，身體伸直，腳趾對著水面），我們以背對著水的姿勢練習同樣的跳水動作。我的情況就跟所有的初學者一樣，很容易就會向後倒。我驚訝於倒轉的視角所帶來的混亂竟會讓我如此煩惱。跳了好幾次之後，我才能夠筆直地入水。接下來我得要高舉雙臂向上跳，雙腿縮起，用雙臂碰觸雙腿，再伸直身體入水。練習過幾次之後，我成功了。我欣喜若狂，這是我第一次正確地跳水，而個性古怪的馬克希讚許地點頭。在那之後是我所害怕的那個跳水動作，頭朝下。先從池邊跳，我雙腿伸直俯身向前，踮起腳尖，跳進水裡。我們在一公尺跳板上重複這個練習，直到看起來勉強過得去——馬克希一再強調入水時的美感（就連最優秀的跳水選手也要每天花很多時間練習入水的動作，這對分數很重要）——然後再從兩公尺跳板上跳，最後才從三公尺跳板上跳。現代的訓練設施包括許多跳板和小窗，能以液壓系統來調整，可搭乘電梯抵達，在那上面，我覺得自己就像站在一艘船的艦橋上。下一個任務在於入水後盡量潛入那五公尺深的池水深處。有一次我做得非常成功，碰到了池底而微感驚慌，因為我花了很久的時間才再度浮出水面。馬克希不喜歡我缺乏紀律的雙腿，他拿來一塊海綿，要我用腳踝夾住，不准鬆開。我成功地專注於我的雙腿，開始感受到樂趣，期待著腳跟脫離跳板的那一瞬，看著池水朝我衝來，把雙臂向前拉，以免猛然撞擊水面。

接下來是第一次真正的勇氣考驗。我要從五公尺跳板上向下跳，雙臂伸直，雙手交叉，像根樹幹一樣往前倒。馬克希說：「相信我，你會順利入水，如果你做得正確的話。」我問：「如果我做得不正確呢？」「那就會有點痛，」他說，「也沒那麼糟。」

過了好些時間我才敢去嘗試。我成功了，只不過入水時過於水平，大腿上感覺被拍了一下。第二次我就已經能筆直地入水。我有點過於大膽地去嘗試下一個練習，沒有事先做好視覺化想像。坐著，把雙腿縮起來抱緊，我要從五公尺的高度向前倚，直到由水的引力接管，然後將身體伸展開來，筆直地入水。第一次跳時我完全失敗，臉打到了水，感覺就像是被拳王泰森揍了一拳。在接下來那幾個鐘頭裡，我掌控不了自己的思緒。

隔天我觀察到嬌小的小孩輕易地從跳板上飛出去，像魚兒一樣潛入水中。有些小孩從五歲就開始跳水，他們還不會游泳，穿著救生衣跳水。一個小女孩要從三公尺跳板進行我昨天沒有做成的那個練習，坐著，雙臂抱住雙腿，然後伸展身體落入水中。她坐下去，抱住雙腿，然後僵住了。她站起來，讓另一個女孩先做，然後又試了一次，坐在那裡，目光僵直，過於專注地盯著水面。她在和自己對抗，又一次放棄。第三次也一樣。

「那是恐懼，」馬克希說，「在那裡就已經害怕的人不會有太多進展。每進入一個新的難度級別，就會有幾個人被淘汰。每一次都是一種更大的勇氣考驗。你得知道，頂尖選手跳水時距離跳板非常近，女孩子的馬尾會碰到跳板。跳水帶有高度風險，有時會出意外。」

從十公尺跳台上，跳水選手墜落的時間大約是一點四秒，接著便以足足五十公里的時速碰到水面。如果想在這個時間之內做出三次空翻，就必須以每分鐘轉動一百五十次的速度把自己往下甩，幾乎比舊日的唱片轉動快上兩倍。這件事最困難之處在於辨認方位。跳水選手無法像體操選手一樣把目光固定在某處，在跳台和水面之間自由墜落時很難分清楚上下，從而在正確的瞬間伸展身體。對貓咪來說輕而易舉的事卻給人類帶來很大的困難。貓咪不僅能區分上下，還能在飛行中蜷起身體，把腿伸直，把前腳掌縮進去，或是反過來，還是兩者都做，或是都做上好幾次，端視牠們從哪一層樓摔下來。貓咪會是穩健的跳台跳水選手。

下一次訓練時要做的是空翻，先在乾燥的地方練習，朝著泡沫塑膠跳進去。我沒法完全成功，因為我的頭收進來得不夠，進入翻轉時不夠快。從池邊我先是躺著入水，然後是臀部先入水，直到快結束時才完成一次空翻，雖然歪歪扭扭，但尚稱完整。「今天練到這樣就夠了。」馬克希說。當我游出去時，我感覺到再去跳水的興致。當我告訴馬克希，他表示：「想像一下，你做了空翻一周半加上轉體半周，這種感覺相當美妙。」

又一次訓練時，馬克希一再抱怨我入水時不夠筆直。我加以注意，想像在下一次嘗試時能像個驚嘆號一樣跳下去。他悲傷地搖搖頭。由於我不完全相信他，就拿來了攝影機錄影存證。自我形象和旁人眼中的形象在跳水時相去甚遠。我驚恐地看見影片中那個歪扭的人形，他和我有足夠的相似之處，讓我心生自卑。為什麼我沒有察覺自己距離理想的狀態有多麼遙遠？

對自己身體的全然掌控是此一運動的目標，而沒有人比漢斯．埃特爾（Hans Ertl）更能捕捉到其獨特之處，他是蕾妮．萊芬斯塔（Leni Reifenstahl）的攝影師。他所拍攝的跳水選手鏡頭是她那部奧運電影《奧林匹亞》在美學上的顛峰：人在雲朵下方，雙臂伸展開來，像是在對大自然的力量鞠躬。

人類以完美執行規格化的動作來確認自己的自由。

田徑

二十項競賽

拋擲

人類具有拋擲的能力，甚至可說是出奇地好。在丟擲石頭方面，我們的能力遠遠勝過那些明顯比我們更強的靈長目動物。在遠古時代裡，這樣的能力，不僅在狩獵方面為我們帶來很大的助益，在演化上更為我們創造了關鍵性的優勢。因為，獲取自野生動物的蛋白質之於我們祖先的大腦和身體，就猶如菠菜之於大力水手發達的肌肉。人類的髖部比其他靈長目動物的來得更寬、更靈活，它們讓我們的上半身得以更加活動自如。人類的肩膀同樣也是一項驚人的奇蹟，可以說是充滿智慧、卻也帶點敏感的設計。從兩百多萬年前起，我們的肩膀展開了朝向現有靈活性的演化過程。肩關節可以快速轉動，每分鐘甚至可以旋轉一千五百回。被尊稱為「旋轉肌群／袖」（rotator cuff）的肌層，將上臂和肩胛骨連結起來。關節是個提供給所有肌腱和神經的狹窄通道，球狀的上臂頭對於關節窩而言過於巨大，因此運動員很容易發生扭傷、拉傷或夾傷的情形。拋擲是對於人類的演化可能性所進行的一種探索。

鐵餅

有什麼姿勢會比丟鐵餅的姿勢（身體緊綳、雙臂舒展、鐵餅緊扣在手，猶如蓄勢待發的彈簧，可謂是最優雅的爆發）更有男子氣概呢？在那些目前還有貴族寄生蟲端坐在馬背上的地方，應該多設置一些擲鐵餅者的塑像。並非是為了要紀念那些將鐵餅拋得老遠的選手，而是要作為某種特質的象徵。這樣的特質只在少數人的身上才能見到，那就是敏捷地克服沉重的任務。

這樣的雕塑造型，自上古時期起，便為世人所熟悉。略微弓身的拋擲者，在強勁的迴旋中，引爆渾身的氣力。此情此景，讓我們看得如癡如醉、目不轉睛。這是個雕琢在石頭上的偉大時刻，猶如起跳、起飛、道別。

據說，在希臘化時代裡，鐵餅原是一種邊緣開鋒的武器。在希臘神話中，傳奇英雄帕修斯，便曾以鐵餅擊殺自己的外祖父。不過，早在荷馬所描述的一些向帕特羅克洛斯致敬的比賽裡（參閱《伊里亞德》），便已證實，鐵餅（無非只是將滾燙的金屬從熔爐中注入沙裡製成圓形的生鐵）其實是早期的文化器物，它們就像是超大型的錢幣。「想取走這些獎品的人，儘管上前！即使在此地身無分文，這一大塊也足以讓人生活個三年五載，甚或更長的時間；有了這些鐵，想打造任何器物，都能如你所願。」拋擲的器材一度同時也是優勝者的獎品！

希臘人對於絕對的紀錄沒什麼興趣，從而拋擲的器材也就不必講究什麼標準化；這在今日的人們看來，或許會覺得有點不可思議。當時參與比賽的選手使用同一個鐵餅。自己相較於其他選手在其他比賽中取得什麼樣的成績，這對希臘人而言並不重要。就連計算成績的方式，也與今日有所不同。當時並非以鐵餅初次碰撞地面的地方，而是以它最終停止的地方為準。因此，我在首度練習中的某次，以保齡球的方式丟擲鐵餅，這以當時的規則而言會是很有利的。

從一開始我就好好地將鐵餅扣在手指上，藉以讓我的手能夠熟悉它。第一道習題是要訓練正確的手部操作。必須輕輕地握住，不可緊緊地抓牢。鐵餅若是在地面上滾動，就像個兩公斤重的輪子（女性用的鐵餅只有一公斤重，也因此在這個比賽項目中，出現了女性的奧運紀錄遠高於男性的這種特殊現象），以最高的扭距。經歷過這件事的人就曉得，如何讓這種器材離手。幾星期之後，我見到了目前奧地利青少年中的佼佼者，在熱身時他將鐵餅拋向高處，猶如水手們將自己的帽子拋向天空，雖然鐵餅在草地上砸了個洞，可是飛翔的鐵餅顯然為這位選手帶來大好的心情。

下一個上場的人是我，半徑二點五公尺的投擲台顯得十分舒適。我試著面朝投擲方向將鐵餅從大約髖部的位置旋轉拋出。在起初的幾次丟擲中，鐵餅飛得就像一塊皺成一團的濕抹布。慢慢地，我領悟到必須將丟擲的手臂放鬆，讓鐵餅自動脫離我的手。直到這個步驟都還算簡單。可是接下來所要進行的，卻是會讓初學者雙腿打結的部分。這項動作在理論上其實很容易理解。借助左腳的第一回旋轉，踏上投擲台中央，借助右腳的第二回旋轉，總是以腳拇趾掌丘為支點，旋轉腰部，將鐵餅順勢甩出。必須用右腿做出一個很大的擺盪，才能完成整個旋轉，站上投擲台中央，並在接下來的半旋之後於正確時點將鐵餅甩出（手臂既不能太高、也不能太低），才能在所有離心力試圖將一個用盡全力的人拉出投擲台之際，維持單腿自旋。整個過程有很多地方都可能會出差錯。鐵餅可能會掛網，選手可能會跌倒，或者兩者同時發生（我自己就曾經數次發生這樣的事）。對我來說，保持平衡是項特別困難的挑戰，尤其當我專注於自旋，一心想要轉出更大的圈。

當我成功了一半，旋轉、急旋、推進腰部、手臂快速跟上、在正確時點讓鐵餅脫手（從指尖滑出，繞著鐵餅自己的軸心自旋；就彷彿老舊B級電影裡那些飛碟，飛行比降落時更好），那種感覺甚是壯麗、宏偉，宛如自己跟隨了驕傲的戰士或狂喜的苦行僧的腳步；對不起，應該是彷彿自己跟隨了驕傲的戰士或狂喜的苦行僧般在那裡扭腰擺臀。

有些人認為，丟鐵餅猶如一場推土機芭蕾。事實上，選手笨重的體型起初確實會令人感到「逗趣」，或者是「滑稽」。不過，只要進一步仔細觀察，人們就會曉得，身材嬌小的人可以輕輕鬆鬆地自旋，可是塊頭這麼大的選手要在投擲台上滑步，這幾乎等同於取消自然法則。

在訓練的過程中，我們很少去丈量丟擲的距離。不過，根據大衛的說法，

我的最佳成績大約有二十公尺遠。奧運最佳成績則是六十八公尺二七。

標槍

雖說鐵餅的軍事用途頗受質疑，不過在標槍方面卻是毫無爭議。這個現代的比賽項目翻轉了過往標槍的歷史任務。在過去很長一段時間，擲準才是標槍的重點。直到進入現代的體育場，標槍才改為以擲遠來分高下。事實上，第一次將標槍握在手裡的初學者，出於自然本能會感覺到，想要用它去瞄準些什麼東西，身上的獵人本性被喚醒。這也就是為何在我們這一小群初學者當中，每個人都很明顯地站到了離投擲線超遠的後方，以策安全，畢竟人有旦夕禍福……。這也讓我不禁想起了某位馬薩伊人。在我小的時候，曾經有位馬薩伊人在肯亞納羅克的街頭向我誇耀他的矛。那是種十分簡單、可以一手搞定的武器。這位馬薩伊人曾用那支矛，或是像那樣的矛（細節我已記不清楚），擺平了一頭獅子。此舉讓他正式地成為一個男人。我的父母壓根就不相信他所說的話。不過，當時身為小男孩的我，卻是無論如何都想要擁有那支矛。它有一半是木頭，一半是金屬。從矛尖到骯髒的手柄，無處不散發著危險。這件未加修飾、正在鏽蝕的武器，一直懸掛在我青少年時期的牆頭上，直到某一回搬家，它才在一團混亂中遺失。

在投擲標槍方面，最初的難題在於，將速度轉化為加速度。助跑，將手臂向後延

伸，將全身的力量集中在猛力的一擲。不過，如果在投擲線前緣煞車過猛，標槍的飛行距離就可能不會比立定投擲遠多少。這就好比一個人在吹噓自己所面臨的威脅。教練安慰我，這是每位初學者都會遭遇的難題，因此他建議我助跑只要跑三步就好。將身體轉變成一把彈弓，在非專業人士中，這是只有極少數人才能辦得到的挑戰。相較於其他拋擲類的比賽項目，標槍的重量完全不是什麼沉重的負擔，八百公克的重量，感覺相當輕盈；如果是重量相同的球體，人們肯定能拋得更遠。

關鍵在於，必須運用整個身體去投擲。身為初學者，才沒丟幾下，我的手臂和肩膀已然隱隱作痛。力量不比身體複雜的生物力學來得重要，也不比標槍神祕的空氣動力學來得重要。有時標槍飛行的情況，完全不是投擲者所想的那樣。我對於投擲標槍的動作十分陌生，很少能夠像理論所建議的，以大約三十度的角度出手，更不用說，我幾乎無法讓槍頭先插入草地，如同規定所要求的那樣。因此，我總是一再練習短拋，只有五公尺的距離，以標槍插在地面上為目標。這麼做，至少有時可以成功。我十分洩氣地看著旁邊一位肌肉發達的短跑選手。他顯然掌握到其中的竅門，光是看來毫不費力地立定隨性一丟，他就把標槍丟出了三十公尺外。

二〇一五年的夏天，在一趟睽違多時的穿越肯亞之旅的路途中，有位相當有魅力、名叫詹姆士的年輕人，手裡執著一支矛，引領我們徒步穿越灌木林。他告訴我們，他曾經撂倒過一頭獅子，隨後便有十二名馬薩伊婦女對他投懷送抱。我贊成修改規則，在標槍這個項目上，除了擲遠以外，還應當（像上古時期那樣）再度納入擲準。

由於我弄丟了我的記事本，因此我無法追溯在標槍方面，自己究竟是投出了「可觀的」十六公尺，還是投出了「出人意料的」十八公尺。奧運最佳成績則是八十四公尺五八。

鉛球

在鉛球這個項目上，人們所需要的就是蠻力，原始、天然的蠻力。就技巧而言，它是所有拋擲類比賽項目中最簡單的一項（除非選手採取不尋常的旋轉動作）。若就視覺而言，它則是所有拋擲類比賽項目中最不吸睛的一個；無論是動作的流程或是選手的身材，恐怕都很難在選美比賽中勝出！這個項目使用的運動器材重達七點二五七公斤。光是將鉛球托起，肩膀就不禁為之一沉。轉身，蹲伏，一條腿往後躍，支起另一條腿，猛力推出，利用一個人的爆發力，就像他在自己的背後聽到了粗暴的侮辱一般。如同在鐵餅方面，腰部是肩部良好的楷模。人們多半會趕緊推完立刻閃人。在我的俱樂部裡，沒有什麼專業的推鉛球者，十項全能的選手並不特別喜歡這個比賽項目。他們在投擲台裡所待的時間，就宛如一個深感無聊的參與者出席一場開幕酒會，逗留時間會長到足以對人說自己有出席，可是不會久到讓別人誤以為自己很感興趣。

無論我再怎麼努力，總是頂多推個六公尺的距離，靠近我用鞋子在沙裡所做的記號。這樣的距離禁止以公分為單位來測量。奧運最佳成績則是二十一公尺八九。

鏈球

鏈球是加了延長線的鉛球。這種不好使的運動器材，它的拋擲流程可說是所有拋擲類比賽項目中最複雜的一種。人生很容易會被難解的習題所困擾。請你想像一下，你必須在一塊零點五平方公尺大的地方以自己為軸心旋轉五次。請接著想像一下，在這個過程中，你的手裡還抓了一條鐵鏈，鐵鏈的末端有一顆重達七點二五七公斤的球。請繼續想像，你踮著腳尖猛力地迴旋。最後再想像，你必須在正確時點將手裡的重物從自己的肩膀上方釋出，就這麼飛啊飛……飛啊飛……飛啊飛。難以想像！正因如此，它是那麼地扣人心弦。根據大衛的說法，單就技術方面而言，這是田徑賽中難度最高的比賽項目。首先我必須學著，在一個環繞我自身的橢圓形軌道上旋轉重量。此舉為我帶來了許多樂趣，我不禁興起了一個念頭，將來若是一個人無聊時，不妨就做做這個動作。接著我開始練習帶著鏈球一起旋轉，這是一種所謂的雙重旋轉。最好可以做到去引領重量，而不是反過來被重量所引領，誠如我的情況。我一次又一次被鏈球給牽著走，它對離心力的認識顯然高過我。正因如此，有一回，我過早脫手，整個人就像進入脫水流程的洗衣機中繼續高速打轉，明顯飛得比掛了網的鏈球還要遠。大衛在一旁語帶諷刺地問道：「這下子，我們該量什麼的距離呢？是鏈球的，還是選手的？」

我所有的拋擲，沒有一次能夠超過二十公尺。

奧運最佳成績則是八十公尺五九。

跳躍

跳遠

麥克．鮑威爾（Mike Powell）在飛，他真的在飛！那是一九九一年的夏天，那天到了半夜裡，我還一直守著兩個螢幕。一個是專業期刊《電子資訊》（*Elektronik Informationen*）的排版，這是我餬口的工作，因為我的正職——出版非洲文學——實在是賺得不夠多。另一個螢幕上正在轉播於東京舉行的世界田徑錦標賽。這一天是跳遠的決賽。我的左眼看著一塊由論文所組成的拼圖，我的右眼則是盯著麥克·鮑威爾和卡爾·路易士（Carl Lewis）的兩強對決。當時他們兩人已分別跳出了八公尺六八與八公尺八三的佳績。接著就進入了日後傳為佳話的第四輪。卡爾·路易士跳出了八公尺九一，率先打破了鮑勃·比蒙（Bob Beamon）於一九六八年在墨西哥市所締造的成績。可惜順風過強。不久之後，輪到了麥克·鮑威爾的飛越。我不曉得，自己總共看過這一跳多少次。極富彈性的大跨步、助跑最後三分之一階段的加速度、疾速的倒數第二步、大步跳躍的最後一步、爆炸性的彈跳：八公尺九五！

當我一次又一次無能地落在沙坑裡，不是用向前傾的雙足，而是用屁股，我的腦海裡不斷浮現出那一幕。我們先從立定跳開始。接著則是一些為典型的跳遠動作做準備時少不了的練習，諸如跳躍時保持直挺的上身、準確地踩離跳板等等。然後是以三步助跑的跳躍：撐起、屈身、延伸。身為右撇子的我，和許多人一樣，是用左腳起跳。跳躍協調，從垂直加速度到水平加速度的轉化，簡直是出乎我意料地複雜，更不用說助跑，就連職業選手也經常會越線。速度是一項擺明了的先決條件，節奏則比較像是意外的需求。因此，許多職業選手都是從一些任意的晃動來開始他們的助跑。他們為自己賦予了節奏，猶如爵士樂團的領隊會在樂聲出來前數幾個拍子。每當我在俱樂部裡瞥見十項全能選手在練習跳遠，總能見到他們專心地在步測自己步伐的長度。他們會在助跑道的邊緣用條紋做記號，宛如為了修改衣服拿著皮尺和大頭針的裁縫匠。每次跳完後，他們就會修改一下那些記號。助跑可說是一套必須不斷進行調整的複雜系統。人會的事情很多，但就是無法恆定地助跑。

大衛曾經承諾我，一天就能夠教會我跳遠。有鑑於我糟透了的成績，我不得不提醒他這件事情。「話是沒錯」，他回答，「可是，我並沒有說過，我能讓你跳多遠！」

奧運最佳成績：八公尺三一。我的最佳成績：三公尺九〇。

三級跳遠

我曾經參加過高中畢業考試，考了德文、英文、數學、物理、生物、地理，還有三級跳遠。為了獲取一般上大學的資格，我曾經在左腳跨兩步加上右腳跨一步的情況

下，整個人跳了起來，飛進一個沙坑裡。如果我沒有記錯的話，當時我跳出了十公尺七九的成績。別的不說，至少這個數字已然烙印在我的記憶裡。我還記得，在第三次嘗試時，沙子是怎麼被我的小腿激起。當時我曾想，這或許是我這輩子最後一次的三級跳遠了！「hop-step-and-jump」（三級跳遠），這個專業術語是我偶然從我父親那裡聽來的。曾經是田徑選手的他，每個月總會固定研讀一下《田徑新聞雜誌》（*Track & Field News Magazine*）上頭所刊載的統計數據。我很喜歡這個術語，它聽起來就像是某種兒童遊戲，宛如塔當塑膠跑道上的「天堂與地獄」，位於終點的不是小石頭，而是一把沙子。時隔三十年，我又在單腳支撐中重新發現自己。我蹦蹦跳跳地完成了那些練習。這些練習可以讓一個人，在第一跳之後往上彈高，在第二跳之後爭取一個低一點但卻寬一點的航道，藉此用另一條腿將自己彈射到沙坑裡。我們先是從兩腿的小跳躍開始，接著則是飛跑、剪跑（看起來就像是滑稽版的踢正步），終止於沙坑的跳跑，以及單腳跳躍（在做這個動作時，起跳腿必須迅速抬高）。最終的單腿三步跳，可以幫助練習者過渡到必須雙腿切換的三級跳遠。可惜的是，我跳得並不正確。由於我無法變成一顆彈跳力超強的人形球，因而這項運動無論如何都沒辦法吸引我。

最厲害的男性選手可以跳超過十八公尺（女性選手則為十五公尺五），這意味著，三跳平均分別有將近六公尺遠，如果仔細步測一下這樣的長度，你就會了解，如此驚人的成績是種什麼樣的概念。相反地，我最多也只能跳出七公尺八。在過去三十年裡，我退步了三公尺的距離。我們鮮少能在人生中對自己老化的過程進行如此精準的丈量。

奧運最佳成績：十七公尺八一。我的最佳成績：七公尺八〇（整整少了十公尺又一公分）。

跳高

薛西佛斯（Sisphos）是位跳高選手。有時他的起跳點離橫竿太遠，有時卻又太近，有時他會跌在橫竿上，有時他的肩膀會擦到橫竿，有時是屁股，有時是抬高的腳後跟，有時他旋轉得不夠，有時他則忘了弓身。薛西佛斯總是一跳再跳。按理來說，由於他的不屈不撓，他理應跳得比我還高。然而，在第一天的幾十次跳躍裡，我就完成了超過一公尺一五的成績。這樣的高度看起來很低，完全不會令人望而生畏，儘管如此，還是有可能一再發生失誤，因為跳高這項運動有著無數的失誤來源。人們可能還沒能

克服其中一項，另一項便又接踵而至。在大衛清楚明白地傳授了我這點、那點和所有其他要點之後，我在助跑前先在自己的腦袋裡整理了一遍，接著他很簡潔地說：「好了，現在你必須放輕鬆！」

首先以剪刀步過線。接著以屁股著陸。接著在飛行中轉身，面朝起跳方向以雙腿著陸。接著嘗試在飛行中將身體弓成一座跨越横竿的拱橋。四個步驟完成跳高。難處在於，為了不落在横竿上頭，不能出乎本能地靠到横竿上。跳高的人在跳高時必須相信，助跑可以讓一個人越過横竿。大衛說：「你全都做對了。我只差忘了告訴你必須提臀！」

如同跳遠，大衛在跳高方面也安排了固定的休息時間。在這些短暫的放鬆時刻裡，他告訴我，在三秒鐘高負荷方面，肌肉沒有辦法如人們所設想的那麼快復原。即使是過了幾分鐘，它們大概也只能回復九成的工作能力。人們很容易就會低估特殊的負擔，對身體過度苛求，雖然感覺好像也沒做些什麼，只不過就是跳了幾下，特別是帶著低垂的臀部。

奧運最佳成績：二公尺三八。我的最佳成績：一公尺三〇。

撐杆跳高

剛開始，以跳高的方式會跳得比以撐杆跳高的方式來得高。

——某位資深十項全能選手

墊子上的每平方公分都埋伏著痛楚。我掉了下去，頭部壓在撐杆上，肩膀壓在橫竿上，背部壓在撐杆上，臀部壓在橫竿上。所幸，我總是掉在墊子上，不是掉在它的前面，也不是掉在它的側邊！然而，不安的情緒卻讓我愈來愈無法帶著爆發力起跳，讓我活像個拄著拐杖的老乞丐往前倒。從第一天起，我就明白，在撐杆跳高方面，信心和彈跳力是同等重要。

在接下來的訓練裡，當大衛手裡拿著撐杆解釋著，身體必須始終維持在高舉的那隻手下方，這樣才能讓彈跳力最有效地轉換成彈跳高度，我忽然意識到了，選手必須從距離墊子與橫竿多遠的地方起跳。這段距離有數公尺遠，簡直是一場勇氣試煉。即使是訓練有素的跳高選手，也得克服自己的心理障礙，相信自己的一跳遠到足以在前方達成一次軟著陸。這也就是為何初學者往往會對於該將自己的手擺在撐杆的哪裡，

感到不知所措；愈往上握，就愈有可能彈跳得愈高，不過，相對地，彈跳也就愈困難且危險（從前的選手握杆都握得比較下面；不妨去看看一九三六年柏林奧運的一些照片）。我在助跑時也會不自覺地把自己的手往下挪。「我不曉得，為何自己會去做這樣的事」，我自言自語地說道。大衛謹慎地表示：「也許是因為害怕吧！」

撐杆跳高有一段不尋常的由來。在北歐與英國的一些低窪平原，道路往往都會被堤壩、溝渠或運河所阻礙。某些地方的居民會在屋子前準備一根長杆，借助這根長杆，想要通過的人便可跳過那些障礙。這當中所牽涉到的，當然就是跳得盡可能遠。在從這種實際作法演變而來的最初競賽裡，人們原本所比的，其實也是跳遠。

整個學習的過程開始於，我在草坪上先將撐杆插入我腳邊的地上，然後在不讓撐杆脫手的情況下跳過它。慢慢地，我開始可以信任手裡的杆子，可以做到懸在杆子上一瞬間。在第二個階段裡，我在跳遠沙坑裡複習先前的練習，慢慢地將握住撐杆的位置往上挪，一步步地在距離我愈來愈遠的地方把撐杆插入沙中。在這個過程中，我試著讓撐杆把我撐起。最後我們開始大膽挑戰正式的撐杆跳高設備。起初先是助跑兩步，後來改為助跑四步，上頭未放橫竿，練習的目的只是在於跳上墊子。教練拉了條細繩作為獎勵。剛開始我並沒有高舉撐杆，而是將它拖在地上，直到把它送入撐杆插槽。

我先是超越了自己，接著超越了細繩。一公尺二。大衛興高采烈地宣布：「現在你可以大聲地說：我會撐杆跳了！」

起跳時必須動態地將撐杆抬高。這點我辦得到。大衛建議我，不妨在日常生活中多練習，譬如去超市購物時，一再將牛油往上舉到頭部的正上方（我不曉得，為何他偏偏要舉牛油為例）。撐杆其實並不輕，而且也沒有人們所想像的那麼柔韌。在電視上，它們看起來是如此地可彎曲，彷彿選手只要吊在上頭，就可以往高處彈射。實際上，即使是訓練有素的十項全能選手，也都很難將撐杆強烈彎曲成真正的專家所能做到的那樣。練習過程中的關鍵性突破之一是，有辦法在飛行途中完成轉身的動作。如此一來，便可將因慣性而會倒向橫竿的撐杆推開。這個動作可謂是初學者與進階者的分水嶺。不過，憑藉著單純的勇氣和爆發力，一位田徑運動的初學者還是有可能跳過兩公尺，誠如人們可以在某些全民十項全能賽場上驚見的那樣。雖然笨拙，可是成功。無論如何，結果就是成為優勝者。

奧運最佳成績：五公尺九七。我的最佳成績：一公尺六〇。

賽跑

短程賽跑

一百公尺

短跑是所有奧運比賽項目中最簡單的一種。跑者只要加速到最快的速度，盡可能保持同樣的節奏，就這麼一路撐到終點即可。這點同樣適用於一百公尺、兩百公尺，甚或四百公尺等項目。因為最厲害的短跑高手，一百公尺的平均成績大約為十一秒，在這短短的時間當中，實在沒什麼時間可以讓參賽者窮泡蘑菇。無奈的是我的問題正在於，我很難提升自己的速度，更不用說我現在也已「上了年紀」。不過，耐力方面，倒是可以透過訓練獲得改善。有位錫克教的百歲人瑞曾經跑完全程的馬拉松，然而在短跑方面，年屆七旬之後，人們必然會見到連火車尾都吊不到的窘境！

為了對我進行評估，大衛要我短跑半圈給他瞧瞧。跑完後，他對我下了個評語：「你做了太多長跑的訓練！」他是怎麼看出來的呢？「無非是因為你節約的跑步方式。你必須把雙腿抬得更高，並日加強雙臂的擺動，在短跑方面，你不能節省任何精力！」得出這項診斷之後，格奧爾格，這位俱樂部中最有經驗的運動員之一，將我招至他的麾下。他挺直腰桿，嚴肅地對我宣布：「我們正式展開短跑特訓！」在短短的期間內，訓練一項接一項猛烈地向我襲來。

碰觸腳跟：雙腳的後腳跟輪流碰觸大腿或臀部。

抬升膝關節：將大腿抬至與地面呈平行的位置。

踝關節跑步：輪流用一隻腳的腳趾站立，用另一隻腳的腳跟輕觸地面。

交叉跑步：側身跑步，輪流將一隻腳踩在另一隻腳的前面。

腳跟跑步：將腳底板後傾抬高，以腳跟先觸地的方式，順勢將腳底板踩過地面。

為了讓身體習於這樣的運動，在短跑的不同面向上，都進行了強烈誇張的訓練。為了要到達某一點，人們必須從很遠的地方出發；這是一種廣為流傳的策略。由於我是和十項全能的選手一起訓練，因此我們並沒有在跑步訓練上花費很長的時間，不過就連那些行家，也都是只安插了一些休息時間較長的短期訓練單元。為了能夠盡快取得進步，他們一再直接操練短暫的加速衝刺。有別於其他某些比賽項目的訓練，短跑的訓練多半帶著濃厚的競賽意味，選手在訓練過程中就得要使出自己的渾身解數。換言之，即便不是正式的比賽，選手也不能節省半點氣力。不妨想像一下，我們在加速時所運用到的肌肉，像是大收肌、長收肌、臀大肌、股四頭肌、縫匠肌、闊筋膜張肌和內側腿肌等等。當它們在加速中面臨到力學的龐大負擔，便會短暫地激發出巨大的能量。

大衛告訴我：「改善你的成績最簡單的方法，莫過於練習起跑。相較於跑動，在起跑方面你有更多獲得實質進步的空間。」這點同樣適用於尤塞恩．柏特[1]。柏特以自己超乎平均的起跑時間，證明了為何在短跑方面人類的極限其實是深不可測。如果他能改善自己的反應時間，跑出九秒五的成績，其實是很有可能的。某位科學家甚至宣稱，人類可以在短短九秒鐘之內跑完一百公尺。不過，這肯定要以起跑沒有半點拖泥帶水為條件。

剛開始，我得先熟悉一下起跑器。這是項老舊的發明。早在上古時期奧運的賽道上，人們就會在起跑線處嵌入一些大理石製成的凹槽，藉此讓選手在起跑時得以支撐雙足。不過，在二十世紀初，選手卻是在起跑點上挖洞，這簡直是種技術的倒退！到了一九二一年時，有位澳大利亞人發明了木質的起跑墊，不久之後，某位美國籍的教

1 尤塞恩．柏特（Usain Bolt，1986-）牙買加的短跑運動員。他是男子一百公尺、兩百公尺以及四百公尺接力賽的世界紀錄保持人，擁有上述三項賽事的奧運金牌。

練繼而將這項發明改良成現今所使用的起跑器。

首先必須調整一下起跑器。兩個腳踏板之間要相隔多少距離、雙腿呈現怎樣的角度比較合適？由於我既不屬於矮小、爆發力強的選手，也不屬於高大、四肢修長的選手，因此一般的基本原則並不適用於我。在起跑器方面，猶如無政府一般，充滿著各式各樣的偏好和意見。每位運動員都必須親自測試。最終，我個人覺得，兩個腳踏板彼此靠近一點，這樣的起跑姿勢最適合我。儘管如此，我的起跑依然沒什麼爆發力。

奧運最佳成績：九秒六三。我的最佳成績：十五秒九〇。

兩百公尺

每個訓練日都先從熱身開始。如何正確伸展是個經常被討論的話題。大衛的答案：「那得看伸展的目的是什麼。」將肌肉拉緊，維持一段長時間緊繃的狀態，這種傳統的拉伸動作，相當有益於提高靈活度以及避免受傷。不過，進行這種動作的人必須明白，此舉會造成肌肉的撕裂，唯有經過一段時間復原後，才能達到靈活度的提升。就這點來說，在比賽或密集訓練之前進行這類伸展，其實沒什麼意義，因此運動員多

半會做些流暢的動作和簡單的跑步。這些動態的伸展，可以讓運動員的肌肉在不致過度負荷下充分加溫（不妨去觀察一下，足球賽中替補球員上場前的暖身動作）。

兩百公尺是種必須過彎的短跑。我們或許會認為，彎道是影響速度的負面因素。然而令人訝異的是，目前兩百公尺直道的世界紀錄（十九秒四一）居然慢於彎道的世界紀錄（十九秒一九）。誠然，兩百公尺直道的比賽確實比較不常見，不過，這並非唯一可以想見的理由。有種現象名為「程序疲勞」，我的訓練手冊中的說明是：「運動程序的差異化控制所導致的中樞神經鬆弛。」如果賽道是無止境地直線延伸，張力與方向感便會降低。因此，彎道與其說是種障礙，不如說是種輔助。

問題是，八個跑道當中，哪個跑道可以讓人跑得最快？就物理而言，最外圈的跑道顯然最好，因為它的彎道曲率較為柔和，跑起來相對比較不費力。不過，在實際的比賽中，最佳成績往往都是落在第三、第四或第五號跑道上。這不僅是因為，最快的跑者都是從這幾個跑道上起跑，更是因為有利於盯住對手，這種心理及策略上的優勢顯然扭轉了選手在物理上的劣勢。

奧運最佳成績：十九秒三二。我的最佳成績：三十五秒一〇。

四百公尺

在「我最不樂見的大敵」方面，四百公尺賽跑的最後一百公尺，可以說是名列前茅。面對這最後的一百公尺，沒有什麼策略或技巧，只能憑藉一己的毅力，扎扎實實地撐到終點。一位訓練有素的短跑選手，頂多在加足馬力的狀態下跑上大約三十秒。在那之後，身體裡的乳酸便會開始發號施令。在四百公尺賽跑中，跑者的最後四分之一路程，可說是兩種生化現象之間的搏鬥，一是酸中毒，一是意志力。這點我會留待十項全能運動那一節再詳細說明。在此我唯一想說的就是：一生當中，如果沒有什麼必要，最好別去參加什麼四百公尺的賽跑！

奧運最佳成績：四十三秒九四。我的最佳成績：七十九秒九四。

中程賽跑

八百公尺

八百公尺賽跑或許不能算是一種業餘愛好者的運動。恐怕很少會有什麼牙醫或郵差，在自己下班之後，去運動場上以飛快的速度連跑兩圈。或許是因為經過長年的發

展，中程賽跑逐漸演變成具有短跑的傾向。這簡直是種完全不討喜的矛盾。我猜想，就連那些行家恐怕也是如此認為。畢竟，短跑的距離不就是要「短」嗎？

肯亞賽跑選手大衛．魯迪沙（David Rudisha），在倫敦奧運上所締造的八百公尺世界紀錄為一分四十秒九一。如果換算一下，平均一百公尺只花了十二秒五左右。俱樂部裡最優秀的十項全能選手，短跑的最佳成績大概就是這麼快。順道一提，魯迪沙是個「聖派翠克男孩」（St. Patrick's Boy）[2]，他是全球最有名的跑步學校的畢業生。此外，他還是個馬薩伊人（有別於絕大多數肯亞的跑者），而且喜歡拈花惹草（複數在這個情況裡是很重要的）。這件事是我們偶然從另一位名叫詹姆士的馬薩伊人那裡得知。他和大衛．魯迪沙兩人是同鄉，在我們一起徒步穿越馬賽馬拉（Maasai Mara）[3]的路途中，他為我們講述了一個火冒三丈的太太和一根擀麵棍的故事。眾所周知，在贏得了奧運金牌之後，大衛．魯迪沙長期為膝傷所苦。不過，他的膝傷並非跑步所造

2 指肯亞的聖派翠克高中，至今培育出四十多位長跑項目的世界冠軍。
3 肯亞西南部的自然保護區，也是大型獵物禁獵區，目前面積約有一千五百平方公里。名稱第一個字源自於當地定居的民族馬賽人，第二個字意指點狀，描述了大自然景觀，因為從上往下看許多樹木形成單一的點。

成。其實是有一天，他因自己的桃色事件而被太太嚴刑拷問，他的太太在盛怒之下居然用擀麵棍打傷了他的膝蓋。詹姆士的八卦惹來了議論紛紛。正當大家你一言、我一語之際，他又突然低聲地要求大夥安靜下來，因為這時我們眼前正有一群長頸鹿要通過。

奧運最佳成績：一分四十秒九一。我的最佳成績：三分三十四秒。

一千五百公尺

> 他選擇了第二條跑道，充滿希望的跑道，用盡全身的力量跑出了自己的人生。
>
> ——約翰．帕克（John L. Parker），《雨中的3分58秒》（*Once A Runner*）

這樣的距離相當於惡名昭彰的英里換算成公尺的長度。在肯亞的肯登學院裡，我有緣體驗到，大英帝國的菁英是如何在日常運動中成形。我們與別的學校的賽跑總是以英里計，我只記得，最後的階段是由缺氧和痛苦所組成。光是回想起這一點，我的胸部便不禁刺痛了起來。

特訓由一堆間歇訓練所構成。第一個在四分鐘之內跑完一英里的人，羅傑・班尼斯特[4]，他的訓練方式是接連跑上十趟四百公尺，中間分別做一下短暫的休息。我試圖仿效他的訓練方式，盡可能每兩分鐘跑完一圈。整個過程就彷彿在體驗自己的一生。一開始興高采烈、毫不費力，跑了幾圈之後就感到愈來愈吃力。空氣變得愈來愈稀薄，脈搏跳動得愈來愈快速，連帶地也愈來愈難克服自我。在第二回進行間歇訓練時，我覺得自己變強了，彷彿全宇宙的能量都匯集在我身上。我感受到生命在體內激盪，流淌全身，沒有什麼事可以在這一天對我造成傷害。我甚至還加快了速度，在某幾圈裡跑出了一分四十五秒的「佳績」。我的步伐跨得愈來愈大，我從不曾在任何一回的訓練裡感到自己是如此地無懈可擊。可惜的是，我並不曉得箇中緣由。

俱樂部裡的中程賽跑選手，在練習的過程中完成了無數次的跳躍動作，有時他們還得在頭上頂著一顆練習用的實心球。在進行複雜的間歇跑步之前（簡單來說就是先跑三百公尺，再跑五百公尺，再跑三百公尺，接著再跑五百公尺，這當中則穿插不同

4羅傑・班尼斯特（Roger Bannister，1929-）英國著名賽跑運動員，也是神經學專家。

長度的休息時間），還得先做些強化穩定性的練習。光聽這些描述，就夠讓人覺得辛苦了！

奧運最佳成績：三分三十四秒〇八。我的最佳成績：七分〇三秒。

長程賽跑
五千公尺

> 我沒有足夠的天賦可以邊跑邊笑。
>
> ——埃米爾．扎托佩克[5]（引自尚．艾薛諾茲〔Jean Echenoz〕的《跑》〔*Courir*〕）

某個六月天，我和湯瑪斯一起訓練。在奧地利《標準報》（*Der Standard*）所屬的網頁上，湯瑪斯經營了一個名叫「羅特快跑」（**rotte rennt**）的部落格。「羅特」會在網路上公開自己的跑步過程，並在跑步時收聽一個呼叫器，如果有人按讚，加油的聲音便會即時送到他的耳裡。他帶著天真的興奮之情向我解釋，這對他來說是一種助力。

跑了幾步之後，他接著告訴我，臉書上的讚讓人生充滿意義。我不是很確定，他說這話是否帶有什麼反諷的意味。當時我正專注於自己的呼吸。羅特其實是個很在乎數字的人，只不過死鴨子嘴硬，不願承認。在我試圖駁斥人類猶如某種機器的論調時，他也激動地表達意見，並解釋他如何鍛鍊好自己的身體，準確的定期測量又如何透露出訓練的成果。我則嘟囔著意志力與堅毅性格。應該就是這樣，羅特表示贊同，還引述了某位運動心理學大師的說法，在身體素質差不多的選手當中，勝出的總是心理素質較強的選手。

羅特說話的速度和他跑動的速度一樣快，他是我所認識最健談的跑者。我們跨過了艾爾德貝格那裡的多瑙河河谷，循著林中小路蜿蜒向東，途中經過了一個園藝社團、一段鐵道、東部高速公路、一些破舊的馬廄、一座老跑馬場、一棟新藝術風格的木造建築（受到保護的古蹟）。於是羅特就聊起了一些投機生意，聊起了財閥兼政治家法蘭克．史托納（Frank Stronach）的財產。我們接著穿過一些灌木林，來到一座貼滿廣

5 埃米爾．扎托佩克（Emil Zatopek，1922-2000）捷克籍長跑運動員，曾獲奧運五千公尺、一萬公尺以及馬拉松的金牌。

告的舊水塔，在這裡我們可以聽見從機場方向傳來的交通噪音。於是羅特又順勢聊起了消失的傳統，聊起遊客的百態。我們沿著多瑙河河谷的堤防跑了很長一段，接著向左彎，經過高爾夫球場、跑馬場和射箭場（翌年我在這裡度過不少時光）。當我們抵達恩斯特．哈佩爾體育場時，他開始聊起了二〇〇八年歐洲盃足球錦標賽的錯誤投資。緊接著他話鋒一轉，談到正確的拉伸動作，因為這時羅特轉而將心思放在自己的肌肉上。

與羅特一起跑步鼓舞了我，將我的兩條維也納基本路線（一是沿著多瑙河河谷，一是在奧花園〔Augarten〕裡），與某些我自己並不熟悉的場地結合在一起。有時是穿過普拉特，或是在萊恩茲動物園裡，或是在多瑙島上。有時則是乾脆漫無目的地跑在維也納的街頭，任意看看維也納的某些社區，此舉便是所謂的「觀光跑步」（sightrunning）。

就連去到了里約，我也同樣這麼做。沿著一個看似一望無際的海灘，在退潮時，將近有十公里長。我會在一大清早出發，此時幾乎就只有我孤身一人。我會想像自己的軀幹是針、四肢是棉花，將能量捆束在軀體裡。我會讓雙臂與雙腿舒展，讓蹠骨輕踩在地面上，刻意擠壓自己，讓肩膀放鬆，往前飛奔，以每六分鐘完成一公里的速度，沿著海灘恣意奔跑。我所遵循的是「氣功跑步」的一些建議，它是許多深奧的運動動作理論之一。事實上，這會讓人感到輕鬆和喜悅。在我見識到了這個世界上最美麗的海灘後（棕櫚體操隊、一片紅樹林最後的遺跡、腳下飛濺的海水），我很樂於承認氣功跑步的智慧。不過我也開始懷疑，這瞬間的興奮，究竟是出於我自己堅定向前的嶄新態度，還是出於所謂的「場所精神」（genius loci）？

比賽

沒有人警告過我，在美泉宮動物園（Tiergarten Schönbrunn）裡舉行的維也納動物園賽跑中，包含了一段恐怖的坡道。我是直到快出發前才曉得這件事。當時，有位負責安排分組的小姐（我被安排在「斑馬組」），問了幾位參賽者他們各自的目的地，她提醒了其中一位躍躍欲試的年輕人：「你要知道，往提洛宮的路上可是有個斜坡喔！」我有種不祥的預感，尤其是在時間上，上山所浪費掉的時間，下山可能也補不回來。我從來沒有訓練過上山，有的只是在教材中關於技巧不良在登山跑步時可能帶來什麼嚴重後果之類的模糊記憶。在最斜的路段上我索性就用走的，以免發生意外。在許多人看來，這場賽跑就像是在做公益，缺少了濃濃的競爭味。參賽者多半是帶著遊戲的心情上路，就為了這座全球最古老的動物園獨一無二的氛圍（與氣味），歡欣地沉浸在這個融合了冰雪、叢林和熱帶草原的世界。

在第二圈的路上，在介於日光浴室和南非公園之間的某處，我彷彿看到動物園的柵欄全部開啟，許多動物紛紛加入了戰局。像是獵豹、非洲跳鼠、紅毛猩猩、挪威峽灣馬等等。我們在障礙賽道上競爭。獵豹擅長以優雅的八公尺跳躍風馳電掣，只不過牠們很快就得停下來喘氣（小時候，我曾在肯亞親眼見到獵豹狩獵失敗的場面；在經過兩、三回短暫衝刺卻未能得手後，牠們就得氣喘吁吁地放棄獵物）。非洲跳鼠總是只能在抗議下參賽（「必須按重量分級才公平！」），牠們可以長時間保持大約每小時十三公里的驚人速度（就牠們的身型大小而言，這相當於人類以每小時兩百六十公里的速度前進），但是牠們同樣會因筋疲力竭而必須中途放棄。紅毛猩猩或許會踩著腳輕蔑地表示：「相較於在地面上奔跑，其實我們更擅長穿梭於樹木之間！」就跑步而言，牠們是毫無希望地居於劣勢。在所有的靈長目動物裡，唯有人類有本事持續跑動。我們的腳趾較短，大腳趾也沒有外延，而是與其他腳趾併攏於腳掌。我們擁有相當可觀的臀肌，當我們在漫步時，幾乎不必動用到它們。此外，我們還具備了妥善地將醣儲存起來的肌肉組織。若不是透過直立行走達成了這些，就是某種特殊的演化選

擇。可以在有氧耐力方面與人類一較長短的，就只剩下挪威峽灣馬了。牠們一揚蹄就飛奔得無影無蹤，直到我跑到了終點，才總算再次見到牠們的身影。在那裡，主辦單位為人類獻上蛋糕，為動物們獻上燕麥。

奧運最佳成績：十三分四十一秒六六。

在攀登斜坡以及與動物的競爭中，我總共花了二十六分三十秒跑完五千公尺（實際上，整個賽程超過了六公里）。

一萬公尺

你的兩條腿是你唯一的朋友。

——古老印度諺語

我獨自跑在一片廣闊的、積雪的草地，由於我無法完全相信自己的步伐，分不清自己腳底下所踩的究竟是冰、是雪、還是泥，只能小心翼翼地前進。我跑在一片蜿蜒至地平線的白色田野間，田裡一隻巨大的寒鴉兀自飛起，宛如靈魂脫離了一具僵硬的身體。這樣的意象全得歸因於我當下的感覺，在這麼冷的天裡，只因不斷地在活動，一個人才得以活下去。在我面前的，是我自己的呼吸，宛如一個毫無內容的氣泡清晰可見。在我鞋底下面的，則是一些結成硬殼或是正在融化的東西。跑鞋下的積雪不斷發出嘎扎嘎扎碎裂的聲音，猶如在某部舊的黑白片中行軍士兵們用他們的靴子踩過那樣。聽在我耳裡，這些摩擦聲彷彿一段神祕的樂章。我意識到，自己已成為一個跑者，因為我正在像這樣的日子裡跑著。

在冬日裡跑步，不僅代表著將自己置於大自然的淫威之下，放棄舒適，感受脆弱，同時也代表著歡慶自己克服這一切。在某個無情的二月天，我這輩子第一次跑在放肆的雪雨中，此舉遠遠超出我的舒適區。有膽在這種天氣裡外出的少數勇者，宛如同謀一般相互點頭致意。在冬日裡，每個人總是安安靜靜地各跑各的。我想像著自己成了某個獨特圈子的成員。早在很久以前，我就為自己挑選了最嚴酷的冬日來進行訓練。根據我的訓練計畫，在復活節星期日那天預定有一場長跑（十五公里）。雪雨向西拍打著，宛如針頭不斷刺在我的臉上。遠方模糊的身影，想必是群獵人。在漫步中，思想固化了，在跑過冰天雪地中，思想則凍結了。唯一讓我掛心的，就只剩「撐下去」。

這場訓練開始於季夏時節穿越與人齊高的玉米田。誠如所有專業書籍所建議的，速度放緩，極緩，藉以體驗某種毫不費力流向某處的感覺。速度會招致耗損。訓練在五月初怒放的栗樹下暫時結束，這些栗樹一天天地將維也納奧花園的大道轉變成一座森林。這當中間隔了將近三季，在這段期間，我一直在為自己的第一項挑戰進行準備，幾乎未曾挪出任何一分鐘去準備什麼別的。我把自己的命運託付給赫爾伯特・史蒂芬尼（Herbert Steffny，他是德語區裡非常知名的跑步大師）的一項訓練計畫，下定決心，要違背自己的本性一絲不苟地遵照他的規定。這當中有部分原因在於，我想檢驗看看，如果人們確實完全依照指示來進行，這些計畫是否真能兌現它的承諾？我訂下了一個目標時間（五十四分鐘），並且在月曆上記下每週應當按表操練的課程。這當中包括活動日與靜養日、低脈動慢跑與高脈動快跑，此外，還有相當多的耐力跑和間歇訓練。出乎我的意料，遵守靜養時程這件事，對我來說居然是最困難的。先前我曾為了避免受到誘惑，而將甜食統統藏起來，如今我不得不將跑鞋收到櫃子的最深處，以免一見到它們，就燃起跑步的熱情。這點很重要，因為訓練其實得在靜養日裡完成。不過，在我可以著手之前得先為自己置辦好裝備。當時我已經有了一只可以測量脈搏的手錶（為了確認可承受的極限，這項道具不可或缺），我還需要的就是最重要的一項裝備：

一雙適合的鞋。

位於普拉特街的東尼跑步用品店，可算是維也納這座城市的傳奇之一。這家店的老闆名叫東尼．納吉（Tony Nagy），在他發現自己對於這方面的熱愛之前，原本是個上班族。東尼是個一絲不苟的傢伙，跑鞋的方方面面都會被他拿放大鏡檢驗，即使是製作上最細微的瑕疵都難逃他的法眼。據說有一回，東尼居然將廠商送來的鞋子近半數全都退回。東尼要求自己的員工，不僅要當個好售貨員，更要當個好跑者。在他們店裡，每年跑個兩次馬拉松，就如同其他公司行號的下午茶時間般稀鬆平常。店裡的售貨員將自己定位成教練。顧客必須先在一張表格上填寫姓名，當輪到該名顧客時，店裡的售貨員會幫顧客分析步態，測量腳掌，其中也包括了測量二號腳趾。我的第二根腳趾比拇趾長，這點符合古希臘的審美觀（我就像俊美的阿多尼斯，至少就腳趾的形狀而言）。此外，售貨員還會幫忙檢查一下腳掌畸形的情況。我的拇趾有外翻傾向，換言之有些向內彎曲，這是蠻常見的情況。

售貨員將我的腳評定為「寬型」，但是不用擔心，在東尼的店裡絕對有適合我的鞋子。只不過，光有一雙還不夠，因為認真的跑者不僅需要一雙耐操耐磨的訓練用鞋（至少可以撐個兩千公里），更需要一雙輕如鴻毛的比賽用鞋（只能撐個大概兩百

公里）。售貨員告訴我（在東尼的店裡，每項建議都有十分合理的根據），由於長跑時應該在腳趾與鞋尖之間預留大約一公分的空間，因此我最好挑選比平常大一號的鞋子。售貨員會請顧客穿上他推薦的鞋，讓顧客自行綁好鞋帶，這顯然是種私密的動作，不應假他人之手。接著售貨員會請顧客上跑步機，先是以時速十公里的悠閒速度自然地活動活動，然後再調快跑步機的速度。在跑動的過程中，顧客的動作會被拍攝下來。隨後大家一起進行分析，檢視一下鞋子的穩定度。如果穩定度不足，售貨員會請顧客改試別的款式或大小的跑鞋。這所有的過程簡直嚴肅到讓人感覺彷彿在進行什麼攸關生死的醫學檢驗。

東尼店裡豐富的商品，表現出在過度生產的消費資本主義中一個很不討喜的面向。根據商品的多樣性，我們可以說，有的只是昂貴與更昂貴的運動項目。即使是跑步，這種所有運動當中最簡單的一種，這種幾乎沒什麼要求的運動（就連鞋子也並非不可或缺，在克里斯多福．麥杜格〔Christopher McDougall〕的《天生就會跑》〔*Born to Run*〕成為驚世之作後，赤腳跑步如今已蔚為風尚），人們也會推薦跑者購置諸如透氣運動衫、衛星定位裝備（包括脈搏測量器）、腰帶、水壺、小帽、雨衣、夜光服飾、運動耳機等等。如果我們回頭去看一看一九七〇年代的路跑賽錄影，我們肯定會不敢相信自己的眼睛。裡頭的跑者所穿的，無非就只是像內衣的汗衫以及巴塔鞋。然而，他們的確是在奔跑，同樣遙遠，同樣激烈。

長跑經常會發生受傷的情況（比打橄欖球還頻繁）；根據統計，大約有百分之六十五的跑者，每年會受傷一次。為了「配合」這樣的統計數據，我自己也很快就加入了恐怖的「脛痛」（shin splints）行列。想要對付這種痛苦的夾板症候群，不妨強化脛骨與小腿的肌肉組織，腳跟跑步是相當有效的一種方法。這些疼痛會讓人牢記那些自己專屬的座右銘。尤其是帶著社會達爾文主義的堅定態度，大聲地說出自身經驗：一分痛苦，一分收穫（No pain, no gain；無勞則無獲）！咬牙苦撐，克服心魔，絕不放棄！這是種尚武精神，在絕大多數與跑步有關的電影裡同樣可見。英雄總是試圖向自己和他人證明些什麼。他們想達成特定目標，並將以外的事物拋諸腦後。我的情況也差不多，不過我只是在平常散漫的生活方式中例外規律地為競賽而跑罷了。

大約在正式比賽前兩週，我第一次帶著雄心壯志挑戰全程。我以盡可能最快的速度跑了十公里（大約是奧花園跑五圈，因為熟悉的氛圍讓我安心）。將近一小時的成績，帶給我莫大的信心，我深信自己絕對可以達成預定目標。最後一週過得比較輕鬆。然而到了星期四，訓練計畫上只剩下一場輕鬆的跑步（四十五分鐘簡易加速），我卻突然產生嚴重的挫折感。短短的路程跑起來居然變得如此不可思議地吃力，每個步伐彷彿都是一個磨難，這種感覺就好比所有的重量都吊在我的四肢上。我痛苦不堪地回到家裡，心想這一萬公尺我是跑不了了，至少無法在目標時間內完成。與我一起參賽的克勞斯，在電話那頭好心地安慰我。他曾在某回參加鐵人競賽的前幾天突然感到膽怯，致使他認真地考慮了自己是否該退賽。緊張的心情猶如發酵的麵團，在我心中不斷膨脹開來。

比賽

那是個豔陽高照卻不算燠熱的春日。起跑點是慕尼黑的奧林匹克運動場。絕大多數的業餘跑者都是參加各種全民路跑，極少部分會在跑道上進行比賽（在早期的奧運中也曾有過越野賽跑，一直到一九二四年，當時因為許多跑者在巴黎被發電廠的廢氣毒害，方始停擺）。路跑比賽的數目從一九八〇起開始暴增，如今在網路上輕輕鬆鬆都可搜尋到無數的路跑比賽。光是在德國，每年就有超過兩百萬人參與這類活動。在飲食技巧方面，克勞斯為我做了最好的調整。在比賽前夕，來了場所謂的義大利麵派對，其中包括新鮮蔬菜、瘦肉和一些水果。這一餐的滋味很不一樣，也許是因為它並非旨在讓人飽食一頓，而是為了參賽準備這個更高的目標。我抱持著崇高的志向與歡愉的自我寬恕，將麵條舀進嘴裡。添加飯菜並非貪婪的表現，它代表著示範性地補充我身體的糖原。到了第二天早上，我一起床，馬上就攝取了一份單糖與多糖的混合套餐。黑麥和小麥製成的小麵包，甜味的附餐，一些水果。沒有脂肪，沒有乳製品，它們會讓胃部脹得難受，很慢才能消化。此外，牛奶會堵塞呼吸道。我還吃了一點檸檬酸粉。這些白色的粉末讓我覺得有點太超過，此舉彷彿準備走上服用禁藥的不歸路。

兩個小時後，我跑過一棵花朵盛開的櫻桃樹。我的緊身衣上有我的編號，右腳的鞋子上則有一顆晶片。從起跑之後，胃部的刺痛消失了，取而代之的是興奮，逐漸揚起「刀槍不入」大旗的興奮。克勞斯告誡我，千萬別衝太快，要適時地剎住自己，穩扎穩打。其他跑者的存在會產生出人意料的激勵效果，這是種神祕的群體能量，足以讓一個人健步如飛。我的步伐似乎比獨自訓練時來得更加輕盈，儘管幾乎沒有人的速度和我一樣，其他的跑者若非被我超越，就是超越了我。在第二圈的途中，由於跑在前面的一對情侶遮住我的視線，我差點就撞上一根紅白相間的柱子，我趕緊跳到一旁，驚險地閃過那根障礙物。克勞斯說，這很容易導致受傷。

在比賽的過程中，克勞斯顯得十分輕鬆自若，宛如在遛他養的那條臘腸狗。我試

著對他講述科斯馬斯・恩德蒂（Cosmas Ndeti）的故事。這位來自肯亞的選手，曾在波士頓馬拉松創下勇奪三連霸的佳績，前美國總統柯林頓還曾邀他一起慢跑。講到這裡，一段斜坡使我突然上氣不接下氣。在保持時速五公里的狀態下，斜坡可謂是一項挑戰。斜坡往下，克勞斯呼喚我，要我深呼吸。最終我跑出了五十二分四十秒的成績。訓練計畫奏效！我從來未曾感到如此地筋疲力竭。到了終點，喝著沒有酒精的白啤酒時，克勞斯問我先前講到一半關於柯林頓與恩德蒂之間的軼事。我用力啜了一口啤酒後說道，他們兩人並肩跑了幾分鐘之後，柯林頓總統對恩德蒂說：「我實在無法理解，你居然連汗都不流一滴，不過你至少有在呼吸！」

如此人群眾多的集會，少不了引來一些靈魂獵人。在終點和山坡上，四處散落著一本名為《幸福之路》的小冊子。上頭印有一幅充滿童趣的插畫，以慕尼黑的聖母教堂為背景，沒有地址，沒有版本說明，沒有ＩＳＢＮ，只有在最後一頁以微小的字體印上了版權聲明：© L. Ron Hubbard Library。在第三頁裡列有「五項原則」：

1 有病請看醫生。
2 保持身體清潔。

3 保持牙齒健康。
4 飲食要理性。
5 睡眠要充足。

在接下來的幾天裡，我很喜樂地將這五項原則銘記在心。

奧運最佳成績：二十七分三十秒四二。我的最佳成績：五十二分四十秒。

蹦跳

一百一十公尺跨欄

每個家族都有他們自己的神話，經過反覆傳頌而變得有分量。我的父親曾與保加利亞的青少年冠軍頭銜擦身而過。當時還剩幾個跨欄就要抵達終點。四個、三個、兩個，到了最後一個，他不小心將前腳踩在跨欄上面，於是整個人失去平衡，直接撲倒在地。他站起身來，身體擦破了皮，心理則失望至極。這樣的機會一生不會再有。小時候我曾經想像，父親如何將他的腳跟抬高超過跨欄一公分，最終抱走冠軍頭銜。這兩種版本都曾在我的腦海裡上演，成功與失敗往往只有一線之隔。借助為數不多的幾

張照片（難民只能保有薄薄的相簿），這個故事變得有血有肉。我的父親在熱身，我的父親赤裸著上身飛越跨欄。凍結的時間。純淨而優雅。

除了父親之外，我找不到更適合我的教練。在做了許多的熱身運動之後（整個過程中，他頻頻對我有限的靈活度搖頭嘆息），我們排列三個跨欄，將它們的高度鎖定在舒適的九十一公分（一般都是一公尺〇六的高度）。他要求我，盡自己所能，用雙腿跨過這些跨欄。雖然動作看起來有點像卓別林式的滑稽，不過倒也不算失敗。接著下一個任務則是，用彎曲的右腿掠過跨欄，先是以行走的速度（這時進行得還算順利），接著改以跑動的速度。臀部必要的拉伸，對我來說顯然不成問題。然而每回「著地」，我總是會有點失足，以致不太有把握克服第二與第三個跨欄。父親明白表示：「我們沒有時間等你做到完美！」於是我們把注意力轉移到上半身。「在跨欄方面，最重要的無非就是往前彎曲的上半身。平衡、節奏，一切都取決於它。你必須將左臂朝右腿的方向伸。在跨越的階段，手掌應該伸超過腳掌。」

對我來說，跨欄也是一個理論比實際更容易理解的比賽項目。我既無法掌握這種折刀姿勢，更無法將後腿的動作整合得流暢。從頭到尾，我始終是跌跌撞撞。對我而言，每個跨欄所具有的障礙意味多過於挑戰。我們稍事休息。過去五十年，我從未問過我的父親，這種運動是哪一點令他如此著迷？

「技術的複雜，高度的精確。」（我的父親是工程師。）「你必須克服跨欄，不過只能稍稍掠過，腳跟抬超過跨欄毫米，這樣才能縮短跨越的階段。某些教練甚至會建議，不妨輕觸跨欄。一個技巧純熟的跑者可以彌補基本速度的不足。這就是我的機會。不過，即使在那些行家身上，你還是可以見到技術方面的顯著差異。這是一種相當高檔的比賽項目。到了冬季，我們會在體育館裡連續練習數小時，以提高自己的靈活度。我一直尋求最崇高的優雅。在十五秒鐘之內跑完全程是我的夢想，可惜我從來都無法達成。」

隔天，我的父親語重心長地告訴我：「你自己必須決定，在跨欄之間你想要踏出多少步。可以是三步，也可以是五步。有一小部分的選手需要四步，它們還會在每個跨欄處更換起跳腿，這麼做的難度明顯提高。」理論的部分在此告一段落。我很快就了解到，那些非常厲害的跨欄選手踩個三步就綽綽有餘，相反地，就算給我踩了五步，我也從不曾成功地跨過去。我總是在很遠的地方起跳，踩到跨欄，接著就跌倒在地。我別無選擇，只有試著盡可能保持五步跨欄（參閱十項全能那一節）。

在我第一次同時也是最後一次參加一百一十公尺跨欄賽跑的前幾天，父親寄給我

一封充滿關愛的電子郵件：「試著找出你自己的節奏。越過第一個跨欄前的助跑非常重要。盡可能迅速地起跑，無所畏懼地攻向第一個跨欄，你克服得了它。起跑與第一個跨欄要一再合併練習，這樣才能超越自己的心理障礙。即使不得不撞倒跨欄，你也必須將自己的速度維持住。否則的話，你會跑不到終點！」在人生的障礙賽跑上，雷歐提斯從不曾從波洛尼厄斯[6]那裡得到過如此寶貴的建言。

奧運最佳成績：十二秒九二。我的最佳成績：二十七秒二三。

四百公尺跨欄

有些人認為，四百公尺跨欄比四百公尺短跑來得簡單。這些人或許也會認為，對於那些做了太多工作的人，應該再將更多的工作加諸他們身上。排列跨欄就已是磨難的開始。這項工作讓我和大衛耗費了十五分鐘。我們數度扛著三個跨欄穿過草坪走向

6《哈姆雷特》劇中人物，波洛尼厄斯（Polonius）是國王的御前大臣，阻撓哈姆雷特與女兒奧菲莉亞的愛情。因躲在掛毯後面偷聽哈姆雷特與王后的對話，而被哈姆雷特刺死。雷歐提斯（Laertes）是波洛尼厄斯的兒子，因父親與妹妹的死，用劍殺死哈姆雷特，也死在對方的毒劍下。

對面的直道與彎道。待一切搞定後，我們便開始跑。在跑到第六或第七個跨欄時，一個迄今我從不知曉的心聲對我說，它沒有想過要跳越這些障礙。這種感覺就像是，我騎在自己的潛意識上，而它卻拒絕跳躍。由於沒有時間進行什麼詳細的對話，因此我試圖以自己的權威壓制它，讓我的權威帶我越過跨欄。可是僵局並沒有獲得解決，於是到了下一個跨欄就得重啟談判。這一回我改以懷柔、諂媚的方式，這雖然不是什麼萬靈丹，卻是克服後續跨欄唯一的辦法。在通往終點的直道上，我相當笨拙且驚險地跨過了倒數第二個跨欄，這時我心想，我肯定會敗在最後一個跨欄。會不會有更大的恥辱呢？情急之下，這個絕望的運動員只想到借助梯子爬過障礙（俱樂部的夥伴們還在一旁為我歡呼），我早已顧不得什麼優雅。至於蹣跚地跑向終點的部分，就沒有什麼可說的了。

奧運最佳成績：四十七秒六三。我的最佳成績：一分三十四秒。

三千公尺障礙賽

每跑一圈，我就深陷水中。水池愈來愈深，我也愈來愈濕。三千公尺障礙賽全程

共有七處水池。到了第七個水池，我越過跨欄後直接噗通一聲地下了水。為了跑完後面的路程，我狼狽地游上岸。在渾身濕答答的狀態下，總算抵達終點。完全不需要天空為我掉眼淚……

那時我們每天下午都會做做運動。秋天時打板球，聖誕節到復活節之間打曲棍球，接下來則是打橄欖球。如果遇到下雨，就會來場越野賽跑，然後跳進冰冷的池子裡游泳。肯登學院是一所國際化的學校，它的學生來自全球三十多個國家，並非只有東非人和移居東非的印度人，另外還包括英國人、蘇格蘭人、愛爾蘭人，以及零星的幾位希臘人、義大利人與保加利亞人。印度人擅長打板球，英國人則在橄欖球方面稱霸，有不少學生很會打曲棍球，而我只對網球比較在行。不過，如果說到跑步，那可又是另一番景象。非洲的小伙子可以輕輕鬆鬆地跑完「奔土」（buntu，越野賽），歐洲人卻只能氣喘吁吁地撐完這三公里的路。即使是那些最沒有運動細胞的非洲學生，例如日後的肯亞總統丹尼爾．阿拉普．莫伊（Daniel arap Moi）的公子，都能毫不費力地跑完這些越野賽。其他人跑到最後簡直都快喘不過氣來。

三千公尺障礙賽跑本該是屬於肯亞的比賽項目，可是它的發源地陰錯陽差是在愛爾蘭。英語的「steeplechase」（越野障礙賽馬〔跑〕）一詞，指出它的起源。當時人們是從一個教堂的塔樓跑到另一個教堂的塔樓。從前在鄉村幾乎看不到什麼別的標誌。起初這是項馬匹與跑者的競賽，後來兩條腿的參賽者和四條腿的參賽者才逐漸分道揚鑣（在威爾斯還有人畜之間的對決，人對馬的馬拉松賽，頭兩次居然都是由人勝出）。到了一八六五年，這樣的比賽構想被移植到跑道上；如果不是在牛津，還能是在哪呢？後來這項運動持續發展，直到最熟悉越野賽跑的肯亞人將它發揚光大。

要在一個田徑俱樂部裡跑上這樣一段路程，其實並不簡單。必須先在池子裡注水，將四個沉重的跨欄放置在塔當塑膠跑道上。俱樂部裡的所有人，都迫不及待想要利用罕見的機會一試身手。有別於在短距離的跨欄賽跑裡，參賽者必須跳過障礙，在這種模擬越野賽跑的比賽裡，參賽者則可以爬過顯著更寬的木條。傳統上，訓練有素的跑者只會在前方有水池的障礙處這麼做。一直要到一九六八年，肯亞好手阿摩斯·比沃特（Amos Biwott），出人意料地直接跳過障礙，奪下冠軍，才改變這樣的習慣。我很訝異，自己從跨欄到水裡掉下多深的距離，原本十分簡單從水裡爬起來的動作，此時又是多麼難以完成，尤其比賽的終點近在眼前。多次的跳躍讓我的雙腿欲振乏力，直到最後從障礙上一躍而下，我彷彿是為了純重力的隊伍而參賽。不過，換換口味至少是有趣的。

奧運最佳成績：八分十八秒五六。我的最佳成績：十七分四十三秒。

走

人人都會跑步，走路卻得經過學習。

——某位競走選手

支持競走有很多理由。它是人類最有效率的前行方式。羚羊會跳躍，駿馬會奔騰，我們人類天生就會行走，如果趕時間，我們可以快速行走，甚至非常快速。在我們會說話之前，就已經學會利用自己的雙腿向前移動。在我們一生中，即使是行動不便的人，也都會步行數萬公里。然而，沒有其他任何一個比賽項目像競走這樣，必須對抗如此眾多的成見。在唯一一部以競走為主題的電影裡（《櫻都春曉》〔*Walk, Don't Run*〕），劇中的選手羞於告訴他人，自己要在東京奧運參加何項比賽。結果：這是有史以來最爛的電影之一！事實上，競走沒有那麼簡單。

自願、刻意的限制是項基本原則（這點和小跑一樣）。許多人都無法明白這項形式的嚴謹性。某位十分熱愛田徑運動的友人曾在給我的信中寫道：「競走這種運動無論如何很不自然。為何不乾脆用跑的，這樣就不必那麼彆扭。而且也不會發生走了四十八點五公里，突然有個裁判跳出來給你舉紅牌，一下子金牌夢碎的悲慘情形。」每個人都可以隨心所欲地行走，但是競走必須遵守嚴格的規定。這其實有悠久的傳統。早在啟蒙時代晚期，就有學者寫了一篇關於「良好步行」的論文：

「每個步伐都必須拉伸膝蓋，腳尖必須朝外立於地面上，鞋跟不能過於明顯且過早於拇趾球接觸地面，腳掌必須不歪斜地踩踏，不能太偏內側，也不能太偏外側，這些都是良好步行的基本要求。」

伸直的膝蓋是兩項關鍵的技術要求之一。另一項要求則規定，任何時候兩條腿的其中一條必須接觸地面（不可兩腳離地）。光是伸直的膝蓋這一項，就夠讓初學者感到困難重重，因為這樣無法提升速度。我的教練亞力士（曾多次榮獲奧地利的冠軍頭銜）告訴我，許多試圖參加競走的跑者，在這種自我設限方面都遇到嚴重的瓶頸，最終選擇放棄，因為他們根本就辦不到。我是可以做到，不過只能單邊，起初我可以將左腿伸得筆直，不過右腿會微曲（這種情況可能會被判失去資格），後來情況反了過來。由於我老是注意自己的右腿，後來變成左腿會不自覺地微曲。亞力士倒是認為這其實還不錯，因為由此證明，基本上我的雙腿都是可以伸直的！

「現在我來教你，怎樣才能走得快！」於是亞力士走了起來。他簡直像開啟了渦輪引擎，行走的速度之快，連普拉特大道上的一些慢跑者也比不過他。人們看得目瞪口呆。當然，我也不例外。

競走選手必須用腳跟著地，順勢滾壓腳掌，接著再穩穩地將自己撐離。這個面向很快就能學會。不過，緊接著得加入腰部的細節動作，這牽涉到技術與美學。唯有向前推移的腰部能讓一個人加速。我試著對它「好言相勸」，卻徒勞無功。我們之間需要正確的翻譯！肩膀擺動得比腰部還劇烈，我無法讓腰部從上半身解放，不穩定的肩膀反倒減緩了我的行走速度。在接下來的練習裡，我必須一前一後準確地安置自己的雙腳，先是用腳跟，腳趾堅定地朝上，手臂向兩側伸開，像是在保持平衡，在這個過程中，只運動腰部。我猜想，森巴舞者或許可以比較輕鬆地做到，在上半身不動且不使用雙臂的狀態下扭動腰部。準確地沿著一條線行走，這對我來說真的不是什麼容易的事。即使沒有喝酒也一樣。

亞力士說：「我們必須激活你緊繃的腰部！」他建議我，應該經常快走兩個鐘頭，不必去在意伸直的膝蓋，主要是為了培養行走不可或缺的肌肉組織。由於步伐是由臀部加速，因此會動用到我們最強的肌肉之一，也就是臀肌。

提高效率的訣竅還有，有別於跑步，身體的重心不能上下移動。如果仔細研究一下相關的慢動作影片，不難發現那些最厲害的競走選手，尤其是在競賽的最後階段，其實經常會一瞬間雙腿離地。在速度高達每秒四點三公尺的狀態下，很難設想實際情況會不是這樣。因此重點在於，盡可能避免這樣的瞬間。

這麼快的速度必須歸功於高頻率。競走選手踏出的步伐與四百公尺賽跑選手一樣多，而且還得以這樣的頻率完成全長二十甚至五十公里！也因此一大群長程競走者顯得匆匆忙忙，像是一支遲到的軍隊，被歷史甩在後面。同時也讓不明就裡的觀眾覺得煩躁。

競走者是後習俗的人。亞力士表示：「如今我覺得普通走路比競走來得更為吃力。」他們必須忍受他人的側目，活在一個孤獨的世界裡。亞力士曾經數度笑談別的運動選手對他們的不尊重。他們組成了所有密謀社群當中最小的一個圈子。事實上如果能夠看清，他們走得比我們絕大多數的人跑得還快；如果有機會嘗試一下，熬過五十公里後，對他們的尊敬將不自覺地油然而生。

二十公里

我是在健身中心的跑步機上完成的。我無法指望任何人能在一旁看我走個三小時。於是，我把自己託付給了鏡子。我的每一步都有屈膝的嫌疑。有時它們會試圖欺騙我，不過我很快就識破它們的詭計。整個過程就是這麼持續、持續、再持續。簡直可以說是無聊中的無聊。

奧運最佳成績：一小時十九分。我的最佳成績：兩小時四十二分。

五十公里

我的這項賽程是在某個寒冷的晴天，從紐約九一一國家紀念博物館（National September 11 Memorial and Museum，為世貿中心恐攻受難者所建的紀念館）展開。那是個過往的深穴，在那裡觀點與想法全都消失了，不過那些落下的水則是永誌不渝循環的一部分。從曼哈頓南端一直到島的最西北，在沿著哈德遜河的漫漫長路上，病態的想法始終伴隨著我。走過有點破落的舊碼頭，也走過歷經回春的別緻新建築和百貨商場。許多地方都被拆掉重建，在我看來，落錘破碎機似乎是時間最可靠的工具。競走選手費力且笨拙的動作強化了情緒。正向樂觀的心情源於感覺起來很自然的動作，這種事情是有的。在塔式起重機環伺下，我不禁覺得自己正迎向死亡；相反地，在慢跑時我總覺得自己在逃離它。這是來自人類幻想珍奇櫃的荒謬想法之一。我的腳步變得愈來愈沉重。身體催促著我要跑步。每走一公里，我就必須更加努力才能維持膝蓋伸直，才能不被肌腱所支配。在這段田徑比賽最長的賽程裡（馬拉松是怎樣被神話，競走選手這殘酷的五十公里就是怎樣被忽視），我在臀部和腰部疼痛難耐的情況下，不得不在過了四個半小時、走了三十二公里之後，絕望地放棄。即使如此，我所花的時間早已遠遠超過奧運最佳成績，三小時三十五分五十九秒。

十項全能

沒有哪個對手在角力賽中比我更早倒下，也沒有人像我這麼慢跑完整個賽場。起初我連鐵餅都抓不住，我也從來沒有力氣在跳躍時將雙腳抬高。瘸子擲標槍都比我擲得還遠。然而，在經過五項競賽之後，報信者卻呼喊我為第一名——是五重優勝者。

——路基里歐（Lucillio）的《箴言詩》

1 當我在清晨時分一層一層地著裝，並且將備用衣物和能量棒塞入運動背包，我突然覺得自己活像一位神鬼戰士。計程車司機漠不關心的態度令我有點惱怒。我正要前去參加十項全能競賽，它不僅是所有田徑比賽當中的帝王項目，更是所有運動比賽當中的帝王項目，可是這個傢伙，居然口裡嚼著口香糖，一副事不關己地在做自己的工作。此情此景令人不禁想起文藝復興時期畫家彼德・布勒哲爾（Pieter Bruegel）《伊卡魯斯的陷落》（*Landscape with the Fall of Icarus*）裡的那位農夫。這位運將竟然不曉得維也納山麓運動場在哪。「你可知道，選手們在兩天之內必須完成些什麼，」我想給他一點教訓，「尤其是在這種陰雨綿綿的寒冷週末？」不過，最終我還是把自己這些反應過度的念頭給吞了回去。不久之後我就站在俱樂部的牆邊，和同組的其他成員一起伸伸腰，進行我這輩子最認真的熱身。在接下來兩天中同時扮演我們的督促者以及速成教練的裁判員，宛如時裝秀上品評藝術創作的播報員，在一旁興奮地評論每一項暖身動作。最後他丟下一句話就離開我們：「十分鐘之後比賽開始！」

十項全能的第一個項目是一百公尺短跑。我把疲勞趕出我的肌肉之外，拍打幾下自己的臉部。牙買加的選手會在比賽開始前這樣做，肯定有什麼用處。現場颳起了逆風，選手當中有些人勢必會幸災樂禍地拍手。爆炸性的起跑，可惜是別人。就在我閉著眼睛準備脫離起跑器，如同火車駛離起站那般，在我旁邊跑道的菲力克斯（他贏得了十項全能的冠軍）已往終點衝去。當我張開雙眼，發現自己落後他將近十公尺遠。一陣狂風襲來，敦促我靜止不動。在我還沒能驅離這些悲觀的念頭時，比賽已經告終。在那之後，大家談論的就只有「好厲害的」逆風。宿命之風。至於我的成績嗎？慘不忍睹的十六秒二二。

上古時期最大的試煉是五項全能，包括了鐵餅、跳遠、標槍、短跑（正確的距離並不清楚）和角力。鐵餅、跳遠和標槍這三個項目，當時只在五項全能的競賽中舉行。在柏拉圖（他曾強烈建議年輕人參加五項全能）的時代，光是在雅典一地，就有上千位五項全能的選手，相應地，這也是大型的賽事。如今在整個奧地利，十項全能的選手恐怕不到百人。每年的九月底，這些人會聚集在維也納的法沃里滕區，舉行一年一度的全民大賽。

2 我們在跳遠沙坑旁的一顆楓樹下安營紮寨，密密麻麻地猶如捲葉形花飾。有些人在自己帶來的睡墊上伸展筋骨。在短跑的活躍後，我們搖身一變成為沉思的野餐一

族。選手們默默地測量助跑的步長。自從上個月最後一次訓練之後，我已然忘了自己的步數。跳進潮濕的沙裡感覺相當舒服。「你看起來頗隨性的。」裁判如此說道。這位先生在每回試跳後都會給選手過量的小建議，有別於他溫柔、沉默的同事。「這是因為，」我答道，「這本來就很隨性。」也因此，我未能贏得他的尊敬。在第一次嘗試時，我錯失了一整個步長，在缺乏活力的情況下，只跳出了三公尺二八。第二次嘗試，又整個搞砸，因為我在踏板前短步快跑，把所有的動力都用光了。在第三次嘗試時，我決定減少助跑，全神貫注於起跳。我完美地踩上了踏板（至少），不過最後還是只能跳出三公尺五一的成績。有鑑於所處的環境，這樣的成績已經算是令人滿意。

進行兩個項目之後，我和其他的參賽選手已有了點交情。我們為彼此打氣、拍手、吶喊、喝采。這是個小型的祕密團體，許多人早已是多年好友。在奧地利（以及德國和瑞士），幾乎沒有其他像這樣的比賽，它在維也納已有二十多年的歷史。算是種帝王項目的民主化。我問了一位身材苗條、雙腿修長無比的女選手，「全民」這個稱呼對她會不會是種困擾？她又氣又喜地說：「不會！」性別的問題尚未在十項全能的比賽中流行。

3　羅蘭表示：「你在這裡藉由丟擲所獲得的東西，無法經由快跑得到。」羅蘭從前是位跨欄選手，他從賽場上退下已有二十多年。雖然他擅長的比賽項目有高齡組的大師賽，不過參賽前必須取得許可，所以他寧可來參加我們的比賽。不僅如此，那些大師賽其實並沒有那麼有趣，氣氛也沒有十項全能競賽的一半輕鬆。在這裡，每個人都能盡情地嘗試與嬉鬧。套句時代的經典口號：做就對了（Just Do It）！我在推鉛球時花了太多時間安置前腳，未能做出具有爆發力的扭腰，以致整顆球如隕石般墜落，距離之近，讓我出於本能地往後跳，以免鉛球砸到我的腳。在第二次嘗試時，我好歹丟出了六公尺九二的成績。這是我在整個十項全能競賽中獲得的最高積分。有人建議我（在這裡，人人都是教練）：「你不妨放棄滑行。這種方式頂多讓你的成績多個半公尺。可是在你純熟運用這項技巧之前，與其說它是助力，不如說是障礙。你倒不如專注於立定扭腰。」然而我的成績並沒有因採取立定的方式而有所改善。浪費了第三次的嘗試，我悵然若失，因為我曾一度在內心燃起雄心壯志。

在上古時期，裁判的手上會拿根棍棒，如果有人犯規，就真的來個「當頭棒喝」。

在進行拋擲和跳躍的比賽時，旁邊會站著一名吹笛手。他的演奏就如同計時器，整段演奏時間就是個別運動員該次嘗試可以運用的時間長度。選手必須在一段樂曲奏畢之前完成拋擲或跳躍。我向裁判提出建議，用哨子吹出一段同等時間長度的旋律，但此建議並未獲得青睞。

4 跳高。如同所有的初學者，我直接撞上了橫竿，而不是從上方越過它。動作其實很容易理解，可是正如許多看似理所當然的事情，實際做起來卻沒那麼簡單。雖然我的確曾經練習過，但那是很久以前的事了。我發覺到，一項沒有被內化的運動機能，可以多快被人遺忘。我的右肩旋轉得不夠，右腿的推進力也不足，我的樣子就好比一個碼頭工人丟給另一個碼頭工人的一袋水泥。我們之中有些人，在一公尺〇四的高度就被淘汰，有些人則是到了一公尺五〇才被淘汰。有些人已經下場重新穿起了保暖衣物，有些人這才開始活絡筋骨。風不斷地往墊子上吹。最終我只跳過一公尺一六的高度，這樣的成績讓我不禁覺得有點丟臉。

現代的背景音樂就是噪音，無論是什麼樣的噪音，噪音就是重點。在維也納山這裡，自然也不例外。儘管體育場的女主持人不斷在那裡廣播，儘管裁判們一直在做些重要的宣布，大家還是把自己的收音機開得超大聲。整個會場裡充斥著噪音，從伸展練習到選情分析，從練跳到德國女歌手海倫．費雪（Helene Fischer）。

5 某位年屆六旬的參賽者在熱身時表示：「在四百公尺方面，我總是死在終點，我希望今天也能如此。最初的三百公尺，倒是沒什麼關係，不過，接下來……放慢速度，其實沒有什麼幫助，反正你終究會發覺這一點。如果你抵達終點時沒有死掉，你就沒有狠狠地跑。所以，加油，撐下去！」在這樣的啟發下，我昏昏欲睡地耽誤了起跑。在找到自己的節奏之前，我獨自處在寬闊的跑道上。在我前方很遠的某處，有位噴火女神在狂奔，在我後方可以聽見一些竊竊私語的嘈雜聲。那位先生說的一切都是對的，在過了第二個彎道，當我突然感覺到激勵人心的掌聲響起時，我就應該要用盡自己所有的力氣。在獨自對抗自己的軟弱上，大聲的呼喊，無論是特殊的（「加強運用你的手臂」），或是一般的（「加油、加油」），其實都很有助益。最後的一百公尺是試煉的路途。我閉上雙眼，試圖加強運用雙臂，可是我的雙腿不聽使喚，上半身喊衝，下半身卻喊停。逆風是位無情的守門人。如果我們仔細觀察一下跑者抵達終點後的表現，當開始疼痛時，我們就能看出，誰把自己的能力發揮到極限，誰又是有所保留。這是一種只有某些人有辦法在比賽日裡展現出的特殊才能，當一個人身上的一切全都高喊著要投降，還能堅持強迫自己接受磨難。早在起跑前就能察覺到選手們有多看重四百公尺賽跑，他們不斷地歡呼與喝采，在第一天的最終，將僅剩的最後一點能量全部從早已燒乾的鍋子裡整個鏟出來。

我從沒想過，保暖居然會是如此地艱辛，漫長的等待時間會是如此地折磨人。人們只能一直吃東西、打瞌睡、聊天。注意關鍵的時刻，激發必要的緊張，會是如此地困難。正因為如此，相較於參加連續兩日的十項全能比賽，參加賽程集中於一日的比賽，業餘選手往往能夠取得比較好的成績。比賽項目之間的漫長等待，顯然會造成負面的影響。羅蘭語帶挑釁地表示：「改成半日，或許還能讓成績更好！」

6 第二天。「初學者錯誤」的完美定義是什麼呢？或許就是在跨欄賽跑的過程中，一時忘記了這項比賽的距離是一百一十公尺，以致於才跑到一百公尺處就開始減速。是的，這種事情就發生在我身上。接著我聽到有人在大叫，「繼續、繼續」，我才回過神來跑向其實是第一終點的第二終點。我很高興，自己克服了全部十個跨欄。這是我這輩子第一次享受老人折扣，我的跨欄只有九十一公分高。從看台上看過去，就彷彿允許兒童在某個跑道上一起參加賽跑。不過，當我跪在起跑器前，看著由黑白相間的跨欄構成的那片貌似一望無際的叢林，我在下方看見一條隧道，在上方卻看不到任何契機，儘管跨欄的高度已經降低。在我順利越過頭兩個跨欄之後，如同先前所盤算的各跑五步，我必須在最後一瞬間短步快跑，才能跳過第三個跨欄，在失去節奏的情況下，我擦撞到了第四個跨欄，整個人差點跌倒，我趕緊放棄加速，重新調整助跑，才領會到什麼叫做「步伐錯亂」，在跌跌撞撞中，努力地越過後續的跨欄。對我來說，這時它們看起來已不再像是小一號，反倒像是被偷偷地加高。我不是輕盈地掠過這些跨欄，而是砰然地翻過它們。小失誤不斷累積。這是一場《錯誤的喜劇》（*Comedy of Errors*）。比賽的負責人問我：「這是你第一次參加跨欄賽跑嗎？」我點點頭。「果真如此，成績其實還算不錯。」

每種比賽的選手都分別形成一個他們自己的運行軌道，彷彿繞行太陽一般，以該項賽事為中心、為該項賽事所吸引。

7 鐵餅項目緊接著跨欄賽跑之後展開。我們沒有什麼時間熱身、練投。由於我一直在研讀自己的筆記，因此只做了一次練投。有鑑於離上回的技術訓練已隔了很長一段時間，我決定捨棄複雜的自旋動作，寧可以立定半轉身的方式丟擲。第三次的嘗試是成績最好的一次，無論如何，我至少丟出了二十公尺的成績，因為我專注於大衛給我的建議。先是腰部，再是肩部。在這兩天的比賽過程中，大衛一直陪伴著我們。彼德是個訓練有素的十項全能選手，擁有古希臘人的好身材。他一轉身，利用一陣空氣動力學的吶喊聲，將鐵餅拋得老遠。就看著那塊鐵餅飛啊飛、飛啊飛，落到了……三十三公尺外的地方。這一拋看來已是超級遠的，然而這樣的成績不過只是頂尖高手所能拋出的一半。突然間，我領略到什麼叫做將鐵餅拋擲六十公尺遠。

上了年紀的選手，藉由拋擲類的比賽項目比較能多拿點積分。這是因為速度退化得比力量快，雙腿比上半身老化得更快，還有心（臟）也會變老。「喔，誰能預言，心會變老」（Oh, who could have foretold / That the heart grows old）[7]。我們這組中有

---

7 語出葉慈（William Butler Yeats）《庫勒的野天鵝》（*The Wild Swans at Coole*）。

一位年屆八旬的老先生，令人印象深刻地證明了這一點：他在鉛球方面擲出十公尺，鐵餅方面拋出二十公尺。

8午後的賽場上瀰漫著恐懼。在百分之九十的十項全能選手看來，實際的撐杆跳高和在電視轉播上欣賞到的比賽畫面，簡直是天差地別。我們看起來宛如表現主義塑像中所要呈現的飽受磨難的存在。我兩度落在橫竿上，第二次真是痛得不得了。雖然這個高度（一公尺八）應該是在我的掌握中。大衛說：「很明顯，你會把握住第三次的嘗試。」事情總是如此。我最終在橫向飛行中克服了一公尺六的高度。裁判說：「是勇氣把你帶了過去。」很顯然，大多數的人都能輕鬆達成他們「有把握的」高度；相反地，對於令他們膽怯的高度，他們跳得還不如先前高。是以，在那些你辦不到的事情上，你連自己明明可以辦到的事情也會辦不到。比賽過後第二天，我們大家都收到了以下這封信：「先說最重要的：我們的馬丁．P先生，在撐杆跳高的比賽中，劃了一道很深的傷口，送醫後已無大礙。這點值得我們慶幸。我們大家也都期待，你，親愛的馬丁，明年能夠再度回來和我們一起比賽。」

賽場上大多數的對話都是在討論成績。兩公尺六！你呢？兩公尺。你想跑出怎樣的成績？如果沒有逆風，我會說低於五分四十五秒，不過如果我能保持少於六分鐘，我就會很高興。

9 在比完撐杆跳高之後，大夥普遍顯得精神不濟，主要的原因是等待的時間實在太久，因為每一組當中難免會有特別厲害的高手，在我們這一組裡，彼德就是那位高手，他跳過了三公尺六。在標槍方面我陷入低潮。沒有能量、沒有興奮、沒有元氣。與其他某些參賽者一樣，我草草結束了這項比賽。特別是我對標槍其實沒什麼興趣，況且天色也暗了下來。我的標槍鑽入草坪裡，離我僅僅只有十六公尺七之遙。

在一千五百公尺賽跑之前，我們相互交流自己想要跑出的成績。一位女選手說：「六分四十五秒。」於是我提議，我們不妨相互提攜。為此，她在 iPad 裡下載了一首與這個時間長度差不多且節奏明快的歌曲。在上回的比賽裡，她犯了一個錯誤，挑選到一首慢歌。我們一起聽了她所下載的那首節奏猛烈的快歌。大衛說：「你會跑出世界紀錄！」

10 當我們首度跑進逆風的狀態裡，我的賽跑女伴超越了我。在那之後，她又落到我後面。不過，我還是能感覺到她，我不能讓她失望，必須遵守我們的約定。這項事實賦予我一雙翅膀。不，這種說法顯然是錯的，事實上既沒有羽毛，也沒有飛翔，我只不過是一路往前衝罷了。有人呼喊我的名，這激勵了我，因為失敗從此刻開始彷彿被擬人化。所有其他的參賽者都暫時放下自己的比賽項目，轉向一千五百公尺的賽跑，聚精會神地觀看正在進行他們最後一項比賽的跑者。許許多多的吶喊聲，讓人感受到整個體育場瀰漫著興奮的情緒。我想要往終點衝刺，這道命令卻遭到我的身體拒絕。最後的成績是七分三秒一八。我和夥伴互相表示感謝，我們坐著、躺著，一晃眼幾個瞬間，在生命、意識與死亡之間，就像在達到高潮之後。似乎還更幸福。

在全民十項全能比賽中，成功就是每個人分別達到自己能力範圍的極限。每個人都有各自的目標，每個人都為他人喝采。在十項全能方面，我下修了自己的目標。我希望自己能在每個項目裡都獲得積分。這點我做到了！

奧運最佳成績：八八六九分。我的最佳成績：一二一四分。

馬拉松（前進雅典！）

> 跑步可說是一種荒謬的消遣。不過，如果能在跑步中發現意義，也就同樣能在另一項荒謬的消遣中找到意義，那項消遣就是：人生。
>
> ——比爾．包爾曼（Bill Bowerman），傳奇教練，Nike 的共同創辦人

起跑前：其他的人花了半年的時間有系統地為自己的首次馬拉松賽做了準備。我漱了一口鼠尾草茶，間歇地咳了幾下。訓練的事情我一點也不放在心上。八月二十三日，在我五十歲生日那天，我在普拉特公園跑了十八公里。如今在十一月八日，我到了希臘的村莊「馬拉松村」，在一萬五千名參賽者當中（其中有人穿得像宙斯）準備起跑。在這段期間我已經參加了五場比賽，只不過沒有一場超過十公里。

我的第一場馬拉松從一開始就注定要招致厄運。事實上，我曾計畫在這個夏天進行一場高地訓練，在肯亞的伊坦（Iten）高原訓練中心。我在跑步傳奇人物羅娜・奇

普拉特[8]的膳宿公寓訂了一個房間。人們對於我的到來並不好奇，每個想在跑步方面更上層樓的人，遲早都會來到伊坦這個地方。我在奈洛比的旅館起床時，背部嚴重抽搐，幾乎起不了身。用力過度的酸痛，十天的徒步旅行，讓情況更加惡化。怎麼辦呢？如鐘樓怪人般前往高原訓練中心？還是寧可回家去看骨科醫生？最後，很遺憾地不得不放棄原本的訓練計畫。

事實上，我應該取消這場馬拉松。然而，就像是在衝刺階段的卡倫金人（Kalenjin）[9]，我根本沒有時間去喊停。此外，我和「鐵人」克勞斯早已說定，要去拜訪一下奧林匹亞的上古遺址。是以，早上六點鐘，我就來到希臘國會前面。不抱任何雄心壯志。巴士行駛了將近四十五分鐘。我得回過頭來跑完這整段路，這個念頭突然閃過我的腦海。

起跑：鞋子的多采多姿令人咋舌，上千種不同的款式，自路跑比賽問世後的創意爆炸。每五位跑者就有一位穿著壓縮褲。現場只有唯一一位參賽者打扮成上古時期的戰士；事實上，武裝賽跑曾是十分光榮的壓軸比賽。各式各樣的緊身衣，令人想起了其他的賽跑：合理的（十公里）、過頭的（一百公里）、有問題的（達姆城〔Darmstadt〕的監獄馬拉松）。世界各地大大小小的馬拉松的紀念品。在各洲大陸，從山上到地下，不管炎熱或寒冷。就連那些沒有人居住的地方，也會有馬拉松賽的舉行。

第一公里：過了幾分鐘之後，許多參賽者才開始移動。起初我只是盡力避免自己跌倒，就好比在尖峰時刻身處於孟買的賈特拉帕蒂・希瓦吉終點站（Chhatrapati Shivaji Terminus）。

第三公里：感覺彷彿不是我在跑，而是一大群人在跑。

第四公里：一條岔路，一個小的半圓拱。參賽者跑過雅典人的古墳，藉以紀念昔日擊敗波斯的勝利。

第五公里：古希臘人很流行長跑。他們的郵差把信拿在手上，憑著自己的雙腿迅速地傳遞消息。西元前四九〇年，當波斯大軍登陸時，雅典人派出一個名叫菲力皮德斯（Philippides）的信使前往斯巴達，請他們盡速派兵支援。在短短兩天之中，他一共跑了兩百多公里。

第六公里：不待斯巴達人的回應，雅典人就先在馬拉松平原對人數上占優勢的波

8羅娜・奇普拉特（Lornah Kiplagat，1974-）出生於肯亞，後來入籍荷蘭，曾獲得四次世界冠軍，五公里、十公里、二十公里和半程馬拉松世界紀錄保持人。

9居住於肯亞裂谷省的民族，約兩千多年前從南蘇丹地區遷移至此。

斯大軍展開攻擊。在戰役獲勝後，有位跑者被派往雅典報訊，不過早期的史書裡，都沒有提到過這個人（信使很少在編年史裡出現）。這段傳說的形成，總共花了大約五百多年的光陰。這位跑者最終總算抵達雅典，在他力竭身亡之前，他奮力高呼：「我們勝利了！」某位寓言家提到了這位英雄的大名：菲力皮德斯（另一個版本則稱菲迪皮德斯〔Pheidippides〕）。或許在當時還沒有其他任何一個古時信使跑者的大名為人所知。這個故事聽起來其實不太具有說服力，短短四十公里的路程，居然會讓一位訓練有素的雅典信差不支倒地？無論如何，這個神話贏得了後世的每一場賽跑。

第八公里：開始有點氣氛。我們來到一個人口稠密的郊區，街邊的人們、希臘式的快節奏電子搖滾樂，穿過了夾道歡呼的行列。亢奮決定了速度，鼓勵則是心理的興奮劑。

第十公里：灑了大量的水，讓街道一整個濕漉漉的，彷彿剛進行過大清洗。人行道上堆滿了成千上萬的塑膠瓶。克勞斯認為，發整瓶的水根本沒有意義，因為參賽者在將剩下的丟掉之前，只能少許地喝個幾口。比較理想的方式應該是把水裝在可以擠壓的杯子裡提供給參賽者們。如此一來，可以讓液體經由嘴角滲入，而不至於讓人嗆到。不過，這也是要練過才行。

第十二公里：從大老遠的地方，我們就聽到了著名的瑟塔基舞（Sirtaki）的聲音。街邊有兩排六人一組的紅衣婦女，正在熱情地擺動著自己的腿。我懷疑索爾瓦斯（Sorbas）[10]是否曾屬於希臘？

第十三公里：長上坡開始。正因為有了它，使得這項馬拉松賽成為較艱辛的賽事之一。上升的高度總計四百公尺。第二天，在街上有一位身材壯碩的美國人與我們攀談。他說他曾經跑過紐約、芝加哥和波士頓等地的馬拉松，所花費的時間總是不超過四小時，可是他在這裡卻整整花了五個小時。

第十五公里：與別的賽跑有關的記憶伴隨著我。在寄宿學校時，跑過了季雨林；在高中畢業時，跑過了咖啡種植園；在孟買時，跑過了跑馬場；在開普敦時，跑過了桌山的步道。

第十八公里：坡道不斷延伸。在最陡峭的通道上，不少人失了足。

第二十公里：我們的進度意外地順利。五個小時顯然可以達成。這對我們兩人而言將是一項成功。雖然克勞斯曾經有過三個鐘頭多一點的最佳成績，可是幾週之前他

10指西班牙安達盧西亞自治區中一個市鎮。

不幸撕裂了肌纖維。

第二十一公里：不尋常的是，面對壞消息的宣布是如此淡定。右膝刺痛。刺痛，那是什麼？不理他。有人警告過我，馬拉松就是疼痛！

第二十二公里：右膝韌帶的持續疼痛愈來愈劇烈。一旦路面變得傾斜，疼痛便會順勢加劇。

第二十三公里：踩足油門上山。

第二十四公里：只能用走的上山。疼痛是種精密的儀器。還沒傾斜超過某種角度，它就刺了進來。就好比有把刀鑽進膝蓋裡。

第二十五公里：一些參賽者會使用某種 App 提醒自己，按時喝水。我和他們不一樣，只要渴了我就喝。令人訝異的是，根據最新發表的一項研究，這種作法反倒才是正確的策略。

第二十六公里：一望無際的公路吞噬我們的腳步。雖然已經完成超過一半的路程，不過終點距離我們還是很遙遠。

第二十七公里：我向克勞斯講述我的某個偶像的故事。約翰・塔倫特（John Tarrant）是一九五〇年代的一位長跑者。他很喜歡拳擊。有一天，他在市場上賺了十七英鎊，因為他與一位搏擊選手對打撐了三個回合。在那之後，他犯了一個錯誤。基於責任感，他向德比郡體育協會通報了這筆收入。於是他的業餘身分遭到取消。官方正式發函將他提升為職業運動員。沒有任何異議可以改變官員們的決定。約翰・塔倫特是個固執的男人。他平日在一個石灰坑裡辛苦地幹活，到了週六，他會穿上一件大衣出現在賽跑會場裡，混在大批觀眾當中。起跑的信號即將響起之際，他就丟掉自己的大衣，穿著短褲衝下去和參賽者們一起跑。他往往會在接近終點線的地方以領先者的姿態改變方向，以免撞過終點的彩帶。此舉擄獲了觀眾們的心。《每日快報》（*Daily Express*）曾經稱他為「幽靈跑者」（ghost runner）。幾年後，他總算被「赦免」，可以再度光明正大地參加業餘的跑步比賽。一九六〇年，他曾在馬拉松賽中勇奪亞軍。儘管他保有四十與一百英里的世界紀錄，卻不能夠參加奧運，因為國際奧委會始終認定他是職業選手。他在四十二歲時死於心碎。

第二十八公里：景色豁然開朗。雅典尚在遠處，在環繞著這座城市的山丘右方。

第三十公里：無論是上坡還是下坡，膝蓋全都疼痛難當。就連在平直的路段上，疼痛的情況也更為劇烈。

第三十二公里：我只能跛行。

第三十四公里：我想放棄，可是我不曉得如何放棄。

第三十六公里：

有許多交錯的孤單——他說——
上與下
與其他介於兩者之間的，不同的或類似的
被迫的，勉強的
或是自願承擔的，自找的——
一直交錯著
然而，在深處，在核心，有的卻只是那一個孤獨……

——希臘詩人揚尼斯．里佐斯[11]

第三十八公里：抵達雅典市中心。我們之所以不常放棄，其中的一個原因就是痛苦的暫時性。

第四十一公里：總統府廣場前的衛兵交接。便鞋、帽子、白裙子。誇張抬高的雙

腿突顯出軍人的乾淨俐落。我們的速度幾乎不比衛兵們儀式性的前行快多少。朝著右方的橘子樹前進。一個小轉彎後，突然間，帕那辛納克體育場映入眼簾。

第四十二公里：入口、黑色的塔當塑膠跑道、陡峭的大理石觀眾席。我原本期待著更了不起的感覺。這座城市、這個體育場、這許許多多的工作人員、其他的參賽者，對於我的成就顯然一點也不感動。這稀釋了亢奮之情。這座體育場十分漂亮。我們明天還會來這裡參觀，當一切全被移除，彷彿這場馬拉松賽從來未曾舉辦過一樣。

奧運最佳成績：兩小時八分一秒。我的最佳成績：五小時五十八分三十秒。

11 揚尼斯．里佐斯（Jannis Ritsos，1909-1990）二次大戰期間希臘抵抗運動的積極參與者，被譽為二十世紀偉大的希臘詩人之一。

放眼里約

科帕卡瓦納（Copacabana）、伊帕內瑪（Ipanema）和萊伯倫（Leblon）的海灘邊的柱子都被編了號。每一根都有自己的身分、自己的特色。七號柱吸引了衝浪者，八號柱是同志們的集合點，九號柱在傳統上屬於伊帕內瑪的波希米亞人。卡里奧卡（Carioca，巴西人對里約熱內盧的稱呼）被認為是沙灘排球的發源地。從沙灘上看過去，不見貧民窟的里約，確實堪稱世上最美的城市。沙灘上豎立了數百根更小的支柱，平日的早上只有少許，到了週末則有數百張的排球網，橫張於它們之間。

「歡迎來到我的家」，提指著沙灘，帶著燦爛的笑容說道。他流落到這裡已有十年。當時完全不是什麼一見鍾情。那時候，只有女孩子才會在沙灘上玩排球。他這輩子最重要的決定並沒有經過深思熟慮。他開始做點什麼，在整個過程中堅持下去。曾幾何時，沙灘排球已成為他生活的內容，先是當選手，後是當教練。在當選手的期間，他逐漸變得懶散，既不想規律地按表操課，也不想節食。他不僅經常夜不歸營，更經常沒有耐性地更換伴侶（一項錯誤）。這樣的態度惹毛了贊助商，原本光明的前途也跟著化為烏有。後來提在運動科學的研究中救贖了自己。

當他專注於奧斯卡／迪亞哥隊的訓練時，我在一旁和他的夥伴胡立歐聊天。他是位物理治療師，正舒服地躺在自己的折疊椅上，在看似昏昏欲睡的眼皮後，仔細地觀察所有正在發生的事情。訓練看起來像在遊戲，整個過程笑聲不斷。

胡立歐簡潔有力地指出：「歡樂有功，壓力無益。」

我很難嚴肅看待他們的訓練。大海、沙灘、陽光，背後還傳來森巴歌手阿東尼藍巴玻沙（Adoniran Barbosa）的音樂。里約熱內盧有多常讓人對殘酷的現實視而不見？沙灘排球的核心是迅速起身的技藝。奧斯卡和迪亞哥起身的動作之快，常會讓人誤以為，他們是跌成站立的姿勢。他們就像不倒翁，可以在任何傾斜的角度、從任何困難的情況站起來。後來提說：「我們不應該錯失任何一球，不過，萬一招架不住，我們至少得要漂亮地來個飛撲。」關於巴西足球的原則，沒有什麼會比這段話形容得更貼切了。

胡立歐再度蜷縮起來，我浸淫在運動中最美的背景噪音，傾聽著無人沙灘上海浪

的沙沙作響。在每回交鋒後，球員們會用腳跟把沙子整平，這是一個具有實效（把坑洞填平）的放鬆儀式。

比賽有時會添加一點佯攻的戲碼。明明是往遠處的重擊，卻會因為莫名其妙的原因剛好落在網後。違逆跑動的方向其實代表著違逆對手的預期。胡立歐解釋，過去人們交給直覺，如今人們寧可信賴方法。

提結束了一天的訓練，與我一同步測一下賽場。過去的場地是十八乘九公尺，在提看來，這代表著有七成的好處是落在攻擊方面，正因如此，從數年前起，場地被縮小成十六乘八公尺，藉以讓連續對打得以延長，讓比賽更加精彩。這項運動變得愈來愈科學，人們要做的功課也跟著愈來愈多。聽起來不免讓人覺得有點遺憾。

我們坐在設計泳衣品牌 Agua de Coco 所屬攤位的塑膠椅上。奧斯卡和迪亞哥婉拒了我招待他們喝杯飲料的建議。他們兩個的塊頭和選手風姿都遠勝於我，可是他們卻害羞地坐到我的對面怯生生地聊著，用每個團隊必然會發展出的一套語言，一套透過自己的專屬符號來表達的特殊語言。要融合成一支隊伍，大概需要三個月的時間，可是要變成一個和諧、有默契的隊伍，至少得花上一年。他們肩並肩坐在那裡，但從彼此不熟悉的樣子看來，應該是不久前才湊成的「權宜婚姻」。迪亞哥表示，好搭檔的祕訣就是友誼和默契，無論是在場內還是在場外。攜手熬過一切是很重要的。所有著名的搭檔都是朋友。皮膚白晰的奧斯卡表示：「有時我們和搭檔及教練相處的時間比家人還多。」真正吸引他的是運動的「整個宇宙」，氛圍、訓練場所、每天進步的必要性、搭檔的依賴。迪亞哥是拉斯特法里教派信徒（Rastafarian），同樣出身於里約熱內盧。從前他曾在場館裡打排球，對他而言那太過死板。在這裡，他感覺比較自由。

提對於這項運動在巴西的未來表示悲觀。長長的海灘、眾多的球網、溫暖的夜晚，這對職業運動是不夠的。對於巴西的球員來說，他們的競爭是來自於那些把沙灘搬進場館裡的國家。雖然場館裡沒有日出與日落的美景，不過倒是有系統化的訓練方法。

我不禁問，兩兄弟山（Morro Dois Irmãos）絕美的風景不會有什麼影響嗎？不會讓人分心嗎？他們帶著溫柔的微笑否定。在我們訓練和談話期間，我們旁邊有位身材細瘦的男子在搭建他的海灘小屋。當我們相互道別時，他已經搭好了自己的臨時小屋，準備等待首批陽光顧客上門。

提說：「對他而言，奧運隨時可以開始，他已經準備好了。可是我們卻還得為自己爭取參賽資格。」

尾聲

對於運動員而言，知識分子是傲慢的；對於知識分子而言，運動員是愚蠢的。該怎麼辦呢？

——貢特．赫布爾格（Günter Herburger），《跑步與妄想》（*Lauf und Wahn*）

一般流行的智識與運動互斥的看法，唯有當精神與身體分屬於兩個完全不同的領域，這樣的說法才可能有意義。儘管這種假定是錯的，可是在德國高學歷的圈子裡，卻是明顯強烈地藐視運動。即使是那些有在做運動的人，也很少會去反省這一點。人們不會從運動的角度去解釋這個世界，縱使有少數幾位藝術家喜歡打拳擊，或是足球迷作家們會歡慶國家代表隊的比賽勝利，運動還是很少能成為主題。在我完全投入運動的這幾年，我對於這種情況比從前更感到遺憾。運動不僅訴說了許多與人類和社會有關的事，每個項目其實也是一種特殊的次文化，當中不但反映了我們的志氣史，一部關於人類渴望的歷史，它也顯露出了「遊戲人」（homo ludens）的某些特質。舉凡研究運動的人，都是在鑽研人類學。

運動所涉及的是個人經驗，傳媒理論家諾貝特・波爾茲（Norbert Bolz）認為：「為了有能力發表意見，人們終究必須親自下場玩一回。」我贊同他的意見，並非因為今天我已受過某些運動的專業訓練，我才呼應這種說法。照理說幾乎沒有純粹的運動理論家，而每項主張立刻會轉化為汗水。運動可說是應用的數學、物理學、生物學、心理學……事實上，包含所有的學科！因為運動同時是極度簡單與極度複雜。不過，我也了解到一件事，極端的成績鮮少能訴說日常的美麗與平凡的幸福，換言之，競技體育幾乎無法在日常生活中扎根。直接與精湛的技藝相較之下，較為質樸的能力顯得蒼老而乏味。三個空翻加上兩個轉體無疑是項絕藝，但是它並未傳達多少在蹦床上彈跳的感覺。英國名廚赫斯頓・布魯門索（Heston Blumenthal）或丹麥大廚蕊內・勒伽比（René Redzepi）的菜單都是大師之作，但是它們並未揭示任何家常便飯的滋味。

不過，業餘不能只是被打成能力不足。根據語源學，「Amateur」（業餘）其實原為愛好者之意。這類的舉動相當於最美的可能，其發生只是為了它們自身，沒有任何利益，不是為了某種營生，只是單純出於樂趣。它們（絕大多數）沒有經濟方面的壓力，在社會日趨分割的時代裡凝聚社群。全民參與的運動可謂是某種形式的「公地」（common land）。

在探索自我身心極限的過程中，我不僅體會到自己有那麼多的弱點，也認識到人類有那麼多的面向。身體的可能性無法被估量。我們可以拍拍自己的肩膀。像人類這樣多才多藝的生物，在動物界絕無僅有。若就專家而言，我們人類或許在每個單項中居於劣勢，但是若就全能運動員而言，人類則是無與倫比的存在。在一個專業化的時代裡去指出人類這種特質，並非沾沾自喜。尤其是，如果我們要繼續和機器較量下去（這或許是未來的關鍵性競爭），我們很有可能才是「萬能者」。

經常有人問我，在完成了一個人的奧林匹克運動會之後，我留下了些什麼？首先是一整個櫃子的裝備。我的收藏如今已比某些運動用品店更為廣泛。其次則是我的渴望頻寬。即使日後我必然只會專注於少數幾個項目，但我對某些運動、某些氛圍的渴望，同樣也會豐富我的人生（例如，我雖然沒什麼機會去潛水，卻經常感覺自己有這樣的需求）。不久之前，我在火車上，毫無預警沒來由地升起一股壓抑不住的格鬥欲望。我當時幾乎可以感覺到，彷彿正在用自己的雙手鎖住他人的身體，準備將對手翻過去。也許我這輩子再也不會去玩摔角，不過我將會懷念這種以及其他的運動項目。這項事實本身就已是富饒與幸福。

國家圖書館出版品預行編目資料

一個人的奧林匹克運動會/ 伊利亞.托亞諾（Ilija Trojanow）著 ; 姬健梅, 王榮輝譯. -- 初版. -- 臺北市 : 商周, 城邦文化出版 : 家庭傳媒城邦分公司發行, 2016.07
面 ; 公分
譯自 : Meine Olympiade : ein Amateur, vier Jahre, 80 Disziplinen

ISBN 978-986-477-057-1（平裝）

1.運動訓練 2.自我實現

528.9 105010836

一個人的奧林匹克運動會

80個奧運項目，4年完賽，只為戰勝最頑強的對手——自己

Meine Olympiade. Ein Amateur, vier Jahre, 80 Disziplinen

作　　者／伊利亞・托亞諾（Ilija Trojanow）
譯　　者／姬健梅、王榮輝

責任編輯／程鳳儀
版　　權／林心紅、翁靜如
行銷業務／莊晏青、何學文
總 經 理／彭之琬
發 行 人／何飛鵬

法律顧問／台英國際商務法律事務所　羅明通律師
出　　版／商周出版
台北市中山區民生東路二段141號4樓
電話：(02) 2500-7008 傳真：(02) 2500-7759
E-mail：bwp.service@cite.com.tw
Blog：http://bwp25007008.pixnet.net/blog
發　　行／英屬蓋曼群島商家庭傳媒股份有限公司城邦分公司
台北市中山區民生東路二段141號2樓
書虫客服服務專線：(02)2500-7718・(02)2500-7719
24小時傳真服務：(02)2500-1990・(02)2500-1991
服務時間：週一至週五09:30-12:00・13:30-17:00
郵撥帳號：19863813　戶名：書虫股份有限公司
讀者服務信箱E-mail：service@readingclub.com.tw
歡迎光臨城邦讀書花園　網址：www.cite.com.tw
香港發行所／城邦（香港）出版集團有限公司
香港灣仔駱克道193號東超商業中心1樓
Email：hkcite@biznetvigator.com
電話：(852)2508-6231　傳真：(852)2578-9337
馬新發行所／城邦(馬新)出版集團 【Cite (M) Sdn. Bhd.】
41, Jalan Radin Anum, Bandar Baru Sri Petaling,
57000 Kuala Lumpur, Malaysia
電話：(603)90578822　傳真：(603)90576622
Email：cite@cite.com.my

封面設計／A+ DESIGN 鄭宇斌
電腦排版／唯翔工作室
印　　刷／韋懋印刷事業有限公司
總 經 銷／聯合發行股份有限公司　電話：(02)2917-8022　傳真：(02)2911-0053
地址：新北市231新店區寶橋路235巷6弄6號2樓

■ 2016年07月05日初版
Printed in Taiwan

城邦讀書花園
www.cite.com.tw

定價／360元　版權所有・翻印必究　ISBN　978-986-477-057-1